Klaus Prange
Gabriele Strobel-Eisele

Die Formen des pädagogischen Handelns

Eine Einführung

Verlag W. Kohlhammer

Umschlag: Data Images GmbH
Gesamtherstellung:
W. Kohlhammer Druckerei GmbH + Co. KG, Stuttgart
Printed in Germany

ISBN-10 3-17-018662-0
ISBN-13 978-3-17-018662-0

Inhaltsverzeichnis

Vorwort 7

I Einleitende Überlegungen 11
1. Der Begriff des pädagogischen Handelns 12
2. Zur Formengeschichte des pädagogischen Handelns. 18
3. Grundformen pädagogischen Handelns 28

II Elementare Formen 37
1. Die Grundform: das Zeigen 40
2. Das ostensive Zeigen: die Übung 48
3. Das repräsentative Zeigen: die Darstellung 61
4. Das direktive Zeigen: die Aufforderung 72
5. Das reaktive Zeigen: das Rückmelden 84

Exkurs I: Die Prüfung 94

III Komplexe Formen 103
1. Das Arrangement 107
2. Das Spiel 116
3. Die Arbeit 125
4. Das Erlebnis 134
5. Die Strafe 142

IV Die Methodisierung des pädagogischen Handelns 151
1. Anstaltserziehung 156
2. Schulerziehung 167
3. Nacherziehung 182

Exkurs II: Die Erziehung zum Erziehen 190

V Großformen 197
1. Volks- und Massenerziehung 200
2. Umerziehung 209
3. Die Erziehung der Medien 216

VI Support 223

VII Literatur 229

Vorwort

Die Frage nach den Formen pädagogischen Handelns steht in der Regel im Schatten anderer Fragestellungen, die für die Pädagogik wichtig sind. So richtet sich das systematische Interesse eher darauf, die geschichtlichen und ethischen, die soziokulturellen und anthropologischen Voraussetzungen des Erziehens zu klären, während die Frage nach den Formen, in denen Aufgaben verwirklicht und die sozialen, kulturellen und individuellen Lagen pädagogisch bewältigt werden können, an andere Disziplinen wie die Psychologie delegiert wird oder gleich dem Talent und Können der Praktiker vor Ort überlassen bleibt. Die Literatur zum Handwerk des Erziehens gerät leicht in den Verdacht, »nur« Rezepte zu geben oder gar die Pädagogik auf »Technologie« zu reduzieren und darüber ihre Zielsetzungen und ihre sozio-kulturelle Bedeutung zu vergessen.

Gegenüber diesen Vorbehalten werden in diesem Buch die Formen pädagogischen Handelns ins Zentrum gerückt. Wir gehen davon aus, dass es in der Pädagogik entscheidend darum geht, wie erzogen wird. Unsere Frage ist: Welche Möglichkeiten gibt es, die Verwirklichung von programmatisch formulierten Aufgaben wahrscheinlicher zu machen und mit den Gegebenheiten der Erziehung in unterschiedlichen Kontexten fertig zu werden? Tatsächlich hat auch, nicht zuletzt unter dem Eindruck der wenig befriedigenden Testergebnisse von PISA und anderer Schulleistungsvergleiche, diese Seite der pädagogischen Besinnung vermehrt Beachtung gefunden. Das Stichwort dazu lautet »Kompetenzen«. Was haben Erzieherinnen und Erzieher zu können, um das Lernen ihrer Kinder, Klienten, Kursteilnehmer, Schülerinnen und Schüler erfolgreich zu fördern? Die Kompetenzkataloge enthalten ausdrücklich oder unausdrücklich Erwartungen und Forderungen an das erzieherische Können. Ohne ein Repertoire und eine gute Kenntnis pädagogischer Handlungsformen, der Chancen, die sie bieten, und der Grenzen, in denen sie wirksam sind, bleibt die Rede von Kompetenzen Schall und Rauch.

Es wäre allerdings verfehlt, die Formenlehre des pädagogischen Handelns für etwas zu halten, was erst noch erfunden werden müsste. Tatsächlich ist die pädagogische Literatur reich an Hinwei-

sen und Vorschlägen zum erzieherischen Verhalten, wenn auch meist im Zusammenhang mit Überlegungen zur Ethik des Erziehens oder zu seinen anthropologischen Voraussetzungen und zunehmend unter Aspekten seiner Organisation. Seit langem bietet besonders die Schulpädagogik, und zwar sowohl insgesamt wie in der Vielzahl der Fachdidaktiken, eine breite Palette didaktischer Anweisungen und Ratschläge, und mit der Verzweigung der Pädagogik hat sich diese Vielfalt vor allem durch die Erwachsenenbildung und die Sozialpädagogik noch vermehrt, ganz zu schweigen von Neuankömmlingen wie der Medienpädagogik oder Museumspädagogik, der Migrantenpädagogik oder der Altenerziehung. Dabei scheint die Tendenz dahin zu gehen, für jedes Spezialgebiet besondere Handlungsformen anzugeben, so dass aus dem Blick gerät, was das Gemeinsame des pädagogischen Handelns in den verschiedenen Bereichen ist. Deshalb bedarf es einer besonderen Bemühung, das spezifisch Pädagogische pädagogischer Handlungen zu erfassen, wenn man es nicht bei dem unverbundenen Nebeneinander unterschiedlichster Handlungsformen und einer eigenen Terminologie für jedes Teilgebiet und jede Spezialfrage belassen will.

In dieser Einführung machen wir den Versuch, die Eigenart pädagogischen Handelns in allgemeiner Weise zu beschreiben und zu bestimmen. Das geschieht aus zwei Gründen: einem systematischen und einem curricularen. Der erste betrifft die disziplinäre Einheit der Pädagogik; sie löst sich auf und verliert sich ohne eine allgemein ausgeführte Didaktik in eine Vielzahl von Erziehungswissenschaften, die nur noch dem Namen nach und in organisatorischer Hinsicht miteinander verbunden sind. Der zweite und für diese Schrift wichtigere Grund betrifft das Studium der Pädagogik. Es wird zu einer Chimäre, wenn sich nicht sagen lässt und nicht mit hinreichender Bestimmtheit gesagt wird, was die Eigenart des pädagogischen Handelns kennzeichnet und von anderen Handlungsformen wie z.B. denen der Therapie oder der Politik, des wirtschaftlichen Handelns oder der künstlerischen Produktion unterscheidet.

Überzeugt davon, dass eine solche Formenlehre des Erziehens nicht nur wünschenswert, sondern auch möglich ist, gehen wir so vor, dass zuerst der Begriff des pädagogischen Handelns geklärt, dann eine Skizze seiner Vorgeschichte und schließlich ein Überblick über aktuelle Vorschläge zur Formenlehre gegeben werden (Kap. I). Darnach gehen wir erst auf die elementaren und dann auf die komplexen Formen des pädagogischen Handelns ein (Kap. II

und III). Die beiden letzten Kapitel befassen sich mit der Methodisierung und schließlich mit den Großformen des pädagogischen Handelns (Kap. IV und V).

Außerdem sind zwei Exkurse eingefügt. In dem ersten geht es um die Prüfung als einer Randform des pädagogischen Handelns, auch wenn sie von vielen als zentral für die Erziehung erlebt und angesehen wird. Im zweiten Exkurs wird die Frage der Vermittlung der pädagogischen Kompetenz erörtert. Dieser Punkt erscheint uns besonders wichtig. Eine Allgemeine Didaktik wäre unvollständig, wenn sie nicht auch die Didaktik der Pädagogik enthielte und sagte, wie pädagogische Handlungsformen nicht nur erkannt und beschrieben, sondern wie sie vermittelt und erlernt werden. Das ist gewissermaßen die Probe darauf, ob und in welcher Weise das Erziehen selber gelernt werden kann. Schließlich haben wir einen »Support« angefügt, in dem wir zu den in den einzelnen Kapiteln und Abschnitten maßgebenden Stichworten weiterführende Literatur angeben, die im Text nicht erwähnt worden ist.

Unsere Voraussetzung ist, dass die Pädagogik vor allem eine operativ-technologisch orientierte Disziplin ist. Das Wissen steht im Dienst der erzieherischen Praxen, um sie zu stützen, um fällige Anpassungen an neue Aufgaben und Gegebenheiten zu ermöglichen und um mögliche Neuerungen vorzubereiten. Diese Praxisorientierung bedeutet allerdings nicht, dass sich hier für jedes Erziehungsproblem eine bündige Antwort angegeben findet. Zwischen der Reflexion auf die Formen pädagogischen Handelns und ihrer konkreten Anwendung bleibt eine nicht aufhebbare Differenz bestehen. Sie wird durch das Erziehen selbst im Vollzug von Handlungen bewältigt, für die sich in theoretischer Einstellung nicht mehr als der strukturelle Rahmen vorzeichnen lässt. Er stellt insofern eine notwendige, aber keine zureichende Bedingung für das aktuelle Handeln im besonderen Fall dar. Es bedarf immer noch des »pädagogischen Taktes«, der Situation und Reflexion vermittelt, aber eben nur dann, wenn es ein Wissen davon gibt, was pädagogisches Handeln ausmacht. Dieses Wissen zu artikulieren, haben wir hier versucht.

I Einleitende Überlegungen

In diesem Abschnitt geht es um die Antwort auf drei Fragen:

1. Wie kann man den Begriff des pädagogischen Handelns bilden?
2. Wie ist er in der Geschichte der Pädagogik ausgelegt worden?
3. Gibt es eine oder mehrere Grundformen des pädagogischen Handelns?

Mit diesen Fragen wird die Darstellung erst der elementaren und dann der komplexen Formen des pädagogischen Handelns vorbereitet. Sie lassen sich nicht übergehen, um gleich zur Sache zu kommen; denn was hier »Sache« ist, hängt wesentlich davon ab, wie sie sich uns zeigt und wie wir sie auffassen (Frage 1). Auch stehen wir in Überlieferungen, die wir weder übergehen noch unbefragt fortsetzen wollen; also sind sie vor Augen zu rücken (Frage 2); und schließlich erscheint es sinnvoll, sich die Frage vorzulegen, wie weit sich die Reduktion des Begriffs der pädagogischen Handlungsformen treiben und sich eine oder mehrere Grundformen angeben lassen (Frage 3).

1. Der Begriff des pädagogischen Handelns

Der Ausdruck »pädagogisches Handeln« hat sich weithin eingebürgert, um jedwede Form erzieherischer Tätigkeiten zu bezeichnen. Er hat die Stelle eingenommen, die in der Tradition von dem Ausdruck »Erziehung« besetzt war. Das dürfte damit zusammenhängen, dass mit »Erziehung« vielfach nur der Fall der moralischen Erziehung gemeint ist, der dann der »bloße« Unterricht und das Training, die Beratung und andere Einzelformen des pädagogischen Handelns zur Seite oder gegenüber gestellt werden. Demgegenüber soll hier »pädagogisches Handeln« alles umfassen, was dadurch eine erzieherische Bedeutung hat, dass es sich auf Lernen bezieht. Wir werden dabei im Folgenden aus Gründen, die noch darzulegen sind, die Ausdrücke »pädagogisches Handeln« und »Erziehen« synonym verwenden. Doch auf Worte kommt es hier wie auch sonst gar nicht an, sondern darauf, was wir mit ihnen meinen. Der Begriff ist das, was mit einem Ausdruck, Zeichen oder Wort gemeint ist.

Also: was meinen wir, wenn wir von pädagogischen Handlungen sprechen? Die Antwort scheint nicht schwer zu finden zu sein. Es gibt eine unabsehbare Zahl von Handlungen, Verhaltensweisen und Arrangements, die wir ohne zu zögern als pädagogisch bezeichnen können. Eltern zeigen ihren Kindern, wie man sich beim Essen verhält, wie man Löffel, Gabel und Messer benutzt, wie man die Schuhe mit einer Schleife zubindet und den Mantel zuknöpft. Sie geben den Dingen einen Namen und erzählen ihnen Geschichten, versorgen und beruhigen sie, wenn sie krank sind; und sie schimpfen, wenn sie ihr Zimmer nicht aufgeräumt haben oder zu spät zum Essen kommen. Pestalozzi hat für diesen Umgang der Eltern mit ihrem Kind von »Allbesorgung« gesprochen. Das Pädagogische tritt noch gar nicht gesondert hervor wie dann später vor allem in der Schule, sondern alles, was mit den Kindern geschieht, was ihnen gewährt und vorenthalten, wie mit ihnen verfahren und eben »umgegangen« wird, hat eine Bedeutung für ihr Lernen: die Essens- und Schlafgewohnheiten, das Spielzeug und all die Gelegenheiten, die ihnen für eigene und angeleitete Aktivitäten angeboten werden. In seiner »Erziehlehre«, die Jean Paul zuerst im Jahre 1807 unter dem Titel »Levana« herausgebracht hat, sagt er in der Vorrede: »Über die Erziehung schreiben, heißt beinahe über alles auf einmal schreiben, da sie die Entwicklungen einer ganzen, obwohl verkleinerten

Welt im kleinen (eines Mikrokosmus des Mikrokosmus) zu besorgen und zu bewachen hat.«

Tatsächlich kann man sich kaum etwas vorstellen, was nicht für das Lernen eine Bedeutung gewinnen könnte und so gesehen zur Erziehung gehört. Aber damit lässt sich nicht erfassen, was die Eigenart pädagogischer Handlungen kennzeichnet. Wir müssten das »ganze« Leben begrifflich erfassen, aber das ist nicht gut möglich und auch gar nicht nötig. Worum es geht, ist der pädagogische Aspekt in all den Maßnahmen, Verhaltensweisen und Einrichtungen, durch die wir versuchen, das Lernen der Kinder und der Heranwachsenden, aber heute auch das Lernen von jungen und nicht ganz so jungen Erwachsenen zu erreichen, zu fördern und zu begrenzen, zu stützen und zu begleiten. Unser Ausgangspunkt ist: Wir erziehen und handeln pädagogisch, wenn wir uns ausdrücklich oder mittelbar auf das Lernen von anderen beziehen, auch dann, wenn diese Beziehung in andere Aktivitäten und Absichten eingebettet ist. Wenn ein Kind krank und ihm Bettruhe verordnet wird, geht es zuerst um seine Gesundung; im Zweifel wird der Arzt gerufen und nicht ein Pädagoge. Aber wir wissen auch, dass das Kind bei dieser Gelegenheit etwas lernt oder lernen sollte, z.B. Geduld und eine gewisse Festigkeit im Ertragen von Unwohlsein und Schmerz. Indem wir ihm dabei helfen durch Zuspruch, aber auch durch die Entschiedenheit unseres Verhaltens: »Du bleibst im Bett!«, handeln wir zugleich auch pädagogisch und nicht nur therapeutisch wie ein Arzt. Wir hoffen, dass das Kind auch etwas lernt für künftige Fälle und den nächsten Schnupfen. Wir halten vorläufig fest:

Handeln wird oder ist dadurch pädagogisch resp. erzieherisch, dass es sich auf Lernen bezieht und es zu bestimmen sucht.

Diese noch vorläufige Formulierung bedarf der Erläuterung. Sie ist für sich genommen noch sehr allgemein und lädt auch zu Missverständnissen ein. Wenn Handeln als pädagogisch resp. erzieherisch qualifiziert wird, ist nicht gemeint: erzieherisch erfolgreich oder richtig oder gut, vielmehr soll zunächst das pädagogische Handeln und Erziehen nur formal als ein Begriff eingeführt werden, der eine spezifische Beziehung zum Ausdruck bringt, unabhängig davon, ob das angezielte Lernen erfolgreich ist oder sinnvoll oder nicht. Der Vorteil liegt darin, dass die formale Fassung des pädagogischen Handelns die Engführungen vermeidet, die sich aus einem normativ und ethisch aufgeladenen Begriff der Erziehung ergeben und so den Blick auf die Vielfalt von Erziehungsverhältnissen ver-

stellen. Auch schlechte oder nachlässige Erziehung ist Erziehung. Das heißt nicht, dass mit dieser Festlegung Bewertungen der moralischen Qualität einzelner Handlungen ausgeschlossen sind; sie werden nur an einer anderen Stelle platziert und sind getrennt von der Frage zu behandeln, was eine Handlung überhaupt erst zu einer pädagogischen macht.

Positiv enthält unsere Bestimmung des pädagogischen Handelns den Gedanken, dass zwischen dem Lernen auf der einen Seite und dem Erziehen auf der anderen scharf zu unterscheiden ist. In dem, was wir üblicherweise »Erziehung« nennen, kommen zwei unterschiedliche Operationen zusammen oder genauer noch: In der Erziehung wird der Versuch unternommen, Lernen und Erziehen (als Inbegriff pädagogischer Handlungen) zusammenzubringen. So gesehen ist Erziehung ein komplexer und kein einfacher Prozess, auch wenn er konkret so erscheinen mag. Dieser Anschein entsteht dadurch, dass beide Operationen, die des Erziehens und die des Lernens, sich zumeist in einer gemeinsam geteilten Situation abspielen. Daraus folgt aber nicht, dass beide Seiten dasselbe tun, ebenso wenig wie Kaufen und Verkaufen, ärztliches Tun und das Behandeltwerden, richterliche Maßnahmen und die Verteidigung des Angeklagten zusammenfallen, nur weil beide Parteien in *einem* Prozess aufeinander stoßen. Diese Differenz von Lernen und Erziehen bezeichnen wir als *pädagogische Differenz*. Sie ist grundlegend für die Erziehung und das Verständnis pädagogischer Handlungsformen, um die es hier geht (vgl. dazu näher und insgesamt Prange 2005).

Dies vorausgesetzt, ergibt sich die Anschlussfrage: Was kennzeichnet das spezifisch pädagogische Handeln und worin unterscheidet es sich vom Lernen? Vor allem: was ist damit gemeint, wenn wir sagen: das pädagogische Handeln sucht das Lernen zu bestimmen? Diese Wendung soll noch nichts darüber aussagen, wie das Erziehen tatsächlich wirkt und wie man sich die pädagogische Einwirkung vorzustellen hat, ob nach Art der Naturkausalität oder wesentlich anders im Sinne eines besonderen »pädagogischen Kausalverhältnisses«, um einen Gedanken Herbarts aufzunehmen (Herbart, Sämtl. Werke, Bd. 8, S. 433). Vielmehr wird zunächst nur behauptet, dass wir beim Erziehen den Versuch machen, auf das Lernen stützend und fördernd, begrenzend und fordernd »einzuwirken«. Was dieses Verhältnis von Lernen und Erziehen kennzeichnet, soll einleitend an einem Fall gezeigt werden, an dem man sich die Tragweite und die Bewältigung der pädagogische Differenz gut klarmachen kann.

Es geht um die Lern- und Erziehungsgeschichte von Helen Keller (1880 – 1968). Sie ist eine Erfolgsgeschichte besonderer Art. Helen Keller hat sie mehrfach erzählt, in Vorträgen und in Büchern, nicht zuletzt, um anderen mit einem ähnlichen Schicksal Mut zu machen. Wir stützen uns hier auf ihre Autobiographie »The story of my life« von 1902, deutsch zuletzt unter dem Titel: »Mein Weg aus dem Dunkel. Blind und gehörlos – das Leben einer Frau, die ihre Behinderung besiegte« (1993). Der Untertitel beschreibt das Lebens- und Lernproblem: Im Alter von 19 Monaten hat Helen Gehör und Augenlicht verloren, mit all den Folgen, die wir nicht breit auszumalen brauchen. Wir konzentrieren uns auf die pädagogische Seite ihrer Behinderung. Was bedeutet es, nur noch lernen zu können, was sich berühren und leibhaft spüren lässt, aber nicht, was die anderen sagen und sie nicht zu sehen? Es ist ein Lernen, das auf die elementarste Kommunikation reduziert ist, ohne Blick- und Hörkontakt, ohne Sprache und das Reich der gemeinsamen Bedeutungen, der Gedanken und Argumente. Es bedeutet den Ausschluss von all dem, was wir unter dem Sammelnamen der »kulturellen Botschaft« oder mit Jan Assmann als »kulturelles Gedächtnis« fassen können (Assmann 1992), wenn es nicht gelingt, ein Medium der Verständigung zu finden, das vor allem für die Sprache einspringt. Man kann ohne ein solches Medium zwar immer noch lernen, wenn auch stark reduziert, aber man kann nicht in einer über die elementarsten Konditionierungen hinausgehenden Weise erzogen werden und sich bilden, kann sich nicht mitteilen und nicht mit anderen die Welt als Inbegriff dessen teilen, was sich uns zeigt und woran wir mit anderen teilnehmen. An dieser Extremlage lässt sich die pädagogische Differenz sehr gut ablesen, während wir sonst davon ausgehen, dass wir dasselbe hören und sehen, was die Kinder sehen und hören, so dass wir ihnen das Gesehene erklären und das Gehörte verständlich machen, sie ansprechen und herausfordern, loben und ermahnen können.

Wie Helen Keller Schritt für Schritt aus diesem »Dunkel« herausgekommen ist, wie sie erst einzelne Buchstaben, in die Hand geschrieben, dann Wörter in ihrer Bedeutung erlernt und sich das Artikulieren tastend erschlossen hat, wie sie lesen gelernt und ihr schließlich nicht nur die Erstsprache ihrer Umgebung, sondern auch Fremdsprachen zugänglich geworden sind, braucht hier nicht in den einzelnen Stadien dargestellt zu werden. Wie Taubblinde diese Fertigkeiten erwerben, ist heute Thema der Sonder- und Behindertenpädagogik. Uns kommt es auf das Zusammen- und Gegenspiel von

pädagogischen Handlungen und Lernen an; denn aus eigener Kraft allein, bei allem Lerneifer und einer außerordentlichen Lernbereitschaft, die man sich oft genug auch bei den normalsinnigen Kindern und Jugendlichen wünschen möchte und schmerzlich vermisst, wäre der Weg aus dem Dunkel nicht möglich gewesen. Die entscheidende Hilfe kam durch ihre Lehrerin, durch Anne Sullivan (1866–1936). Sie ist die andere, vielleicht die wahre Heldin dieser Erfolgsgeschichte. Ohne ihre didaktische Phantasie und eine schier unerschöpfliche Geduld, ohne ihre Bereitschaft, sich ganz in den Dienst des Lernens eines anderen Menschen zu stellen, wäre Helen Keller nicht die geworden, die sie wurde. Sie lehrt sie »sehen« ohne Augenlicht und »hören« ohne Gehör, sie öffnet ihr die Welt des Gesprächs und macht ihr dadurch die kulturelle Botschaft zugänglich, in der wir uns bewegen.

Die Leistung Anne Sullivans besteht darin, aus den damals noch spärlichen Ansätzen für den Unterricht von Blinden und/oder Gehörlosen erfindungsreich und unermüdlich Techniken für dies eine Mädchen entwickelt zu haben, gewissermaßen Brücken des Verstehens zwischen sich und ihrer Schutzbefohlenen, die zu Brücken in die fremde Welt werden konnten. Das ist die eine Seite: »Ohne Miss Sullivans Genialität, ohne ihre unermüdliche Ausdauer und ihre Hingabe hätte ich mich der natürlichen Sprache nie so weit nähern können« (Keller 1993, S. 68). Die andere Seite ist das entgegenkommende Lernen, das eiserne Gebot: »Übung, Übung, Übung« (Keller 1993, S. 69). Immer wieder muss das Kind erst die Lippen ihrer Lehrerin und dann vergleichend die eigenen Lippen abtasten, und weiter: »Ich musste zur Wahrnehmung der Schwingungen des Kehlkopfes, der Bewegungen des Mundes und des Gesichtsausdrucks den Tastsinn zu Hilfe nehmen, und oft täuschte mich dieser Sinn. In solchen Fällen war ich gezwungen, die Wörter oder Sätze oft stundenlang zu wiederholen bis ich den entsprechenden Klang in der eigenen Stimme spürte« (ebd.). Es kommt zu »Entmutigung und Ermüdung (…), aber im nächsten Augenblick spornte mich der Gedanke, dass ich meinen Lieben zu Hause bald zeigen könnte, was ich erreicht hatte, von neuem an, und ich stellte mir ihre Freude vor« (ebd.).

Die Fallgeschichte zeigt uns an einem außerordentlichen Schicksal, was gegeben sein muss, damit so etwas wie Erziehung als Koordination von zwei Operationen, der des Erziehens auf der einen Seite und der des Lernens auf der anderen möglich ist. Es bedarf erstens eines gemeinsamen Mediums, in dem sich die lernende und

die erziehende Seite treffen können, sozusagen eines Anknüpfungspunkts, der hier in der dem Mädchen verbliebenen Tastfähigkeit vorliegt. Fehlte auch das, dann wäre vielleicht noch Lernen möglich, nicht aber pädagogisches Handeln. Es ist auf Kommunikation angewiesen. Daraus ergibt sich zweitens, dass die Erziehung darin besteht, über Kommunikation die Zustände von Personen zu erreichen und zu ändern. Sie kann das Lernen nicht hervorbringen, sondern nur pflegen und benutzen, fördern und steigern, aber auch herausfordern und belasten, hemmen und behindern. Lernen ist die notwendige Betriebsprämisse für das pädagogische Handeln. Ist sie nicht gegeben, ist nicht mehr die Pädagogik zuständig, sondern die Medizin und vielfach die Psychiatrie, sofern sich der Umgang mit lernunfähigen Personen nicht überhaupt darauf reduziert, sie nur noch zu versorgen.

Drittens ist zu sagen, dass pädagogische Handlungen wie überhaupt jede Kommunikation immer auch thematisch orientiert sind, und zwar so, dass sowohl die Bedürfnisse der Lernenden wie die Ansprüche der Erziehenden zur Geltung kommen. Keine Kommunikation ohne Themen. In ihrer Summe stellen sie die kulturelle Botschaft dar, von der die Erwachsenen wünschen, dass die Lernenden sie aufnehmen und ihrerseits weitergeben. Wir haben es demnach in der Erziehung mit einer Triangulation zu tun, die darin besteht, Lernen und Erziehen über Themen aufeinander zu beziehen. Diese Triangulation wird in der Didaktik herkömmlich auch als didaktisches Dreieck bezeichnet und auf Unterricht bezogen. Wir gehen einen Schritt weiter und kennzeichnen jede pädagogische Beziehung als eine solche Dreiecksbeziehung.

Dies vorausgesetzt können wir unsere oben gegebene vorläufige Bestimmung etwas erweitern und genauer fassen: Handeln ist pädagogisch dadurch, dass dem Lernen Themen angeboten, aber auch aufgedrungen werden, um über Zeit die Zustände von Personen zu treffen, sie zu ändern und sie damit zu befähigen, einigermaßen selbständig mit den Anforderungen zurechtzukommen, auf die sie in ihrem Leben treffen.

2. Zur Formengeschichte des pädagogischen Handelns

Bevor wir näher auf die Frage nach der Form des pädagogischen Handelns zurückkommen, scheint es angebracht, einen Blick in die Geschichte der Erziehungsformen zu werfen. Die Erwartung ist, dass wir dadurch eine größere Einsicht in die Vielfalt und Möglichkeiten erzieherischen Handelns gewinnen und uns vor den Einseitigkeiten aktueller Fragestellungen schützen. Das dürfte allgemein neben anderen eines der Motive für historische Studien in der Pädagogik sein, und tatsächlich haben sie bisher eine wichtige Rolle in der Disziplin und für die Disziplin gespielt. Doch was die Formen pädagogischen Handelns angeht, ist die Ausbeute eher dürftig und die Aussicht auf Änderung ungewiss. Die vorherrschende Form historischer Besinnung in Hinsicht auf pädagogische Handlungsformen ist zumeist recht schlicht: Sie beschränkt sich auf die meist moralisch intonierte Opposition von Gestern und Heute: Früher streng bis zur Rigidität, heute reformerisch und lernorientiert; früher eher fordernd und ziemlich rücksichtslos, heute hilfreich und gut.

Für diese Ausblendung einer differenzierten historisch-sachlichen Würdigung der Formengeschichte des Erziehens dürfte es zwei Gründe geben: erstens lässt sich beobachten, dass gegenwärtig der Horizont der historischen Besinnung zumeist gerade mal in das 18. Jahrhundert, selten noch ins 17. Jahrhundert zurückreicht, während antike Pädagogiken nur in sehr selektiven Ausschnitten und das so genannte Mittelalter so gut wie gar nicht behandelt und erforscht werden. Es geht vorrangig um die Entstehung der modernen Pädagogik im »pädagogischen« Jahrhundert, um ihre Entfaltung im 19. und ihre Etablierung als akademisch unterbaute Disziplin im 20. Jahrhundert. Gegenüber dieser Kurz-Geschichte der Pädagogik bleiben die klassische Antike, die christliche Spätantike, der Übergang ins Mittelalter, dessen Höhe in den Jahrhunderten zwischen etwa 1000 und etwa 1500 weithin im Dunkel. Aus verständlichen Gründen sind wir Pädagogen vor allem an unserer eigenen Gegenwart interessiert und berücksichtigen das Vergangene nur insoweit, als es dazu dient, den dunklen Hintergrund für die Fortschritte einer neuen, reformorientierten Erziehung zu liefern.

Der zweite und vermutlich wichtigere Grund für die Dürftigkeit der Auskünfte über die geschichtlichen Formen des Erziehens be-

steht darin, dass die Historische Pädagogik sich eher mit Programmen und Institutionen befasst, mit Texten und Generalreflexionen über das Erziehen als mit ihren jeweils konkreten Formen. Was wir schon über das gegenwärtige Schattendasein der technologischen Seite der Pädagogik gesagt haben, gilt in noch größerem Maße für ihre Formengeschichte. Es gibt materialreiche, allerdings vornehmlich ältere Arbeiten z.B. über den »Lehrplan des Abendlandes« (Dolch 1971), über die »Geschichte des gelehrten Schulwesens« (Paulsen 1885), aber auch neuere Skizzen über die Erziehungsideen von »Plato bis zur Gegenwart« (Böhm 2004), und mächtigen Auftrieb hat die Kultur- und Sozialgeschichte der Erziehung erlangt. Doch darüber, wie früher und in grauer Vorzeit tatsächlich erzogen worden ist, wie Handwerker ihr Gewerbe erlernten und Kaufleute ausgebildet wurden, mit welchen Methoden aus Kindern Krieger oder Priester, aber auch Mütter und Hausväter wurden, wissen wir in Wahrheit sehr wenig. Es gibt keine zusammenhängend ausgeführte Formengeschichte des pädagogischen Handelns. Bestenfalls kann man aus den Lehrprogrammen und Reflexionen über die Erziehung auf die mutmaßlichen Formen des Erziehens zurückschließen, aber es bleibt doch fraglich, ob es zum Beispiel in der platonischen Akademie wirklich so zugegangen ist, wie es die Dialoge um und mit dem Meister Sokrates suggerieren. Und weiter: Wie sah die Erziehung der künftigen Senatoren, aber auch der Juristen und Ärzte im alten Rom aus, wie wurden die Mädchen erzogen und wie die Offiziere für Roms Armeen, von der Erziehung der einfachen und kleinen Leute ganz zu schweigen?

Immerhin ist es, wie gesagt, möglich, aus den Schriften über die Erziehung, den Sittenspiegeln und »Tischzuchten«, Handwerksregeln und kirchlichen Rechtsordnungen ein ungefähres Bild davon zu gewinnen, wie das pädagogische Handeln in älteren Zeiten ausgesehen haben mag. Doch wer z.B. Genaueres über den »Prozeß der Zivilisation« (Elias 1969) erfahren will, wird eher von ethnographischen und kulturhistorischen, altertumswissenschaftlichen und mediävistischen Studien bedient als von Pädagogen. Hier liegen noch ungehobene Schätze für eine Auswertung unter Gesichtspunkten einer Formenlehre des Erziehens. Vorläufig ist nicht mehr als eine Skizze zu einer Formengeschichte möglich, für die wir hier einige Hinweise geben.

Anders als sonst üblich scheint es zweckmäßig, nicht mit der Antike anzufangen, sondern bis ins Mittelalter zurückzugehen. Da

beginnt die Vorgeschichte zu unserer Zeit, unsere Geschichte, zu der in einer ganz besonderen Weise aber auch gehört, dass immer wieder auf antike Vorbilder zurückgegriffen und an »klassische« Modelle angeschlossen worden ist. Die Vorstellung, es gäbe *eine* Linie von Pythagoras über Platon und Quintilian, erweitert durch das christliche Erbe, zu den mittelalterlichen und dann den neuzeitlichen Autoren und Verhältnissen, ist genau das: eine Vorstellung. Sie ist im Humanismus der Renaissance aufgekommen, der seinerseits nur ein Fall der bewussten Rezeption und Anverwandlung antiker Sinn- und Formenbestände ist. Das gab es schon vorher und das wiederholte sich darnach. Tatsächlich liegen unsere Ursprünge, die Anfänge des Abendlandes, nicht in Athen und Jerusalem, sondern eher in Paris und Oxford, in dem merkwürdigen »Heiligen Römischen Reich deutscher Nation«, das immerhin formell bis 1806 bestanden hat, und überhaupt in der Vielfalt der europäischen Nationalkulturen und Nationalverhältnisse.

So gesehen erscheint es sinnvoll, den Blick auf die europäischen Verhältnisse zu beschränken und zu fragen: Wie sah die Erziehung in vorrömischer Zeit aus, wie unter den Bedingungen der römischen Okkupation, soweit sie in Europa reichte, wie im frühen Mittelalter und dann im Hoch- und Spätmittelalter, und worin besteht das Neue, das im 16. Jahrhundert erkennbar wird und in sich steigernden Stufen das Gesicht der Neuzeit und der »neuesten« Neuzeit, wie die Historiker sagen, ausmacht? Das ist »unsere« Geschichte oder besser: unsere Vorgeschichte, zu deren Kennzeichen immer auch gehört hat, auf alte und fremde Bestände zurückzugreifen. Europas Geschichte ist auf eine eigentümliche Weise eine Geschichte der Wiedergeburten und produktiven Rückgriffe, der Rezeptionen und Renaissancen, so wie wir im individuellen Lernen auf früher Gelerntes zurückkommen und es verwandelt bewahren.

Über die Erziehung der Cherusker und Alanen, Langobarden und Friesen lässt sich nicht viel sagen, abgesehen von dem, was wohl allgemein für archaische Gesellschaften ohne Schriftkultur und Schule zutreffen dürfte. In seiner »Einführung in die Allgemeine Pädagogik«, die einen großen Bogen von den archaischen über die stratifizierte bis zur funktional differenzierten Gesellschaft schlägt, hat Alfred Treml das Lernen der ersten Etappe der Kulturentwicklung als imitatorisch bezeichnet, Lernen im direkten Umgang und bei der Arbeit, vor Ort und persongebunden (Treml 1987, S. 68ff.). Dem entsprechen Begleitung und Aufsicht als Erziehungsformen,

das Vormachen und Vortun als Muster der Einübung in die Lebenspraxis. Die Kindheit ist kurz und der Eintritt in die Erwachsenenwelt wird durch einen scharfen Schnitt markiert: die Initiation. Sie erfolgt in einem Doppelakt von Unterwerfung und Erhebung, Ablegen des alten und Gewinn des neuen Status, eingelagert in eine kultische, von der jeweiligen Gruppe oder Gesellschaft getragenen Weihehandlung. Genau genommen ist allerdings die Initiation, anders als Treml meint, selber kein erzieherischer Akt, sondern pädagogisch sind nur die in der Regel diesem Akt vorangehenden Belehrungen und Einführungen in das Wissen der jeweiligen Gesellschaft. Man muss vorher unterwiesen und in das Wissen seiner Gruppe eingeführt sein, sich bewährt und etwas gelernt haben, um zu dem initiatorischen Akt der Übertragung eines neuen Status zugelassen zu werden. Der Akt selber ist nicht erzieherisch.

Tatsächlich ist dieser Statuswechsel durch einen besonderen Weiheakt nicht mit der archaischen Gesellschaft verschwunden, sondern hat sich auch in den Hoch- und Schriftkulturen gehalten und ist auch heute noch partiell in den Riten von Bünden, Kirchen und Vereinen erkennbar. Unten läuft weiter, was oben längst durch andere Formen des Erwachsenwerdens überholt ist. Der volle Mitgliedstatus wird durch Handauflegen oder Untertauchen, durch Salbung und Schwertleite erworben, aber das ist, wie gesagt, nicht eigentlich Erziehung, sondern bestenfalls Abschluss und Bestätigung vorangegangener Lernproben und pädagogischer Handlungen. Das Studium berechtigt zu einem geistlichen Amt, aber erst die Ordination oder die Priesterweihe macht aus dem Adepten den Amtsträger. Davon können wir uns ein Bild machen, viel weniger aber davon, wie zuvor das erwünschte Wissen und Können gewonnen worden ist, das zur Übertragung eines neuen Status berechtigt.

Auf etwas weniger unsicherem Boden bewegen wir uns, wenn wir uns das Erziehen und Lernen unter den Bedingungen der Schriftlichkeit vorzustellen suchen. Was mit dem Aufkommen der Schrift sich ändert und weiter, was sich geändert hat, seitdem der Kreis der Schriftkundigen sich Zug um Zug erweitert hat, ist aus pädagogischer Sicht schon besser zu erkennen. Das pädagogische Handeln löst sich von Ort, Zeit und Person: Wenn zu lernen ist, was in den Schriften steht, bedarf es des kundigen Schreibers und Lesemeisters, der das Lesen anleitet und Erfahrungen vermittelt, die nicht auf den eigenen Lebenskreis beschränkt sind. Das Lesenwollen und Lesenkönnen erzeugt gewissermaßen den Lehrer als päda-

gogische Rolle, neben den Eltern und der Familie der Herkunft, und macht die Schule möglich, in der man lernt, wie man liest – oft nur das – und wie man schreibt. Es versteht sich, dass dies praktisch bis an die Schwelle der Gegenwart ein Vorrecht weniger war. Die große Masse der Menschen blieb illiterat und lernte wie eh und je: die Mädchen unter Anleitung und Aufsicht der Mütter und Verwandten im Hause und die Knaben dort, wo sie einmal als Erwachsene arbeiten und sich bewähren sollten.

Über die Erziehung durch Lehrer wissen wir noch am besten Bescheid; das betrifft das Lernen der zukünftigen Akademiker, der Kleriker vor allem, dann auch der Juristen und Mediziner. Das ist ein wichtiger Punkt für die formgeschichtliche Betrachtung: die Fortschritte der Erziehung und ihre Verzweigung beginnen oben und dehnen sich dann nach unten aus. Erst die so genannte höhere Bildung, dann auch Schule für alle. Und da wieder in Europa erst die Schule im Kontext der Priesterschulung, dann auch unabhängig von den kirchlich-kultischen Belangen an Universitäten. Der Novize, der zu Höherem bestimmt ist, lernt Lesen und Schreiben, aber im Zusammenhang von Meditation und Chorgebet, der Student wählt sich seine Lehrer, und er stellt auch Fragen, wie z.B. Abälard (1089–1142), der seinen Lehrer verblüffte und damit irritierte, dass er nicht nur zuhörte, wie es üblich war und sich eigentlich gehörte, sondern der auch zurückfragte und sich dann einen eigenen Vers auf das Vorgetragene machte. Die Legitimität des Fragens und weiter dann überhaupt die Legitimität der Neugier verstehen sich keineswegs von selbst. Sie mussten erst durchgesetzt und durch Ausübung zur Geltung gebracht werden, gewissermaßen in einer Art pädagogischem Putsch. Was Abälard angeht, so verkörperte er, als er selber Lehrer geworden war, den neuen Typ des Magisters, der nicht nur vorträgt und predigt, sondern der die Themen in Frage und Antwort zerlegt und so dem Lernen zugänglich macht.

Der Lehrer als Gesprächsleiter: das war einmal neu, und es ist verständlich, dass damit auch das sokratische Gespräch wieder zu Ehren kam und Sokrates zur Berufungsgröße für ein pädagogisches Handeln geworden ist, das dialogisch inszeniert wird. Die Legitimität des Fragens, und darin angelegt die Legitimität der Kritik, bringt einen anderen Stil des Lehrens hervor, den die mittelalterlichen Universitäten mit einer bewundernswerten Energie hervorgebracht und elaboriert haben: die Disputation als formgebundenes Verfahren zur Klärung von offenen Fragen und zur Schulung des

Argumentierens. Die Lernenden hören nicht nur und beten, sondern sie stellen auch Fragen. *Disputo* heißt: ich stelle in Frage, und darin liegt: ich erwarte eine überzeugende Antwort. Auch wenn am Ende alle Antworten sich im Rahmen dessen bewegen, was schon immer gesagt und gelehrt worden ist, so ist dennoch damit die Form vorbereitet worden, um über das Fragen zu neuen und anderen Antworten mit weiteren Fragen zu gelangen. Wie zuerst oben und für wenige, so ist die Legitimität des Fragens Zug um Zug nach unten durchgedrungen und gilt heute nicht nur als selbstverständliches Recht der Lernenden, sondern geradezu als eine zu fördernde Kompetenz. An diesem Beispiel des Fragens kann man sehen, wie sich die Stellung und Funktion einer einzelnen Figur des Erziehens im jeweiligen Erziehungskontext verändert, an Bedeutung gewinnt oder verliert wie etwa im Fall der Strafe.

Das zeigt: Erziehung ist mit den ihr eigenen Formen und Figuren zunächst eingebettet in den jeweiligen soziokulturellen Kontext, in Haus und Familie, Zünfte und Orden, Ämter und Institutionen generell. Was sich für die einen schickt und zu lernen ist, schickt sich nicht für alle. Erziehung ist herkömmlich Standeserziehung, so wie auch die Rechte der Einzelnen sich nach ihrem Status richten, ihrer Geburt und ihren Funktionen. So ist die Erziehung nicht mehr wie in den archaischen Gesellschaften wesentlich imitatorisch, sondern wie Treml für die stratifikatorischen Gesellschaften bemerkt, zugleich und daneben auch intentional im Sinne ausdrücklicher Schulung, für die sich unterschiedliche pädagogische Rollen ausbilden, der Spiritual für die Novizen in ihren Konventen und Kongregationen, der Meister für die Gewerbe und Handwerke, der Magister für die akademischen Berufe.

Der entscheidende Bruch und, wenn man so will, der maßgebliche Fortschritt auch für die Sache der Erziehung, gewissermaßen das Neue der Neuzeit, kommt auf durch den Gedanken der Methode, nicht allein und nicht einmal wegweisend durch die Pädagogik, sondern auf breiter Front in den Künsten und Wissenschaften, Lebenstechniken und Verhaltensweisen. »Methode« gehört mit »Kritik« und »Aufklärung« zu den Stichworten, unter denen sich erfassen lässt, was uns von unserer Vorgeschichte unterscheidet. Dieser Geist der Methode wird sichtbar in einem neuen Verständnis von Politik und Ökonomie, Recht und Medizin; er bereitet vor, was wir heute wie selbstverständlich in Anspruch nehmen: den Arzt bei Fragen der Gesundheit, den Anwalt in Rechtsfragen, die Ökonomen für

Fragen und Probleme der Wirtschaft, die Wissenschaftler für Fragen der sachlichen Wahrheit und endlich auch uns Pädagogen als Spezialisten für Fragen der Erziehung.

Worum es dabei geht, lässt sich beispielhaft an einem Werk wie dem »Fürsten« des Niccolo Macchiavelli (1527) erkennen. Er stellt nicht mehr die Frage nach der gerechten Ordnung des Zusammenlebens, nach dem Staat, wie er sein sollte, sondern er beantwortet Fragen der Herrschaftstechnik, wie man an die Macht kommt, sie erhält und auf Dauer stellt. Man kann das die technologische Wendung der politischen Fragestellung nennen, eine Wendung, die ihm den Tadel des Unmoralischen eingetragen hat. In der Tat argumentiert er nicht moralisch und aus dem Zusammenhang einer vorgestellten Ordnung, sondern technologisch, so wie dann Thomas Hobbes im »Leviathan« (1652) die Frage darnach stellt, wie man zu einer stabilen Ordnung kommt und wie noch einmal hundert Jahre später Adam Smith sich die Frage vorlegt, wie das Wirtschaftsleben funktioniert. Die Frage nach dem gerechten Preis wird ersetzt durch die Frage, wie Preise sich aus Angebot und Nachfrage faktisch bilden. Die neue, methodische und sozialtechnologische Pointe ist: Die Sinnfrage wird für einzelne Bereiche suspendiert und durch die Funktions- und Prozessfrage ersetzt. Gewiss bleibt im Hintergrund immer noch die sinn- und wertrationale Intention gegenwärtig, aber im Vordergrund stehen doch die Verfahren und Methoden, die Technologien zur Herstellung von erwünschten Zuständen.

Diese Tendenz zur Methodisierung schlägt auf das Verständnis von Erziehung durch und befördert auch die Rationalisierung des pädagogischen Handelns. Es lässt sich ablesen an den aufkommenden Handbüchern und Handreichungen für das Erlernen der verschiedensten Fertigkeiten. Das für die Folgezeit maßgebende Muster hat Descartes mit seinem »Discours de la Méthode« (1637) für das Denken und Erkennen geliefert. Aber auch, wie man Gedichte verfasst, kann man lehren und lernen. Das ist der Sinn der »Poetik« von Martin Opitz (1624) und des nachmals sprichwörtlichen »Nürnberger Trichters« von Philipp Harsdörffer (1647ff.); die Dramaturgie sagt, was generell für die Produktion von Dramen gilt, statt sich von Fall zu Fall an einzelnen antiken Vorbildern zu orientieren, und die Regeln des Vernunftgebrauchs werden in der Logik von Port Royal als *»l'art de penser«* selber gelehrt (1662). Schließlich wird auch gelehrt, wie man richtig lehrt und lernt, wie man die Mädchen erzieht oder aus jungen Männern von Stand an-

ständige *gentlemen* macht und worin das richtige Verfahren besteht, um überhaupt aus Kindern einigermaßen selbständige Erwachsene zu machen. Überall ist der vorausgesetzte Gedanke: Die Methode garantiert die richtigen Ergebnisse und die Experten sagen uns, was die richtige Methode ist.

Dementsprechend kommt im 17. Jahrhundert das Wort *didacticus* als Berufsbezeichnung des Pädagogen auf, der z.B. für die richtige und erfolgreiche Methode für das Erlernen von Sprachen und Lebensformen zuständig sind. Ratke und Comenius sind als Methodenlehrer wirksam geworden, während der pansophische Überbau bei Comenius eher in die Vergangenheit als in die Zukunft weist. Rousseaus bis heute anhaltende Wirksamkeit verdankt sich der Suggestion, mit dem »Emile« (1762) eine gänzlich neue Erziehungsmethode vorgestellt zu haben, und als Erfinder der Elementarmethoden wird Pestalozzi gerühmt und steigt im 19. Jahrhundert zum Patron der Volksschullehrer auf. Daran lässt sich ein Weiteres erkennen: Mit der Methode kommt der Gedanke der Reform. Neue Formen sollen möglich machen, was bisher nur großes Talent und Gunst der Umstände erlaubte. Comenius setzt über seine »Panpädagogik« das Motto: Alle alles vollständig zu lehren (*omnia omnibus omnino*) – Ausdruck eines methodisch-technologischen Optimismus, der es mit dem Optimismus der Politik, der Wissenschaft und der Künste durchaus aufnehmen kann.

Es beginnt das Zeitalter pädagogischer Versuche und Experimente, sowohl als Einzelunternehmungen wie in staatlicher Regie. An den Waisenkindern in Halle wird ausprobiert, was Zucht und Ordnung vermögen; die Philanthropen bringen das Spiel und die Handarbeit, die Leibesübungen und überhaupt die pragmatischen Tüchtigkeiten zu Ehren; der französische Arzt Jean Itard (1774–1838) kümmert sich um ein sogenanntes »wildes Kind«; die Erziehung der Blinden und Gehörlosen wird Thema und ehrgeizige Väter zeigen, dass man auch aus Mädchen Gelehrte machen kann. In die so genannte »schöne« Literatur zieht das Erziehungsthema ein, sei es in die Autobiographien, sei es in die neue Gattung der Bildungsromane. Methode eröffnet Reformchancen und vor allem: der geheime oder offene Glaube an die Machbarkeit ebnet die Standes- und Klassenunterschiede ein. Erziehung wird inklusiv und soll kein Klassen- und Standesvorrecht mehr sein. Man kann alle erreichen und aus jedem etwas machen. Was nur noch fehlt, ist die politische Formation, und dafür schaffen die Leitformeln der Französische Re-

volution das maßgebende Modell. Nicht nur hat jeder, wie Napoleon gesagt hat, den Marschallstab im Tornister, auch die Tore der Schulen werden geöffnet und die höhere Bildung wird auch außerhalb der kirchlichen Karriere zugänglich, so dass die Kinder einfacher Leute wie Kant oder Gauß studieren und sich in der Welt der Wissenschaft einen Namen machen können.

Aus alledem ergibt sich: Mit ihrer Methode oder den Methoden im Plural halten die Erzieher von Beruf den Schlüssel in der Hand, um sittlichen Anstand heute und Fortschritt für morgen zu ermöglichen. Alles andere teilen sie mit anderen: die Themen und die institutionellen Voraussetzungen des Erziehungsgeschäfts, die Ansichten über den Lauf der Welt und die sittlichen Ordnungen, doch in der Methode verfügen sie über etwas, was nur sie besitzen und können, was man deshalb auch lernen und studieren sollte. Die moderne Pädagogik, wie wir sie heute als Fach und lebenslange Beschäftigung kennen, ist ein Ergebnis der Methodisierung der Erfahrung. Sie ist bezogen auf die Technologie des Erziehens. Ihre Theorie konstituiert sich in deutlicher Abhebung von den Bindungen an Staat und Kirche als »Allgemeine Pädagogik (abgeleitet) aus dem Zwecke der Erziehung«. So nennt Johann Friedrich Herbart seinen Entwurf einer systematischen Pädagogik von 1806 und konzipiert sie als das Wissen, das der Erzieher für sich braucht. Es ist Wissen über die Ordnung des Lernens und die produktive Antwort auf das Lernen, um es »zu treffen und (…) fortzuleiten« (Herbart, Sämtl. Werke, Bd.1, S. 262). In diesen Spuren geht alle Wissenschaft von der Erziehung seither, da, wo sie Herbarts Gedanken folgt und auf die Bedürfnisse der Schulpraxis umstellt, aber auch dort, wo er überboten und reformerisch ergänzt, erweitert oder durch andere Konzepte ersetzt wird. Dass gegenwärtig davon nur ein schwaches Bewusstsein ausgebildet ist, dass überhaupt der Methodenimpuls als Herzstück pädagogischen Wissens kaum anerkannt wird, kann nicht darüber hinwegtäuschen: Soweit die Erziehungswissenschaft überhaupt noch pädagogisch orientiert ist, ist sie an Herbarts Konzeption orientiert.

Wie das im Einzelnen aussieht, ist schon nicht mehr Geschichte, sondern unsere Gegenwart. Was die Schulmänner des 19. Jahrhunderts erfunden und eingeführt haben, was in der Sozialerziehung seither versucht und institutionell abgesichert worden ist, was in der Heil- und Sonderpädagogik, aber auch in den vielen Gebieten, aus denen die Gesamtpädagogik sich zusammensetzt, gemacht und

inszeniert wird, verdankt sich dem Methodenimpuls. Er begründet die Eigenständigkeit der Disziplin, wie sehr auch die Rücksicht auf die politisch-sozialen Umstände und die thematischen Horizonte die Diskussion bestimmen mögen. Da spricht die Pädagogik die Fremdsprache anderer Disziplinen und folgt deren Eigenlogik, doch bei den Methoden des Erziehens, den Formen des pädagogischen Handelns, ist sie zu Hause; das ist ihre Eigensprache, in die zu übersetzen ist, was an Problemen und Themen auftaucht und geeignet erscheint, pädagogisch und nicht anders behandelt zu werden.

3. Grundformen pädagogischen Handelns

Aus der beschriebenen Tendenz zur Technologisierung der Erziehung ergibt sich verstärkt und vordringlich die Aufgabe, die Formen anzugeben, die für das pädagogische Handeln charakteristisch sind, und zwar einigermaßen unabhängig davon, welche Ziele verfolgt werden und in welchen kulturellen und politisch-sozialen Kontexten sie vorkommen. Anders lässt sich die Eigenlogik des Erziehungssystems (als Inbegriff der pädagogischen Kommunikationen) weder für es selbst noch nach außen gegenüber anderen Systemen behaupten. Doch diese Konzentration auf den technologischen Aspekt ist nicht so selbstverständlich, wie man das eigentlich erwarten sollte. Sie trifft auf den Widerstand der Präferenz für Sinn- und Wertungsfragen, man könnte auch sagen: auf das weltanschauliche Interesse, das mit der Pädagogik vor allem dann verbunden ist, wenn sie »allgemein« und nicht in Hinsicht auf bestimmte Problemgruppen betrieben wird. Die Sorge ist, dass zuviel Technologie – und eine einseitige dazu – dem Wesen des menschlichen Lernens nicht gerecht wird und die Menschen zu Objekten von Einwirkungen macht, die sie in ihrer Freiheit bedrohen. Auch fehlt nicht der Hinweis, dass es gar nicht möglich sei, in der gewünschten Weise Effekte zu erzielen. Die pädagogische Differenz lässt nicht zu, was der pädagogische Wille bewirken möchte.

Dem ist entgegenzuhalten, dass aus den Grenzen der Einwirkung und der Unsicherheit ihrer Ergebnisse nicht folgt, dass diese Bemühung sinnlos oder gar moralisch bedenklich ist. Das Technologieverdikt lebt von der Vorstellung übertriebener Erwartungen bei gleichzeitiger Insistenz darauf, dass sie illusionär sind (vgl. hierzu Luhmann/Schorr, 1978, S. 129ff.). Überhaupt ist es seltsam, dass eine Disziplin, die sich damit befasst, wie man das Lernen zweckmäßig organisiert und die dazu geeigneten Formen aufsucht, sich geniert und davor fürchtet, damit erfolgreich zu sein. Doch ist einschränkend hinzuzufügen, dass diese Reserve allem gegenüber, was nach operativ-didaktischer Brauchbarkeit aussieht und sich auf das Alltagsgeschäft des Erziehens bezieht, durchaus nicht überall anzutreffen ist. Das gilt für Schriften, die sich ausdrücklich als »Erziehungslehre« präsentieren (vgl. z.B. Netzer 1971) oder die sich mit den »Erziehungsmitteln« befassen (vgl. z.B. Trost 1966; Geißler 1967). Es gilt aber vor allem für diejenigen pädagogischen Autoren, die von der Disziplin sonst als »Klassiker« mit einer gewissen An-

dacht behandelt werden. Tatsächlich sind mit dem Aufkommen der Pädagogik als Wissenschaft immer wieder systematisch fundierte Aufstellungen vorgelegt worden, die die maßgebenden Formen des Erziehens benennen und dadurch den der Pädagogik »eigenen Forschungskreis« (Herbart) bestimmen. Einige davon sollen jetzt vorgestellt werden, ehe wir im nächsten Kapitel einen eigenen Vorschlag machen und elementare Formen ausweisen, ohne die das pädagogische Handeln nicht auskommt. Dabei lässt sich sehen, dass die überlieferten Kataloge ihrerseits zumeist in anthropologische und sozio-kulturelle, aber auch wissenschaftsinterne Vorgaben eingebettet sind, die erklären, weshalb sie nicht von Anfang an als eigenes und zentrales Thema erscheinen.

Als Einsatzstelle wählen wir die Dreigliederung, die sich in Rousseaus »Emile« von 1762 findet. Im ersten Kapitel benennt Rousseau drei Erzieher, die unser Lernen bestimmen: die Natur, die Menschen (und menschliche Rede) und die Dinge. Die pädagogischen Handlungsformen ergeben sich, abstrakt gesprochen, aus der Eigenart und Beschaffenheit der erzieherischen Subjekte: Die Natur begrenzt, fördert und begleitet das »natürliche« Lernen, die menschliche Rede dient der Belehrung und Ermahnung, und die Dinge unterrichten uns durch den Gebrauch, den wir von ihnen machen oder zu dem sie uns nötigen. Im Hintergrund dieser Einteilung steht der überlieferte »pädagogische Ternar«, von *physis*, *mathesis* und *askesis*, wie er sich z.B. am Anfang des Dialogs »Menon« von Plato findet. Was wir können und wissen, verdanken wir entweder der Natur, wie zum Beispiel eine angenehme Stimme, die wir im Gesang noch weiter kultivieren können, oder wir verdanken es der Belehrung durch andere, vornehmlich unseren Eltern und Lehrern, oder wir erwerben es in der einübenden Praxis wie z.B. das Schwimmen oder Radfahren. Dieser Ternar wiederholt sich im Übrigen auch in der vielfach angeführten Trinität von Herz, Kopf und Hand, die meist als Erfindung von Pestalozzi ausgegeben wird.

Anders differenziert Kant in seiner Pädagogik-Vorlesung (zuerst erschienen 1803) die Formen pädagogischen Handelns, nämlich entlang den Grundvermögen, die uns eigentümlich sind: erstens die Sinnlichkeit, die zu disziplinieren, zweitens der Verstand, der zu belehren (Kant sagt: kultivieren), drittens die Urteilskraft, die zu zivilisieren ist, und viertens schließlich und als Scheitelhöhe der Erziehung, die Vernunft, der wir unsere Moralisierung schulden (vgl. Kant, Werke, Bd. 6, S. 706f.). Wer erzieht, hat (1) die Wildheit der

Kinder zu den milderen Sitten der Gemeinschaft zu mäßigen und (2) für Unterricht und Unterweisung zu sorgen; schließlich ist (3) darauf zu sehen, dass das Gelernte mit Augenmaß, das ist die Urteilskraft, in den besonderen Lebenslagen angewendet wird, und (4) geht es darum, Moralität zu ermöglichen, durch die wir uns als vernünftige Wesen ausweisen. Wie man sieht, steckt in dieser Taxonomie des Erziehens eine Anthropologie: das Erziehen erhält seine konkrete Gestalt durch den Bezug auf die Beschaffenheit des Menschen.

Bei Herbart treffen wir wieder auf eine Dreigliederung der Handlungsformen, nämlich Regierung, Unterricht und Zucht: Die Regierung bezieht sich auf die Gegenwart des Kindes. Doch so richtig gehört sie noch nicht zur Erziehung, sondern bereitet ihre spezifischen Operationen nur vor. Die Regierung soll vor allem sicherstellen, dass das Kind vor Schaden bewahrt bleibt, und des Weiteren, dass die äußeren Voraussetzungen für Unterricht geschaffen sind. Sie richtet sich auf die soziale Seite von Kommunikation, sozusagen auf die Beziehung, die entweder schon gegeben oder erst herzustellen ist, damit dann das beginnen kann, was dem Erziehen einen Inhalt gibt und das Lernen der Adressaten weiterführt. Es ist der Unterricht, der in der Mitte der pädagogischen Anstrengung steht. Er ist systematisch zentral in dem Sinne, dass die Bildung des Gedankenkreises das entscheidende Vehikel zur Ausbildung von dauerhaften Motiven und Haltungen ist. Wir beziehen uns, wenn wir unterrichten, mittelbar über ein Thema auf die Lernenden. Das ist bei der Zucht anders, die direkt auf die Gemütszustände eingeht. Sie schaut in die Zukunft, anders als die Regierung, die sich auf die Gegenwart der Lernenden bezieht, während der Unterricht in idealtypischer Perspektive das vermittelt, was sich als zeitfest schon bewährt hat. So gesehen kann man feststellen, dass Herbart Regierung, Unterricht und Zucht an unterschiedlichen Zeithorizonten orientiert, nämlich Gegenwart, Gewesenheit und Zukunft, ohne allerdings diese Zeitlichkeit der verschiedenen Formen des pädagogischen Handelns ausdrücklich zum Thema zu machen.

Wieder anders gelangt Schleiermacher in seinen 1826 gehaltenen »Pädagogischen Vorlesungen« zu dem Erziehungsdual von Gegenwirken und Behüten einerseits und Unterstützen andererseits (vgl. Schleiermacher 1957, S. 66 ff.). Hier ist es nicht die Zeitperspektive, aus der sich die Differenzierung der Handlungsformen ergibt, sondern es sind die Interaktionsformen, gewissermaßen das Erziehen

im Kontext der Gemeinschaft, zu der und in der erzogen wird. Das Erziehen erscheint dabei als eine Form der Hilfe im jeweiligen Lebenszusammenhang. Diese Orientierung der pädagogischen Handlungsformen an ihrem »Sitz im Leben« mag erklären, weshalb Schleiermacher in der gegenwärtigen Pädagogik auf eine größere Resonanz trifft als die Schematik Herbarts, die entschiedener von der Eigenlogik des Erziehungssystems ausgeht.

Das sieht man auch, wenn man – mit einem großen Zeitsprung – auf die Liste der »Grundformen pädagogischen Handelns« blickt, die Hermann Giesecke vorgelegt hat (1987). Erziehung wird allgemein verstanden als Lernhilfe. Sie differenziert sich in fünf Grundformen: Unterrichten, Animieren, Arrangieren, Informieren und Beraten. Sie machen in lockerer Zusammenstellung das aus, was Erzieher von Beruf können sollten. Diese fünf Formen hat Bernhard Koring wieder reduziert auf drei: Unterricht, Beratung und Arrangieren. Sie ergeben sich aus den »Grundproblemen pädagogischer Berufstätigkeit« (Koring 1992) und werden dementsprechend der Schulpädagogik (Unterricht), der Erwachsenenbildung (Beratung) und der Sozialpädagogik (Arrangement) zugeordnet. Das heißt: die Grundformen des pädagogischen Handelns haben ihren Ursprung in der Ausbildung für verschiedene Bereiche der organisierten Erziehung.

Genau genommen sind diese neueren Aufstellungen eher topisch als systematisch. In der Tat nimmt die Zahl der Topikkataloge, meist in der Form von Kompetenzlisten, in dem Maße zu, wie sich die wissenschaftliche Pädagogik verzweigt und auf unterschiedliche soziale Praxen Bezug nimmt. Den Anfang hat 1970 der »Strukturplan für das Bildungswesen« gemacht, indem er nicht mehr in allgemeiner Weise das Lehrerverhalten und die Lehrergesinnung zu umschreiben versuchte, sondern vier Aufgaben identifizierte: »das Lehren, das Erziehen, das Beurteilen und das Innovieren« (Strukturplan 1970, S. 217ff.). Bemerkenswert ist hier, dass nicht nur Operationen aus dem üblichen Repertoire unterrichtlichen Handelns aufgeführt werden, sondern dass mit der Befähigung zum Innovieren die Lehrer nicht nur als Rezipienten, sondern auch als Produzenten von Wissen ins Spiel gebracht werden: »Auch während seiner Berufsausübung muß (!) der Lehrer (…) in die Lage versetzt werden, an den Fortschritten und Erkenntnissen der Wissenschaft in dem erforderlichen Umfang teilzunehmen und sie ohne Verzug in den Bildungsprozeß einzubringen« (a.a.O., S. 217).

Dieser neue Stil der Kompetenzkataloge findet sich auch in den Angaben wieder, mit denen das Leistungs- und Ausbildungsprofil für Diplompädagogen umschrieben wird; jetzt mit deutlicher Konzentration auf die kommunikative Kompetenz als »Fähigkeit zum Handeln mit anderen Menschen«, wie es in den »Empfehlungen der Studienreformkommission Pädagogik/Sozialpädagogik/Sozialarbeit« von 1984 heißt (S. 50). Aus dieser vagen Allgemeinbestimmung, die ebenso gut für das Handeln von Verkäufern, Ärzten, Handelsvertretern und Politikern gelten dürfte, ist dann 1989 in der »Rahmenordnung für die Diplomprüfung im Studiengang Erziehungswissenschaft« eine nähere Umschreibung pädagogischen Handelns entwickelt worden. Die Generalkompetenz für Kommunikation wird wie folgt spezifiziert: 1. »Wahrnehmen, Erkennen und Diagnostizieren«, 2. »Kooperieren und Interagieren«, 3. »Reflektieren, Überprüfen, Evaluieren, Kritisieren«, 4. »Unterrichten, Informieren und die Wissensvermittlung«, und zuletzt 5. »Organisieren, Verwalten und Planen« (Rahmenordnung, S. 5).

Gegenüber diesem bunten Strauß von Kompetenzen nimmt sich die Liste, die aus den neueren Diskussionen zum »Kerncurriculum für das Hauptfachstudium« der DGfE hervorgegangen ist, eher bescheiden aus. Nach Hans Merkens geht es jetzt um »Erziehen, Unterrichten, Lernen, Helfen und Beraten«. Diese Kompetenzen sollen dem »Bedarf an Kompetenzen in der Gesellschaft« entsprechen, der im »Laufe der letzten 50 Jahre erheblich zugenommen hat« (Merkens 2004, S. 17). Seltsam ist, um nur einen Punkt herauszugreifen, dass in die Reihe der erzieherischen Kompetenzen auch das Lernen eingeordnet erscheint, das gar nicht auf die Erzieherseite gehört, sondern die Adressaten betrifft, die entweder erzogen oder unterrichtet oder beraten werden oder denen zu helfen ist. Erstaunlich auch, wie sich dann diese Kompetenzen in der offenen Liste der »Grundbegriffe der Erziehungswissenschaft und ihrer Teildisziplinen« spiegeln, zu denen »insbesondere« (!) gehören: »Erziehung, Sozialisation, Lehren und Lernen, Unterricht, Bildung, Ausbildung, Generation und Lebenslauf« (Vorstand DGfE 2004, S. 86). »Helfen« und »Beraten« sind hier wieder herausgefallen und statt dessen Themen und Lebenssachverhalte benannt, die sicherlich für die Erziehung von Bedeutung sind, aber wie »Generation« und »Lebenslauf« mit Kompetenzen nichts zu tun haben. Tatsächlich ist in dem »Kerncurriculum« des offiziösen Organs der Pädagogenzunft für den Erwerb pädagogischer Handlungskompetenzen kein eigener

Platz vorgesehen. Sie erscheinen immer schon eingemischt in soziale Konstellationen und Kontexte, als ob das pädagogische Handeln für sich allein nicht Thema sein könnte.

Stellt man diese verschiedenen Versionen einer Bestimmung des pädagogischen Handelns nebeneinander, wird man nicht sagen können, dass sie ein klares und einigermaßen stimmiges Bild davon vermitteln, was Erzieher von Beruf verbindlich können sollten. Stattdessen treffen wir auf variable Topikkataloge von Operationen, Wissenselementen und Aufgaben, die im Einzelfall immer noch erweitert oder verkürzt, ergänzt oder wieder reduziert werden können. Schon im Begrifflichen herrscht erhebliche Konfusion: Einerseits soll gesagt werden, was pädagogisches Handeln ist – und das heißt ja wohl: was das Erziehen ausmacht. Aber dann erscheint das Erziehen nur als *eine* Form neben anderen und diese wieder in beliebiger Reihung, als ob nicht erzogen würde, wenn man berät oder unterrichtet, und als ob das »Helfen« in pädagogischen Situationen etwas sei, was sich vom Erziehen oder Unterrichten oder Beraten abheben ließe. Weder Vollständigkeit der Listen noch Trennschärfe der einzelnen Punkte sind gegeben, ja offenbar nicht einmal angestrebt. Der Eindruck ist: Diese Aufstellungen verdanken sich vor allem der Diplomatie von Gremien und Interessengruppen, bei denen jeder darauf achtet, seine Besonderheiten in den programmatischen Beschlüssen unterzubringen. Sie führen in der Regel wie in der Politik zu bloßen Formelkompromissen, für die dann auch keiner mit voller Überzeugung eintritt. Das heißt: Von einer aus der Sache der Erziehung begründeten und deshalb auch gegen Einreden von außen stabilen Bestimmung der maßgebenden pädagogischen Handlungsformen kann keine Rede sein. Das darf man von der Gremienpädagogik wohl auch nicht erwarten.

Allerdings: was Gremien nicht leisten und angesichts ihrer Interessenbindung nicht zu leisten vermögen, bleibt immer noch Sache systematisch begründeter Einzelvorschläge. Auf zwei soll hier noch eingegangen werden, bevor wir dann unsere Version der elementaren und komplexen pädagogischen Handlungsformen entwickeln. Der erste betrifft Werner Lochs Konzept der »für Lehrer erforderlichen Fähigkeiten« (Loch 1990) und der zweite Jochen Kades Bestimmung der spezifisch pädagogischen Operation als »Vermittlung und Aneignung« (Kade 1997). In beiden Fällen haben wir es mit einer entschiedenen Reduktion der Vielfalt pädagogischer Handlungen auf mehrere bzw. auf eine Operation zu tun, bei

Loch im Blick auf Schulunterricht, bei Kade allgemein im Blick auf Erziehung.

Loch hat vier aufeinander bezogene Kompetenzen und »konstitutive Fähigkeiten« benannt, die mindestens gegeben sein müssen, damit so etwas wie Unterricht zustande kommt. Die Kompetenzen kann man als grundlegende Könnerschaften für bestimmte Handlungen verstehen. Es sind im Einzelnen die Aktivierungsfähigkeit, die Darstellungsfähigkeit, die Kontaktfähigkeit und die Bestärkungsfähigkeit. Wer etwas darstellen oder wie wir auch sagen werden: wer einem anderen etwas zeigen möchte, muss ihn zuerst einmal aktivieren, damit er hinsieht und seine Aufmerksamkeit auf das Darstellen richtet. Dies setzt voraus, dass der Lehrer es versteht, einen Kontakt zu dem Lernenden herzustellen und aufrecht zu erhalten; und schließlich muss der Lehrer im Gang des Unterrichts dafür sorgen, dass die Lernenden Vertrauen in ihr Können gewinnen, damit das Gelernte zu einer bleibenden oder mindestens längerfristigen Disposition wird. Dieses Viergespann sind »Fähigkeiten, die man mindestens haben muss, um als Lehrer (...) handeln und professionelle Kompetenz erlangen zu können« (Loch, a.a.O., S. 101). Sie konvergieren in einer fünften Fähigkeit, die Loch als »Selbsterhaltungsfähigkeit« bezeichnet (a.a.O., S. 102). Dieses Kompetenzschema ist aus einer phänomennahen Beschreibung dessen gewonnen, was Unterricht ausmacht, und zwar unabhängig davon, wer unterrichtet, was das Thema des Unterrichts ist, welche besonderen Ziele er verfolgt und in welchen organisatorischen Zusammenhängen er stattfindet.

Was Loch damit vorlegt, ist mehr als eine lockere, offene und insofern nur topische Reihung von Kompetenzen. Es ist eine systematische, auf Vollständigkeit und Trennschärfe der Komponenten angelegte Sichtung dessen, was Lehrer mindestens können müssen, um zu unterrichten. Tatsächlich lässt sich diese Aufstellung nicht nur für den Schulunterricht, sondern auch für andere, wenn nicht für alle Inszenierungen des Erziehens verwenden. In einer etwas abgewandelten und ergänzten Form werden wir dieses Schema benutzen, um einzelne Grundformen des pädagogischen Handelns zu erfassen: Wer erzieht, hat innerhalb eines sozialen Kontakts die oder den Adressaten für das Darstellen und Zeigen zu gewinnen, sei es aktivierend oder auch beruhigend, sei es, dass an die schon vorhandene Lernbereitschaft angeknüpft wird; dann kann etwas dargestellt und gezeigt, aber auch eingeübt werden (das ist unsere Ergänzung);

und schließlich kommt es darauf an, dem Lernenden zurückzumelden, was er leistet oder erreicht hat, sei es bekräftigend oder anspornend oder sachlich bewertend.

So in eine zeitliche Ordnung gebracht, gewinnen wir ein Organisationsschema oder wie man seit Herbart auch sagen kann: ein Schema der Artikulation für pädagogische Handlungen. Unter Artikulation soll diese Verzeitigung der erzieherischen Absicht verstanden werden. Darauf wird im nächsten Kapitel noch näher eingegangen. Hier halten wir fest: In der Mitte steht das Darstellen, auf das je nach den Umständen vorzubereiten ist, und dem die abschließende Rückmeldung zu folgen hat. Wie das im Einzelnen aussieht, wird zu erklären sein. Wichtig ist, dass die pädagogische Handlung als Ganzes von ihrer Mitte her zu verstehen ist. Fehlt das Darstellen resp. das Zeigen, hängen alle anderen Operationen in der Luft und laufen leer. In dieser Mitte haben die Formen des pädagogischen Handelns ihren genauen Ursprung, nicht in der Organisation von Schule oder Kindergarten, Kursarrangement oder Projektmanagement.

Diese Mitte ist nun von Kade als das Wechselspiel von Vermitteln und Aneignen bestimmt worden, allerdings nicht als Ergebnis einer Analyse von Erziehungssituationen, gewissermaßen didaktisch, sondern sozialtheoretisch im Rahmen einer Theorie sozialer Systeme, die als relativ unabhängige aufeinander reagieren. Das »Erziehungssystem« ist eines neben dem politischen und dem ökonomischen, dem religiösen und dem Medizinsystem, und die Frage ist, welche Leistung das Erziehungssystem auf welche Weise für das Gesamt dieser sozialen Systeme, das heißt: für die Gesellschaft erbringt. Auf diesen Begründungszusammenhang wollen wir hier nicht eingehen, sondern halten uns an das »Wie« der pädagogischen Operationen. Das didaktisch-pädagogische Stichwort lautet »Vermittlung«. Das ist die Grundform des Erziehens, wie auch immer es inszeniert oder organisiert wird, ob es gelingt oder nicht, ob sie vollständig oder nur bruchstückhaft zur Geltung kommt. »Das Pädagogische ist die Praxis des Vermittelns von Wissen an die als Subjekte verstandenen Individuen, und es ist ein Ort, an dem das Vermitteln unterschiedlicher Welten als soziale Praxis unmittelbar geschehen soll« (a.a.O., S. 36f.). Dem Vermitteln steht das Aneignen gegenüber. Darauf ist es bezogen. In unserer Diktion: Die Differenz von Vermitteln und Aneignen drückt die pädagogische Differenz von Erziehen und Lernen aus. Ihre Bearbeitung macht den

Kern pädagogischen Handelns aus, gewissermaßen die operative Basis des Erziehungssystems. Sprachlich folgen wir älteren Konventionen und wollen weiterhin von »Erziehen« und »Lernen« sprechen. Das hat den Vorteil, älteren Auffassungen bequemer gerecht zu werden und sie im Rahmen neuerer Überlegungen zu berücksichtigen.

II Elementare Formen

In diesem Kapitel geht es darum, die elementaren Formen pädagogischen Handelns zu vergegenwärtigen; im nächsten werden dann die komplexen Formen behandelt. Tatsächlich treffen wir in der Erziehungswirklichkeit eher auf die komplexen als auf die elementaren oder einfachen Formen. Das hängt damit zusammen, dass das Erziehen zunächst in andere Tätigkeiten eingemischt erscheint und mit anderen Absichten und Verhaltensweisen vorkommt, so dass es nur schwer als reine Kategorie zu fassen ist. Wir verhalten uns auch erzieherisch, wenn wir mit den Kindern essen und ihnen dabei zeigen, wie sie Löffel und Gabel zu halten haben, ebenso wenn wir sie zu Bett bringen und ihnen vor dem Einschlafen noch eine Geschichte vorlesen, wenn wir sie beruhigen oder anspornen. Das hat zur Folge, dass auf die Frage nach einer Erziehungsform meist eine ausdrücklich pädagogisch gemeinte Maßnahme von besonders dramatischer Qualität wie zum Beispiel die Strafe angegeben wird, während man dem Zoobesuch nicht ohne weiteres ansieht, dass er gleichfalls von Formen des Erziehens mitbestimmt ist. Doch in beiden Fällen beziehen wir uns auf das Lernen der Kinder, im ersten ausdrücklich und mit voller Absicht, im zweiten eher mitgängig und sporadisch. Es dürfte mit dem abgehobenen, oft dramatisch zugespitzten Charakter der Aufforderung und der Missbilligung zusammenhängen, dass sie für den Inbegriff des Erziehens angesehen werden, vor denen die eher unauffälligen Formen des Übens und Zurechtrückens, des Hinweisens und Andeutens verblassen und für das Reden über Erziehung nicht viel herzugeben scheinen.

Will man nun die Eigenart pädagogischen Handelns begrifflich klar fassen, ist es angesichts dieser Sachlage nötig, seine Form zuerst einmal aus den Kontexten herauszulösen und von den begleitenden Umständen zu abstrahieren. Form ist das, was sich bei aller Verschiedenheit nach Alter, Geschlecht, sozialer Schicht, Zeitlage usw. als dasjenige identifizieren lässt, was immer als Gemeinsames gegeben sein muss, damit man von Erziehung sprechen kann. Darnach kann man auf jene Verschiedenheiten, Umstände und Gelegenheiten zurückkommen und sie als variable Inszenierungen einer grundlegenden Form interpretieren. Das geschieht unter dem Titel

der komplexen Formen. Erst verfahren wir also abstrahierend, dann explikativ und erweiternd.

Es mag unmittelbar einleuchten, dass sich die elementaren Formen am sichersten in der frühen Erziehung und im Umgang mit den Kindern antreffen lassen. Deshalb beziehen wir uns in diesem Kapitel vor allem auf die Kindererziehung. Das bedeutet aber nicht, dass die dabei aufgedeckten Formen nur für den erzieherischen Umgang mit Kindern oder nur mit kleinen Kindern zutreffen. Sie sollen *mutatis mutandis* für das Erziehen generell gelten. Davon unberührt bleibt der Tatbestand, dass es zuerst und vor allem die Kinder sind, um deren Lernen es bei der Erziehung geht. Auch deshalb liegt es nahe, bei den Kindern anzufangen, um die Grundformen pädagogischen Handelns zu bestimmen.

Im Einzelnen gehen wir so vor, dass zuerst eine oder besser: *die* Grundform des Erziehens ausgewiesen wird, nämlich dasjenige, was in jedem Falle und überall gegeben sein muss, um von einer pädagogisch relevanten Situation sprechen zu können. Diese Grundform ist das Zeigen. In Abwandlung und Erweiterung des Satzes von Werner Loch: »Immer wenn erzogen wird, wird auch gesprochen« (Loch 1970, S. 481), wollen wir von der Behauptung ausgehen: *Überall wo erzogen wird, wird etwas gezeigt.* Diese Aussage wird in den darauf folgenden Abschnitten dann weiter entfaltet und die elementaren Formen des pädagogischen Handelns entlang den verschiedenen Modi des Zeigens bestimmt und beschrieben. Es sind dies das Üben auf der Grundlage des ostensiven Zeigens, das Darstellen als repräsentatives Zeigen, das direktive Zeigen als Voraussetzung dafür, dass wir die Kinder und die Lernenden zu etwas auffordern können, und schließlich das reaktive Zeigen, mit dem wir gewissermaßen rückmeldend signalisieren, wie wir das Lernen der Kinder bewerten.

Jede einzelne Form hat einen eigenen, spezifischen Geltungsbereich, der für das Lernen bedeutsam ist. Es wird jeweils ein spezifisches Verhältnis von Erziehen und Lernen sichtbar. Das heißt: Das individuelle Lernen wird auf verschiedene Weisen durch das pädagogische Handeln angeleitet und geformt. Zwar differenzieren sich diese vier Varianten der Grundform in weitere Unterformen aus und variieren nach den Kontexten ihres Gebrauchs, aber ihre Funktion für die individuellen Lerngeschichten bleibt grundsätzlich erhalten.

Dieser Ausgang vom Zeigen als Grundform des Erziehens unterscheidet sich von der herkömmlichen und nach wie vor vorherr-

schenden Auffassung, die die pädagogischen Handlungsformen vor allem von der Aufforderung her verstehen, mit der Folge, dass das Üben, das Darstellen und das Rückmelden nur unvollkommen und meist nur indirekt angesprochen werden. Diese vermutlich moralpädagogisch motivierte Betonung des Forderungsaspekts der Erziehung soll hier vermieden werden, nicht zuletzt, um im Ergebnis die erwünschte Breite in der Bestimmung des pädagogischen Handelns zu gewinnen. Es besteht in seiner Beziehung auf Lernen, und da liegt auf der Hand, dass wir nicht nur moralisch, sondern ebenso intellektuell und manuell, kognitiv und instrumentell der Hilfen bedürfen, um lebenstüchtig zu werden. Es gibt zwar das Lernen auch ohne diese Hilfen und Anforderungen, aber wie an dem Fall Helen Kellers deutlich werden sollte, kommen wir damit nicht sehr weit, auch wenn wir sehen und hören können und mit einem gehörigen Maß an natürlicher Neugier und Lernbereitschaft ausgestattet sind.

Im Folgenden soll zuerst das Zeigen als Grundform des pädagogischen Handelns aufgewiesen werden, um es dann nach seinen verschiedenen Hinsichten als ostensives und repräsentatives, direktives und reaktives Zeigen zu differenzieren.

1. Die Grundform: das Zeigen

In seinem »Wegweiser zur Bildung für deutsche Lehrer«, 1835 zuerst erschienen, hat Adolph Diesterweg das pädagogische Handeln mit der Kochkunst verglichen und davor gewarnt, die »Schüler zu überfüttern«, das »steht viel eher zu befürchten, als dass sie aus Mangel an Nahrung schwach bleiben« (Diesterweg 1958, S. 93). Dieser Vergleich des Erziehens mit dem Ernähren und Füttern und der Erziehungs- mit der Kochkunst ist alt und oft benutzt worden. Was vermittelt wird, gleicht einer geistigen Nahrung, die der Lernende zu schmecken und zu verdauen hat. Auch der *homo sapiens* ist wörtlich genommen der schmeckende Mensch, und ebenso geht das griechische Wort für das Geistige schlechthin, der *nous*, auf ein Verbum zurück, das Riechen und Spüren bedeutet. Auf der einen Seite steht das Kochen und Zubereiten, die *medicina mentis*, auf der anderen das Aufnehmen, Essen und Einverleiben. Die Frage ist, was mit diesen Bildern gemeint ist. Worin besteht das »Kochen« der Erzieher und wie bezieht es sich auf den Geschmack und die Rezeption der Esser?

Der erste Punkt ist: Erziehung ist nicht etwas, das sich in einfacher Geschlossenheit darstellt, sondern sie hat zwei Seiten: das Lernen und Aneignen einerseits und das pädagogische Handeln und Vermitteln andererseits. Dieser Sachverhalt ist schon als pädagogische Differenz bestimmt worden.

Das Zweite ist: Dieses Handeln ist angewiesen auf die Lage und Eigenart des Adressaten. Nicht alles, was zubereitet wird, bekommt auch jedem. Anders herum ausgedrückt: Das Lernen reagiert nicht automatisch auf das pädagogische Handeln, jedenfalls nicht so, wie etwa der Körper auf eine Spritze oder eine Flasche Wein reagiert. Es reagiert produktiv und selektiv. Das ist der Grund für das, was in der neueren Literatur als »Technologiedefizit« bezeichnet wird (vgl. Luhmann/Schorr 1982).

Und das Dritte ist: das pädagogische Handeln erfolgt nicht regellos und beliebig, sondern es ist eine Kunst, die wie das Kochen und andere Techniken eine ihr eigene Logik enthält. Vor allem um diesen letzten Punkt geht es im Folgenden: Es soll gewissermaßen das Grundrezept des Erziehens beschrieben werden, statt umstandslos auf die Vielfalt der Rezepturen und Praktiken einzugehen, die sich in der Erziehungswirklichkeit antreffen lassen. Als Frage gefasst: Was ist das unabdingbare Minimum, das also, was mindestens ge-

geben sein muss, damit eine Handlung als pädagogische zustande kommt und es verdient, pädagogisch genannt zu werden?

Um diese Punkte noch etwas ausführlicher zu erläutern, ist zunächst festzuhalten, dass Handeln generell und pädagogisches Handeln im Besonderen nicht einfach ein Herstellen und Verfertigen ist. Handeln ist kommunikativ, nicht nur instrumentell. Es umgreift den Bezug auf andere Personen und auf Sachen, die in der Kommunikation als Thema erscheinen. Insofern können wir das Gespräch als das maßgebende Paradigma für die pädagogische Variante des Handelns ansehen, nicht das Bearbeiten und Verfertigen von Objekten. Um das einzusehen, bedarf es keiner ausgefeilten empirischen Experimente. Dazu reicht die durchschnittliche Lebenskenntnis, wie wir sie aus der Erfahrung des Gesprächs gewinnen. Wir haben es im Handeln direkt und indirekt mit anderen Personen zu tun, die wählen können, ob und wie sie auf uns reagieren. Wir sprechen sie an, und sie hören zu oder auch nicht, sie antworten verständig oder auf etwas, was wir gar nicht gemeint haben. Wir machen Vorschläge, sie werden angenommen oder verworfen, oder anders aufgenommen und anders genutzt, als wir uns das vorgestellt haben. Dies alles gehört zur sozialen Dimension des Erziehens.

Des Weiteren braucht das Handeln wie jede andere Operation ein Thema, das, worum es sich dreht, wenn wir mit anderen verkehren. Man kann nicht bloß kommunizieren und »aufeinander zugehen«, sondern es gehört immer etwas dazu, worüber man spricht und verhandelt, worum man andere bittet oder was man ihnen befiehlt, worauf man sich verständigt und dann gemeinsam betreibt. Welches Thema das ganz allgemein ist, wenn wir von Erziehung reden, liegt auf der Hand: Es geht um Lernen, nicht um Gesundbleiben, nicht um Kaufen und Verkaufen, nicht um Andacht oder politische Entscheidungen. Der Hunger, etwas zu verstehen und zu können, was man noch nicht kann, der Wissensdurst und die Neugier, aber auch die Aufgaben, die andere uns stellen und mit denen wir allein fertig werden sollen: das erzeugt die pädagogische Kommunikation und fordert das Handeln in erzieherischer Absicht heraus.

Und schließlich: Handeln erfordert wie jedes Tun und jede Operation Zeit, um die Themen, um die es in der Kommunikation geht, zu gliedern oder, wie wir im Anschluss an den pädagogischen Sprachgebrauch auch sagen wollen: um sie zu artikulieren. Artikulation ist Gliederung und Organisation der Zeit, um Themen und Personen so zusammenzuführen und aufeinander zu beziehen, dass

wir ihnen etwas zeigen können. Als allgemeine Aussage ist das trivial, aber aus der Trivialität dieses Sachverhalts ergeben sich weiter reichende, nichttriviale Folgerungen. Wie viel Zeit zur Verfügung steht und wie viel Zeit wir uns lassen, um einem Kind oder Schüler etwas zu erklären, davon kann abhängen, ob wir richtig verstanden werden. Auch wird von dem Moment, den wir für eine Erinnerung oder eine Demonstration wählen, der gewünschte und erhoffte Erfolg mitbestimmt. Das falsche Wort im falschen Augenblick: diese Katastrophen der Kommunikation kennen wir gleichfalls aus alltäglicher Erfahrung, ebenso wie den Fall, dass wir keine Zeit finden oder uns nehmen, um uns auszusprechen und den anderen anzuhören.

So gesehen, scheint es nicht übertrieben, Artikulation – verstanden als Verzeitigung des Zeigens – als den entscheidenden Mechanismus des pädagogischen Handelns zu bezeichnen. Herkömmlich wird allerdings »Artikulation« zuerst und vor allem auf schulischen Unterricht bezogen. Das erklärt sich daraus, dass Unterricht und die belehrende Rede in der Regel geplant und strukturiert inszeniert werden, während das Gespräch am Küchentisch oder bei Gelegenheit eines Zoobesuchs eher improvisiert erscheint, ebenso die Zurechtweisung oder der Rat, der Appell und die Aufforderung, endlich mit den Schularbeiten anzufangen. Dieses eingeschränkte Verständnis von Artikulation dürfte sich dem Umstand verdanken, dass man sich am Unterricht besonders gut klarmachen kann, worin das Eigentümliche des Zeigens in Hinsicht auf Lernen besteht. Das bedeutet aber nicht, dass das nur im Unterricht geschieht, ebenso wenig wie man sagen kann, dass nur in der Schule und unter ihren organisatorischen Sonderbedingungen unterrichtet wird. Wir wählen »Artikulation« als allgemeinen Ausdruck dafür, dass das pädagogische Handeln immer schon zeitlich verfasst ist und genau deshalb dann auch ausdrücklich organisiert, inszeniert und auf die Reihe gebracht werden kann.

Dass es sich tatsächlich so verhält, lässt sich an der Frage verdeutlichen, wie sich eine von anderen Absichten bestimmte oder diffus unbestimmte Situation in eine pädagogische Situation verwandelt. Wie fängt man an, so dass Lernen vorübergehend oder dauerhaft maßgebend wird? Auf diese Frage lassen sich eine Reihe von Antworten geben:

1. Man fängt gar nicht mit einer Absicht und bestimmten Zielrichtung an, sondern es hat schon angefangen. Wenn wir sehen, dass

die Schutzbefohlenen etwas anstellen oder zuviel Risiko eingehen, greifen wir ein, halten sie fest und kombinieren das mit einer Warnung. Das Zeigen begleitet das Tun. Man verhält sich z.B. beim Abwaschen oder sonst einer Tätigkeit so, dass Fritz und Sabine genau sehen, wie das geht und was man dabei alles beachten muss. Die Gelegenheit schafft den Anfang für eine sporadische pädagogische Maßnahme. Man könnte diese Variante als Anfang in der Mitte bezeichnen.

2. Der Anfang ergibt sich aus einem vagen Bedürfnis oder einem bestimmten Wunsch des Kindes. Gerade im Umgang mit kleineren Kindern lässt sich beobachten, dass sie von sich aus auf etwas hinzeigen, sozusagen mit einer fragenden Geste, und die Eltern dann mit einem Wort einspringen und das Gemeinte benennen. Das ist die Gestaltung des Zeigens als Antwort auf Fragen und Wünsche. Das Fragen selber können wir offenbar nicht beibringen, wohl aber dazu ermuntern und es durch unsere Antworten gewissermaßen belohnen. Zu diesem Anfang aus der Neugierde oder der Bedürfnis- und Interessenlage gehören auch die teilnehmerorientierten Verfahren: Das Thema wird aus den Nachfragen und Interessen derjenigen entwickelt, die an einem Kurs, einem *workshop* oder einer Meditationswoche zum Zwecke der Selbsterneuerung teilnehmen wollen.

3. Der Anfang wird als Aufgabe gesetzt. Man wartet weder auf gute Gelegenheiten, die schließlich auch ausbleiben können, noch überlässt man das Thema den Fragen und Bedürfnissen der jeweiligen Klientel, sondern bestimmt selbst Ziel und Absicht des Lernprogramms. Es ist klar, dass dieser Fall in besonderer Weise Maßnahmen der Vorbereitung verlangt, um das Thema interessant zu machen, am besten so, dass es den Lernenden so vorkommt, als hätten sie sich selbst nichts Besseres wünschen können.

So auf den Weg gebracht, liegt es in der Logik des pädagogischen Handelns, den Zeigeakt klar, verständlich, nachdrücklich und so zu inszenieren, dass das Erwünschte oder Angesonnene aufgenommen und gelernt werden kann. Auf diesen Kern der Zeigeoperation kommt alles an. Er macht die Mitte der Artikulation aus. Damit aber nicht genug. Wir pflegen uns auch davon zu überzeugen, ob das Gelernte auch »sitzt«, und vergewissern uns, dass wir richtig verstanden worden sind, dass eine Weisung auch befolgt und eine Handhabung bewältigt wird. Im Einzelnen mag diese Szenenfolge unterschiedlich ausgeprägt sein, dennoch wird man sagen dürfen:

Ohne dass (1) eine soziale Beziehung benutzt oder gestiftet wird, kann (2) auch nichts gezeigt werden, und ohne dass (3) beobachtet und geprüft wird, was davon gelernt ist, kann man nicht wissen, ob es sich um eine gelungene oder missratene Zeigeoperation gehandelt hat. Insgesamt stellen diese drei Schritte das Minimum dar, das zur Artikulation des Zeigens in pädagogischer Absicht gehört. Kurz: Ohne artikuliertes Zeigen keine Erziehung.

Worin besteht nun das eigentümlich pädagogische Verhalten und was meinen wir, wenn wir sagen: Zeigen ist die Grundgebärde des Erziehens? Die Antwort scheint auf den ersten Blick nicht besonders schwer zu sein. Was mit dem Zeigen gemeint ist, kennen wir aus der alltäglichen und allgemeinen Lebenserfahrung. Wir sagen den Kindern, wie die Dinge heißen, die sich ihnen zeigen; wir erklären, wie man mit fremden Tieren umgeht, vor welchen man sich in acht nehmen sollte und welche man streicheln darf; wir machen vor, wie man Löffel und Gabel hält; wir warnen vor Gefahren, damit sie sich selber schützen können, wenn wir nicht mehr dabei sind; wir üben, wie man sicher über die Straße kommt, und wir sagen ihnen, was sie anfassen dürfen und was nicht; und wir erzählen ihnen Geschichten, aus denen sie lernen, um es etwas großformatig zu formulieren, wie die Welt sich darstellt. Das ist in der Tat eine herkömmliche und keineswegs überholte Vorstellung dessen, worum es in der Erziehung geht: Darstellung der Welt (*repraesentatio mundi*) – so nannte man das in der Barockdidaktik –, um sich in ihr einigermaßen selbständig behaupten zu können.

In all diesen und unzähligen anderen Fällen kommt eine elementare Gebärde zur Geltung: die Gebärde des Zeigens. Ohne Zeigen keine Erziehung. Deshalb hat Comenius seinen *orbis pictus* erfunden, gewissermaßen die Welt *en miniature* im Buch und in der Rede. Im 18. Jahrhundert folgen die Illustrationen und Bildergeschichten als Vorläufer der Bilderbücher und Bildgeschichten, die heute dafür sorgen, dass die Kleinen mit ihrer Umwelt bekannt werden. Das Zeigen ist so sehr und ausdrücklich die zentrale Kompetenz des Erziehens, dass der Zeigestock und der Zeigefinger in der überlieferten Ikonographie als Standes- und Erkennungszeichen der Erzieher von Beruf dienen. Allerdings, das ist hinzufügen, auch als Hinweis auf die Macht und den Forderungscharakter der Erziehung. Insofern enthält die Gebärde des Zeigens in pädagogischer Absicht beides: den Hinweis auf das, was gezeigt wird, und die Aufforderung, auch hinzusehen und zu lernen. Diese Kombination des Zeigens mit der

Aufforderung, das Gezeigte auch zu beachten, soll wie folgt gefasst werden:

Wir handeln ausdrücklich pädagogisch, indem wir einem anderen etwas so zeigen, dass er oder sie es wieder zeigen kann.

Diese Definition soll die unverwechselbare Eigenart des pädagogischen Handelns zum Ausdruck bringen. Sie ist so gehalten, dass sie ganz unterschiedliche und auch einander widersprechende Konkretionen erlaubt. Insofern ist die vorgeschlagene Definition nur formal und inhaltlich schwach. Sie sagt noch nichts darüber, was etwa die richtige Erziehung ist im Unterschied zur falschen, welche Ziele unbedingt anzustreben und welche Mittel zu ihrer Realisierung geboten oder erlaubt, zu empfehlen oder zu verwerfen sind. Doch gerade diese inhaltliche Unbestimmtheit macht auch die Stärke der Definition aus, wenn wir sie benutzen, um die pädagogische Valenz unterschiedlicher Situationen und Lebenslagen zu erkennen und zu beschreiben. Indem nur die Form angegeben ist, die erfüllt sein muss, damit wir von einer pädagogischen Handlung sprechen können, haben wir die Möglichkeit, die Vielfalt der pädagogischen Sachverhalte zu erkennen, mit einander zu vergleichen und im Einzelfall dann auch zu beurteilen. Dies alles geschieht, indem wir die Leerstellen der Definition inhaltlich interpretieren, zum Beispiel in der Weise, dass wir angeben, *was* den Lernenden gezeigt werden sollte und was nicht. Worauf aber nicht verzichtet werden kann, ist der eigentümliche Rückbezug des pädagogischen Handelns in der Weise, dass die Operation des Zeigens den Lernenden in die Lage versetzt, diese Operation zu wiederholen, anzuwenden und schließlich auch zu variieren.

Diesen Rückbezug, das heißt: den Umstand, dass das Zeigen als pädagogische Handlung auf Wiederholung angelegt ist, drücken wir üblicherweise so aus, dass es in der Erziehung um Weitergabe und Übertragung des Könnens und Wissens an die Nichtkönner und Unwissenden geht. Ohne solches Tradieren gäbe es keine Tradition und diese stützt ihrerseits das Erziehen. Damit ist auch angegeben, was das Besondere des Zeigens in Hinsicht auf Lernen von anderen Verwendungen des Zeigens ausmacht. Schließlich wird auch in der Kultpraxis und bei wirtschaftlichen Transaktionen etwas gezeigt: die Monstranz präsentiert das Heilige und bietet es der Anbetung und Verehrung dar, nicht aber, um da etwas wiederholend zu lernen; und der Verkäufer zeigt seine Waren, um sie loszuschlagen. Auch wenn man dabei etwas über deren Vorzüge erfährt, wird man nicht

sagen wollen, dass es beim Kaufakt primär um Lernen geht. Ferner zeigen Artisten ihre Künste zum Zwecke der Unterhaltung und Wahlbewerber bezeugen in demonstrativen Gesten ihre Tüchtigkeit und Verbundenheit mit den Sorgen und Erwartungen der einfachen Leute, aber nicht, damit sie von ihnen nachgeahmt und ebenfalls Politiker werden, sondern damit sie ihnen und nicht der Konkurrenz die Stimme geben.

Daraus mag deutlich werden, dass es sich beim Zeigen in Hinsicht auf Lernen weder um Tauschakte noch gar um Akte handelt, in denen Zwang angewendet wird. Zwangsernährung ist keine pädagogische Kategorie, geschweige denn die Folter. Auch wer, wie man so sagt, »Druck ausübt«, damit die Schüler aufpassen oder wenigstens die anderen nicht stören, die tatsächlich aufpassen, bezieht sich noch nicht auf das Lernen, sondern darauf, sich auf Lernen einzulassen, ebenso wie die Aussicht auf Prämien nicht direkt, sondern nur indirekt zum Erziehungsakt gehört, um ihn einzuleiten und das Hinsehen und Zuhören wahrscheinlicher zu machen. Auch der Tauschakt, wie er sich im Verhältnis von Kaufen und Verkaufen zeigt, ist kein gutes Modell für die Eigenart pädagogischen Handelns. Beim Tauschen geben wir etwas weg, um etwas anderes dafür zu bekommen; beim Zeigen dagegen geht nichts verloren, was wir hinterher nicht mehr haben. Daraus mag sich erklären, dass das Erziehen in einer besonderen Weise auf Zustimmung und Konsens der Gegenseite angewiesen ist. Wohlgemerkt: dieser Sachverhalt betrifft nicht den Kontext, in den pädagogische Handlungen eingelagert sind. Da gibt es durchaus unterschiedliche Grade der Freiheit, Spielräume des Aushandelns der Lernbedingungen und auch des realen oder angedrohten Zwangs. Aber das Lernen selbst ist nicht machbar und das Erziehen kein Bewirken nach Art mechanischer Kausalität.

Wir fassen zusammen: Die Gebärde des Zeigens gewinnt ihre pädagogische Qualität durch den Bezug auf Lernen. Sie ist eine Form kommunikativen Handelns, das heißt: sie hat einen sozialen, einen thematischen und einen Zeitaspekt. Als Ort des Zeigens können wir das Gespräch ansehen, in Szene gesetzt und gewissermaßen gezeitigt als Gespräch der Eltern mit ihrem Kind, der Lehrer mit ihren Schülerinnen und Schülern, der Meister mit ihren Adepten, der Dozenten mit ihren Studierenden.

Das nächste ist: Das Zeigen erschöpft sich nicht im bloßen Hinzeigen und Benennen; es umgreift unterschiedliche Weisen,

Mensch und Welt für die Lernenden zur Erscheinung zu bringen. Im Einzelnen geht es im Folgenden um das ostensive Zeigen, wodurch das Üben angeleitet und begleitet wird; das repräsentative Zeigen, das uns das Belehren und Unterweisen als Darstellung dessen ermöglicht, was nicht unmittelbar gegeben ist; dann das direktive Zeigen, mit dem wir die Lernenden auf das hinweisen, was wir von ihnen erwarten und was sie selber von sich erwarten sollten, und schließlich das reaktive Zeigen, mit dem wir auf das Lernen zurückkommen und den Lernenden anzeigen, was sie erreicht und/ oder verfehlt haben.

2. Das ostensive Zeigen: die Übung

»Übung, Übung, Übung«: das war gewissermaßen das pädagogische Mantra für Helen Keller, aber nicht nur für das taubblinde Mädchen. Es gilt für alle. Was nicht geübt wird, wird nicht gelernt. Ohne Üben kein wirkliches Können. Wie es allgemein zu beschreiben ist, liegt buchstäblich auf der Hand: Das erste und entscheidende Merkmal des Übens ist die Wiederholung von gleichen oder ähnlichen Aktivitäten oder Handlungen. Bei kleinen Kindern sind diese Aktivitäten hauptsächlich auf Bewegungen bezogen. Neugeborene » bewegen« sich ins Leben hinein, indem sie richtungslose, ungezielte Bewegungen ausüben, mit den Armen, Händen, Beinen zappeln und leicht den Kopf und den Mund bewegen, wenn sie hungrig sind und nach Sättigung suchen. Sie bleiben so lange unruhig, bis sie ihr Nahrungsbedürfnis erfolgreich befriedigt haben. In diese Bewegtheit des Neugeborenen spricht das Erziehen hinein, nimmt sie auf und versucht, ihr eine Form zu geben. Das Üben selber ist Sache des lernenden Kindes, aber es geschieht mit einer Hilfestellung: Die Nahrungsquelle wird in den Tast- bzw. Gesichtskreis des Kindes gebracht, um dem Kind zu ermöglichen, dieses Angebot zu »verstehen« und sich in das Saugen einzuüben. Dabei ist die Mutter bemüht, dem Kind die Bedingungen zu bieten, die es benötigt, um saugen zu können. In den Bewegungen drückt sich der Wille des Säuglings aus, satt zu werden und dadurch zu überleben.

Schon an dieser scheinbar einfachen Situation lässt sich die Differenz von Lernen und Erziehen erkennen. Auch wenn es sich nur um einen kleinen Ausschnitt von »*Welt*« handelt, eben die Saug*welt*, so muss sie dem Kind in einer Art und Weise geboten werden, dass es seinen Saugreflex erfolgreich anwenden oder anpassen kann. Bekanntlich brauchen Babys anfänglich durchaus etwas »Übung«, bevor sie erfolgreich saugen können, ebenso wie manche Mütter sich von Hebammen beraten lassen müssen, wie sie ihrem Kind die »Saugwelt« am besten bieten, d.h. wie sie ihm die Brust geben bzw. wie sie das Fläschchen halten müssen. In der Regel funktioniert diese erste Koppelung von Lernen und Erziehen nach dem dritten oder vierten Übungsversuch sehr gut. Etwas abstrakter gesprochen, lässt sich sagen, dass hier beim ersten Lernen das Kind primär etwas ausübt, das heißt: etwas »aus sich heraus übt« (vgl. Weise 1932, S. 17), nämlich vitale, naturhaft angelegte Funktionen, und zwar so, dass es gleichzeitig etwas einübt, nämlich den speziellen Kontakt

mit der außer ihm liegenden Welt, die ihm in einer Art und Weise entgegenkommen muss, dass es sie sich erfolgreich »einverleiben« kann. Das pädagogische Handeln erscheint als Reaktion auf das bedürfnisgeleitete Lernen des Kindes. So entstehen erste einfache Koordinationen von Lernen und Erziehen, in denen vor allem das kindliche Lernen den Ton angibt.

Es ist diese feste Koppelung von Ausübung (auf Seiten der Lernenden) und Einübung (auf der Seite des Erziehens), die dieses Üben auszeichnet. Gerade das frühe Lernen ist darauf angewiesen, dass der Lernende eine Gebärde oder eine Bewegung vollzieht, indem er gewissermaßen den Erziehenden »wiederholt«. Dieses auch als »erfahrungsheischendes Lernen« (Bruer 2000, S. 137ff.) bezeichnete frühe und ursprüngliche Lernen drückt aus, dass das Kind in einem bestimmten Zeitraum auf bestimmte Zuwendungen aus seiner Umwelt angewiesen ist, also sein Lernpotential sich nur entwickeln kann, wenn ihm erzieherische Hilfe entgegenkommt. Das Ausüben leibbezogener Bewegungen ist der Weg, über den kleine Kinder Anschluss an die Lebensbedingungen ihrer Umwelt finden.

Das scheinen Eltern auch im Normalfall zu wissen, ohne lange darüber nachdenken zu müssen. Sie »üben« ihre Neugeborenen in bestimmte Figuren des Verhaltens ein, zum Beispiel in den Rhythmus von Schlafen und Wachsein, indem sie selbst mitüben: Sie wiegen das Kind sanft, sprechen leise zu ihm, summen eine Melodie, bewegen sich unmerklich, atmen selbst tief, um dadurch das Einschlafen an- und einzuleiten. Manche Eltern gehen so weit, dass sie so tun, als ob sie sich auch schlafen legen, um das Kind durch direktes Vormachen und Mittun zum Schlafen anzuleiten. Ostensiv ist dieses Zeigen in dem Sinne, dass das Lernthema sozusagen direkt vor Augen liegt und bis zu einem gewissen Grade von dem, der die Übung gibt, wie dem, der ihr entspricht, gemeinsam ausgeübt wird. Verglichen mit den anderen Formen des Zeigens besteht hier die größte Nähe zwischen denen, die pädagogisch handeln, und den Lernenden. Das erklärt im Übrigen auch, dass die Form des Einübens immer dann ins Spiel kommt, auch bei größeren Kindern, dann bei Jugendlichen und selbst bei Erwachsenen, wenn es darum geht, sie gewissermaßen vollständig zu ergreifen und mit Beschlag zu belegen, sich ihrer durch die Aufforderung zum Mitmachen zu bemächtigen und sie in den Bann von Aktionen, Ideen und Einstellungen zu ziehen.

Dass das Üben allerdings nicht allein im gemeinsamen Tun besteht, sondern dass es durch Gesten und Worte in direktiver Absicht begleitet wird, lässt sich auch ohne große Beobachtungsstrategien feststellen. So regt man ein Neugeborenes dadurch zum Trinken an, dass man leicht über seine Lippen streichelt. Das soll den Saugreflex aktivieren, damit das Kind den Mund öffnet. Ebenso ist bei der Einübung in den Schlaf-Wachrhythmus eine weiche Form des Aufforderns eingebaut. Das Kind wird »schlafen gelegt«, in den Schlaf gesungen, gewiegt. Das sind Aufforderungen in der Form der Gewöhnung und wiederholenden Übung. Ebenso versuchen wir das Kind »anzusprechen«, meist mit leiser, hoher Stimme, damit es dann selbst auf uns reagieren kann und ein sozialer Kontakt sich herstellt. In Hinsicht auf einzelne Übungen ist hier nur festzuhalten: Der in der Übung mitgegebene Aufforderungscharakter liegt gerade in der Wiederholung und scheint geeignet, dadurch soziale Lernprozesse vorzubereiten.

Und weiter: Schon in diesen ersten kindlichen Übungsvorgängen zeigt sich als ein wesentliches Merkmal der Umstand, dass die Übungen immer auch von Rückmeldungen begleitet sind, gewissermaßen als mitlaufende Erfolgskontrollen.

Das Üben endet erst, wenn das Kind das Verhalten gewissermaßen »automatisiert« hat. Es findet sein quasi natürliches Ende im Gelingen. Um einen erfolgreichen Verlauf dieser kindlichen Lernbewegung bemüht sich das Erziehen, indem die Eltern dafür sorgen, dass das Kind sich wohlfühlt und seinen Bedürfnissen entsprochen wird. Die Bandbreite, die dieses anfängliche Lernen dem pädagogischen Handeln bietet, ist zunächst noch schmal und wenig differenziert. In der Regel geht es um Hunger und Durst, um Nässe und Kälte, auch um das Alleinsein und Schmerzen, die den Eltern evident vorzeichnen, was sie zu tun und wie sie sich zu verhalten haben.

Wie es dabei zugeht, kann man daran sehen, wie den Kindern zum Beispiel beigebracht wird, feste Nahrung zu sich zu nehmen. Es dauert einige Zeit, bis sie die Abfolge: Mund öffnen – Löffel reinstecken lassen – Mund schließen und schlucken – reproduzieren können. Eltern essen »mitübend« mit, indem sie selbst den Mund öffnen und dem Kind zeigen, dass damit das Essen beginnt. Das haben die Kinder nach kurzer Zeit in einer Weise automatisiert, dass sie bereits den Mund aufsperren, bevor sie den Löffel überhaupt sehen. Natürlich sind sie dann auch in der Lage, mit Essen aufzuhören, indem sie einfach den Mund nicht mehr öffnen. Sobald das

Kind sicher geworden ist im Zugreifen, nimmt es selbst den Löffel in die Hand und die Eltern unterstützen es darin, indem sie seine Bewegungen direkt mitführen. Sie nehmen seinen Arm bzw. seine Hand und führen sie zu seinem Mund. In der Anleitung ist eine Mitbewegung enthalten, ohne dass es überall erforderlich ist, dass beide Seiten genau dasselbe tun.

Zunächst ist hier festzuhalten, dass das Üben seine Grundlage in der Mitbewegung hat. Dafür ist von Wilhelm Roeßler in seinem Buch über die »Entstehung des modernen Erziehungswesens« (1961) der Ausdruck »Mitahmung« eingeführt worden. Dabei bezieht er sich allerdings nicht nur auf das kindliche Lernen in der Hausgemeinschaft, sondern vor allem auch darauf, wie zum Beispiel Schmiede und Schumacher ihr Handwerk oder wie Töchter von ihren Müttern die Haushaltsführung erlernen. Die Einübung in die Berufsfertigkeiten erfolgt durch Teilnahme, Zusehen und Mitmachen beim und im Arbeitsprozess unter der Obhut und Aufsicht eines Meisters oder einer Meisterin. Das ist mit Mitahmung gemeint: Sie verlangt vom Meister, sein Können und die *tricks of the trade* offen zu zeigen und dem Lehrling Gelegenheit zu geben und dazu anzuhalten, sich gleichfalls in dem Metier zu versuchen.

Diese Form der Meisterlehre ist keineswegs überholt und nicht mit dem alten Handwerk angesichts von Mechanisierung und verschulter Ausbildungsgänge vergangen. Noch immer erfolgt z.B. der Einstieg in Führungs- und Meisterpositionen in der Weise, dass der künftige Chef erst als Hospitant und Praktikant, dann als Assistent und persönlicher Referent einübend angelernt wird. Das ist nicht nur eine Sache der persönlichen Protektion, sondern es ergibt sich aus dem Erfordernis, mit den Handgriffen und sozialen Techniken, den Belastungen und Aufgaben einer leitenden Funktion im Geschäft oder in einem Amt, als künftiger Mandatsträger oder Verbandsfunktionär vertraut zu werden. Der alte »Meister« zeigt dem designierten Nachfolger vor Ort und ostensiv, wie der Betrieb funktioniert, wie man Operationen ausführt und welche Schliche angesichts der Umstände und faktischen Gegebenheiten vor Ort anzuwenden sind. Dabei geht es um Situationen, von deren Bewältigung man in der Schule und auf der Universität nur einen ungefähren Eindruck gewinnt und die der »Famulus« oder der Sekretär, der Assistent oder Referendar jetzt ausübend einübt. Auch das, was in der Pädagogik seit Herbart als »pädagogischer Takt« bekannt ist, die besondere »Lokalvernunft« (Möser) und das praktische Augenmaß,

bedürfen der Gelegenheit zur Übung unter Anleitung und im Schutz eines Mentors oder Tutors, der zeigt, wie er es selber macht und damit seine Nachfolge vorbereitet. So gesehen ist die Mitahmung ersichtlich eine nicht durch »Information« oder Lektüre ersetzbare Übungsform, um spezifische Funktionen auf Dauer zu stellen und aus vielversprechenden Lehrlingen selber wieder Meister ihres Fachs zu machen, die ihrerseits in der Lage sind, andere anzuleiten und einzuüben.

Gelegentlich, und zwar insbesondere unter reformpädagogischen Aspekten, ist die Meisterlehre geradezu zum Inbegriff des richtigen Erziehens erhoben worden. Wer sich dafür erwärmen möchte, kann sich immerhin auf Goethe berufen. In den »Maximen und Reflexionen« findet sich eine Bemerkung darüber, wie man am besten erzieht: »Welche Erziehungsart ist die für die beste zu halten? Antwort: die der Hydrioten. Als Insulaner und Seefahrer nehmen sie ihre Knaben gleich mit zu Schiffe, und lassen sie im Dienste herumkrabbeln. Wie sie etwas leisten, haben sie teil am Gewinn, und so kümmern sie sich schon um Handel, Tausch und Beute, und es bilden sich die tüchtigsten Küsten- und Seefahrer, die klügsten Handelsleute und verwegensten Piraten. Aus einer solchen Masse können denn freilich Helden hervortreten, die den verderblichen Brander mit eigener Hand an das Admiralschiff der feindlichen Flotte festklammern« (Maximen und Reflexionen Nr. 347). Das ist *learning by doing* in Reinkultur. Die Heranwachsenden erwerben ihr ganzes Können durch Dabeisein und Mitmachen, nicht durch vorgängige Belehrungen und Lektüre. Es ist allerdings eine sehr beschränkte, um nicht zu sagen: geistig und materiell bornierte Kultur, die unter modernen Bedingungen nur mit Methoden totalitären Zwangs zu realisieren wäre.

Nach diesem Einschub zur Bedeutung der Mitahmung kehren wir zur Struktur des anfänglichen Lernens zurück. Es folgt offenbar einer inneren, biophysisch angelegten Zielstrebigkeit, die für die Übungsbereitschaft sorgt. Kinder brauchen nicht besonders motiviert zu werden, um zu spielen oder mit den Großen in den Zoo zu gehen und sich etwas Neues zeigen zu lassen: Sie sind neugierig und wollen auch dabei sein. Wie grundlegend z.B. die Lust des Kindes an motorischer Aktivität ist, kann man daraus entnehmen, dass auch ältere Kinder noch eine ungebrochene Freude an Bewegungsspielen haben. In der Bewegung sind Wille und Tun eins. Montessori beschreibt diese Freude der Kinder am Wiederholen von

Bewegungsabläufen als »Funktionslust«. Entsprechend wiederholen Kinder im Vor- und auch noch im Grundschulalter bis zu 40mal eine Bewegung, ohne müde zu werden. (vgl. Montessori 1913, S. 45; sowie Weise 1932, S. 56). Kinder üben hier spielerisch, weil ihnen das Spiel Lust und Freude bereitet. Insofern bietet sich das Mitmachen und Mitüben der Kinder an, um bestimmte Ziele des pädagogischen Handelns zu erreichen. Das heißt: Die Übung stellt eine pädagogische Handlungsform dar, in der auf die elementaren kindlichen Lernbewegungen immer wieder mit unterstützenden, mitahmenden, auffordernden Eingriffen von Seiten des Erziehens geantwortet wird. Dem Kind wird wiederholt Gelegenheit gegeben, sein Lernen mit den sozialen Mustern zu synchronisieren, es erhält verbessernde »Rückmeldungen« bei fehlender Passung und wird bestärkt durch die erfolgreich abgeschlossene Handlung. Sein Lernen und das erzieherische Angebot werden so lange wiederholt, bis die Koppelung fest verankert ist und das Kind das entsprechende Verhalten reproduzieren kann.

Natürlich braucht das Kind auch Ruhepausen. Dass Kinder zur »Ruhe kommen müssen«, dass man sie »sich selbst überlassen soll«, gehört zu den grundlegenden Einsichten frühkindlicher Erziehung. Diese »Übungsruhe«, deren Bedeutung besonders auf dem Gebiet des schulischen Lernens bzw. dem Erlernen von technischen Fertigkeiten bekannt ist, deutet nicht nur auf Ermüdung des Lernenden hin, vielmehr stellt sich oft nach solchen Ruhephasen eine Leistungssteigerung ein. So hat William Stern für die Sprachentwicklung festgestellt, dass sie sich in Schüben vollzieht: »Die Zeiten geringer Zunahme des selbst gebrauchten Wortschatzes sind keine wirklichen Stockungen, sondern es sind Epochen des inneren Erwerbs von Wortvorstellungen, die erst, wenn ihre Zeit gekommen ist, die Sprechschwelle überschreiten« (Stern 1930, S. 124). Für das Erziehen heißt das, dass es sich beim Üben, auch beim späteren, komplexeren Üben älterer Kinder, nicht empfiehlt, allzu sehr zu drängen und zu fordern, um sie dann bei ausbleibenden Übungserfolgen mit Vorwürfen und Ausdrücken großer Enttäuschung einzudecken.

Zusammenfassend lässt sich festhalten: Das bisher beschriebene anfängliche Üben begründet die erste Form pädagogischen Handelns. Es schmiegt sich gewissermaßen der Bedürfnislage des Kindes an und stützt sich auf die vorfindliche Übungsbereitschaft und die damit verbundene Erfolgskontrolle. Die Übung endet, wenn die Spannung abgebaut und das Bedürfnis gestillt ist.

Wir gehen jetzt einen Schritt weiter, um die Übung als geplante, zielorientierte und pädagogisch ausdrücklich inszenierte Form des pädagogischen Handelns in den Blick zu bringen. Dabei ist nicht mehr allein die aktuelle Bedürfnislage des Kindes maßgebend, sondern die pädagogische Absicht macht sich geltend, so dass es schließlich auch einer besonderen Motivation bedarf, um die Kinder und Heranwachsenden zum Üben zu bewegen. Insofern wäre die Übung als pädagogische Handlungsform unvollständig beschrieben, wenn man sie allein auf dieses anfängliche Lernen bezieht, nur der Gegenwart verhaftet und der Befriedigung des Augenblicks dienlich. Ihr kommt vielmehr eine über die gegenwärtige Situation hinausweisende Bedeutung zu, die man als ein »Vorüben« von Fertigkeiten und Kompetenzen bezeichnen kann, die später wichtig werden und die die weitere Formung der gesamten Person betreffen. Das »Aus sich herausüben« oder »Ausüben« ist ein vorbereitendes Üben für Handlungs- und Denkschemata, die das Kind für später braucht, um in das Leben hineinzufinden und komplexeren Lernaufgaben gewachsen zu sein, die seine kulturelle Umwelt ihm einmal abverlangen wird. Charlotte Bühler spricht in diesem Zusammenhang davon, dass Kinder sich bei den einfachen Bewegungsübungen in diesem frühen Stadium schon als eine Wirkkraft erleben und »Ursache sein wollen« (Bühler 1928, S. 95). Insofern kann man davon ausgehen, dass diese Übungsvorgänge eine starke Rückwirkung auf die Gesamtperson haben. Wenn das Kind z.B. alles vom Tisch fegt, was es sieht, oder seine Spielzeugkatze an einen bestimmten Ort »gehen« lässt, indem es sie mit der Hand immer weiterbewegt, erlebt es sich als eine mächtige Wirkkraft. Es zeigt sich hoch erfreut und zufrieden aufgrund der Erfahrung, sich als Ursache einer Wirkung erlebt zu haben.

Dieses durch Gelegenheit und Anregung gestützte übende Lernen hat daher eine doppelte Wertigkeit: Die Ausbildung und Vervollkommnung der elementaren Fertigkeiten haben eine formende Wirkung auf die gesamte Person und die Übungsvorgänge ragen über die Gegenwart in die Zukunft hinein, ohne dass das übende Kind dies weiß und intendiert. Diese Sicht der Übung liegt auch den von Karl Groos (1899/1973) als »Spiel« bezeichneten Handlungen zugrunde. Er weist auf die enge Verbindung dieser ersten Übungsvorgänge mit dem spielerischen Tun hin, in denen das Kind ein Tun »ausübt«, das er als »absichtslose Selbstausbildung« bezeichnet, die aber funktional für die Entwicklung der Gesamtperson ist.

Das Ergebnis des Übens besteht im Aufbau von Gewohnheiten und Routinen, von Ritualen oder, wie neuerdings sehr treffend gesagt wird, von »Üblichkeiten«. Sie leisten für den Einzelnen das, was Institutionen für die gemeinsame Lebenspraxis leisten. Sie entlasten davon, immer wieder neu Lösungen für wiederkehrende oder ähnliche Aufgaben zu finden, um stattdessen den Kopf und die Hände für wirklich neue Aufgaben frei zu bekommen. Gewohnheiten bilden sich in der Regel dadurch aus, dass man mitmacht; und indem man mitmacht, bildet sich ein Können aus. Kinder erwerben in der Idealform der Gewöhnung die für ihr Leben wichtigen Kompetenzen, ohne dass sie ausdrücklich belehrt oder durch intentionale Erziehungsakte dazu angehalten werden. Sie lernen inzidentiell und motiviert, was sie bei den Eltern und Familienmitgliedern sehen und beobachten. Weil ihnen dies so selbstverständlich erscheint, braucht man sie auch zum Mitmachen nicht eigens auffordern. Auch lernen sie im Wesentlichen noch ohne Wahlmöglichkeiten und Alternativen, eben so, wie sie es durch die jeweiligen besonderen Gebräuche, Sitten und Umstände vermittelt bekommen.

Die Gewöhnung ist am besten zu erreichen, wenn sie alternativlos und latent erfolgt. Das heißt, der Erzieher ist gehalten, ein bestimmtes, abgeschlossenes soziales Umfeld zu gestalten, das andere, gegenläufige Einflüsse oder alternative Erfahrungen ausschließt. So verbietet man den Kindern den Kontakt mit bestimmten Personen, die sie auf »dumme« Gedanken bringen können, oder hält sie von Dingen fern, von denen wir annehmen, dass sie sich ungünstig auf sie auswirken. So ist schon Aristoteles bemüht, die Kinder von schlechten Einflüssen fernzuhalten: »Es versteht sich, dass schon in diesem Alter (bis zu sieben Jahren. Die Verf.) von ihrem Ohr und Auge alles Gemeine ferngehalten werden muss. Der Gesetzgeber soll unanständige Reden überhaupt so sehr als irgend etwas anderes aus der Stadt verbannen. Denn vom leichtfertigen Reden über Unanständiges ist es nicht weit bis zum Tun« (Aristoteles, Politik VII, Kap.17, 1336 b), und in gleichem Sinne warnt Herman Nohl davor, sich in falsche Gewohnheiten einzuüben: »Wer sich an unanständige Witze gewöhnt, dem gelingt kein sauberes Gefühl mehr« (Nohl 1982, S. 189).

Im Vergleich mit der Übung ist die Gewöhnung eine geschlossene, begrenzende erzieherische Form. Sie reicht heute kaum mehr aus für den Alltag einer Familie, denn schon in der Nachbarschaft eines Siebenjährigen kann eine Familie leben, die andere Gepflo-

genheiten und Regeln hat und die ihr gleichaltriges Kind nach anderen Regeln und Gewohnheiten erzieht. Treffen unterschiedliche Kulturen aufeinander, verschärft sich diese Differenz noch einmal. Auch Goethe hätte wissen können und vermutlich auch gewusst, dass sich sein Ideal des »praktischen Lernens« auf einfache, vormoderne oder archaische Lebensumstände bezieht und für entwickeltere Gesellschaften unangemessen ist, in denen die Erwachsenenwelt und die Berufswelt andere, komplexere soziale Strategien, Regeln und Umgangsformen verlangen, als sie in häuslichen Umgebungen erfahren werden können. Die Pädagogik hat – mit Ausnahme mancher Reformpädagogen – die Grenzen dieser pädagogischen Form durchaus gesehen. Nohl rechnet sie zur Vorstufe der Erziehung, weil sie die innere Einsicht oder Zustimmung des Zöglings einfach voraussetzt: »Die bewusste Mitarbeit des Kindes tritt in ihr zunächst noch völlig zurück« (a.a.O., S. 188). Das Kind wird »nicht gefragt«, ob es sich an etwas gewöhnen will, mindestens nicht ernsthaft. »Gewöhne dich daran«, heißt ja auch: »Finde dich ab, so ist das eben«. Die Übung erzeugt zwar Gewohnheiten, aber sie ist offen, diese wieder zu überwinden durch neue, angemessenere Lebensgewohnheiten und Ansichten. Sie ist, vor allem je älter die Kinder werden, eine von ihrem Willen abhängige und von ihren Einsichten geleitete Handlung, während die Gewöhnung eben auch ohne den Willen und die Zustimmung des Kindes ans Ziel kommt.

Die Differenzierung des pädagogischen Handelns in Hinsicht auf unterschiedliche Gewohnheiten und Routinen wird weiter gesteigert und gewissermaßen einseitiger, wenn das Einüben als Training für spezifische Kompetenzen veranstaltet wird. Sie betreffen keineswegs nur leiblich-sportliche Fähigkeiten, sondern ebenso künstlerische, intellektuelle und soziale Aktivitäten. Maßgebend wird der Erfolg des Übens als Ausdruck der individuellen Leistung, und dazu braucht man in der Regel einen Trainer oder Coach, den Spezialisten für so feinsinnige und differenzierte Fertigkeiten wie das Boxen oder Hochspringen, Bergsteigen oder Tiefseetauchen, aber auch das Geigen- oder Klavierspiel, Ballett oder Gesang, und zwar zunächst noch außerhalb der für alle vorgeschriebenen Schule (vgl. dazu IV, 2).

Was trainiert wird, ist jetzt nicht mehr allein die Antwort auf eine Bedürfnislage, sondern ergibt sich vielfach aus dem Interesse und den Motiven der Eltern. Sie mögen in der Tochter eine Reinkarna-

tion von Steffi Graf oder in dem Jungen eine Wiedergeburt von Beckenbauer oder von Yehudi Menuhin erblicken, so dass ein Trainer engagiert und ein intensiver Übungsbetrieb organisiert wird. Das pädagogische Handeln bemächtigt sich des Heranwachsenden und investiert in dessen (und vielfach auch die eigene) Zukunft. Das Kind kann nun nicht mehr einfach aufhören zu üben, wenn es keine Lust mehr hat. Der Charakter der Übung kann hier im weiten Sinne als »technisch« bezeichnet werden: Es geht um handwerklich-mechanische und motorische, kognitive und künstlerische Leistungen, die nicht nur dem individuellen Bedürfnis entspringen, sondern sich Zwecken verdanken, die von den Trainern und Erziehern vorgesetzt werden.

Diese Indienstnahme des Übens als Mittel für Zwecke der Familien, der sozialen Gemeinschaften und Verbände bringt das pädagogische Handeln in das Zwielicht der Abrichtung und blanken Dressur. Im Nachwort zur zweiten Auflage seiner Schrift über den »Geist des Übens« hat Otto F. Bollnow im Anschluss an Michel Foucault auf die Methoden hingewiesen, »wie man durch militärischen Drill, durch auf Kommando erfolgende exakte Ausführung bestimmter Körperbewegungen, die bis zum automatischen Funktionieren eingeübt werden, den Menschen zu einer gut funktionierenden Maschine macht, die willenlos gegebene Befehle ausführt.(…) Hier wird die Freiheit ganz ausgeschaltet und der Mensch zum willenlosen Werkzeug gemacht« (Bollnow 1991, S. 119). In der Tat gehört zu den Techniken der Menschenbeherrschung, dass die Reaktion auf sozial gesetzte Impulse mit automatischer Zuverlässigkeit erfolgt, sozusagen unter Ausschaltung des eigenen Urteils und individueller Entscheidungen. Das Muster ist das militärische Exerzieren, aber es findet sich gleichermaßen im bürokratischen oder industriellen Betrieb. Übung macht nicht nur den Meister, Übung macht auch den Apparatschik, und zwar dann, wenn sie generell und alternativlos das pädagogische Handeln bestimmt. Was für das anfängliche Lernen ein Erfordernis ist, wird unter solchen Aspekten zu der Fehlform der Abrichtung.

So gesehen bleibt die von Bollnow vertretene »hohe Bewertung des Übens« (ebd.) zweideutig, wenn sie nicht nur im Zusammenhang des anfänglichen Lernens einerseits und als Stütze des schulischen Lernens andererseits gewürdigt wird, sondern insgesamt mit unserem Können verbunden wird. Beispiele dafür liefern nicht nur die Praktiken östlicher Meditation, es gibt sie auch im Umkreis der

geistlichen Schulung als Methode zur »Einübung in das Christentum« (Kierkegaard). Man braucht nicht unbedingt einen Zenmeister zu suchen, der einem den richtigen Lotossitz beibringt, oder sich in einem Volkshochschulkurs mit Yogatechniken vertraut zu machen, um anschaulich-sinnlich zu erfahren, worin die Pointe solcher Übungswege besteht. Sie treten nicht als Lehre auf, sondern setzen die unbefragte und ausdrücklich nicht problematisierte Identifikation mit einer Lebens- und Glaubenspraxis voraus. Der maßgebende Gedanke ist, das, was zu lernen ist, direkt im Mitvollzug zu erleben und zu erfahren, weil anders die Erfahrung des Glaubens oder überhaupt einer bestimmten Einstellung zum Leben nicht zu gewinnen ist. Derjenige, der die Übung gibt, ist ein »Lebemeister«, wie Meister Eckart gesagt hat, und nicht nur ein »Lesemeister«. In unsere Sprache der Didaktik übersetzt: das pädagogische Handeln richtet sich entschieden und ausschließend auf das Können; es vermittelt nicht erst ein Wissen, das dann (wie in der Schule) nachträglich auch noch einübend befestigt wird, und es lädt auch nicht zu Disputationen und Stellungnahmen ein. Der Übungsleiter sagt, wie der Adept sich zu verhalten hat, und rechnet darauf, dass sich daraus für ihn, den Exerzitanten, eine anders auch gar nicht mitteilbare Erfahrung ergibt.

Innerhalb der christlich orientierten Meditationspraxis bieten die »Geistlichen Übungen« des Ignatius v. Loyola ein instruktives Beispiel für Technik und Funktion des ostensiven Zeigens im Dienst der Gesinnungsbildung. Nach wie vor dienen sie als Leitfaden für die Exerzitien nicht nur der Jesuiten, sondern gleichermaßen von Geistlichen und Laien, und darüber hinaus auch als didaktisch-methodische Richtschnur für schulischen Unterricht (vgl. Mertes 2004). Sie verdanken sich dem Bestreben, wahrhaft christlich zu leben, und zu diesem Zweck unterzieht sich der Exerzitant den geistlichen Übungen, »um über sich selbst zu siegen und sein Leben zu ordnen, ohne sich durch irgendeine ungeordnete Neigung bestimmen zu lassen« (Loyala 1962, S. 25). Das Mittel dazu ist die Übung; »denn so wie Spazierengehen, Marschieren und Laufen körperliche Übungen sind, gleicherweise nennt man geistliche Übungen jede Art, die Seele vorzubereiten und dazu bereit zu machen (*disponer*), alle ungeordneten Neigungen (*affecciones*) von sich zu entfernen, und nachdem sie abgelegt sind, den göttlichen Willen zu suchen und zu finden in der Ordnung (*disposición*) des eigenen Lebens zum Heil der Seele« (a.a.O., S. 15). Dazu

bedarf es einer Methode, um »das Gewissen zu erforschen, sich zu besinnen (*meditar*), zu betrachten (*contemplar*), mündlich und rein geistig (*mental*) zu beten und andre geistliche Tätigkeiten« (a.a.O., S. 15).

Damit sind jedoch zunächst nur die Absichten und die Gesinnungen angegeben, die mit den Übungen verbunden sind und von Übungsleiter und Exerzitant auch geteilt sein müssen. Um zu verstehen, worin das Eigentümliche der Exerzitien tatsächlich besteht, können wir an den Vergleich mit den körperlichen Übungen anschließen. Es ist in Wahrheit mehr als bloß ein Vergleich; denn die entscheidende Pointe auch der »geistlichen« Übungen liegt darin, dass nicht viel erklärt und vom Übungsleiter »ausgeweitet« wird, vielmehr soll das, was dem Exerzitanten vorgelegt wird, wie es in der zweiten Anweisung heißt, von ihm »verspürt« (*sentir*) und »verkostet« (*gustar*) werden (ebd.). Das ist keine Erfindung des Ignatius; er folgt da vielmehr einer alten, man kann fast sagen: bewährten Meditations- und Übungspraxis. Die Leiden und Schmerzen Christi am Kreuz werden genau vorgestellt, leiblich oder quasi-leiblich reinszeniert – wie jetzt die Dornenkrone auf den Kopf gepresst wird, wie jetzt die Nägel durch die Hände getrieben werden, wie jetzt das Blut herabfließt und all das Scheußliche, das mit einer Hinrichtung verbunden ist. Es handelt sich um eine im wörtlichen Sinne ästhetisch-sinnliche Vergegenwärtigung der Heilsgeschichte, zu der natürlich nicht nur das Kreuz, sondern tröstlicherweise auch Auferstehung und Himmelfahrt gehören: Die Übung als *imitatio* Christi, so als ob der Exerzitant selber das ist, was ihm vorgelegt wird, und nicht nur davon hört und darüber liest.

Aufs Ganze gesehen könnte man diese Form des Übens als Anverleibung bezeichnen. Es geht anders als beim originären Üben nicht mehr nur um ein leibliches Können, sondern darum, dem, was wir erkennen und wollen, eine leiblich-affektive Grundlage zu verschaffen. Der Weg führt von »außen« nach »innen«, von der Stoffvorlage, die der Übungsleiter gibt, zum inneren Verkosten (*gustar internamente*), wie es in den »Exerzitien« heißt. So wie das Laufen und Marschieren bestimmte Einstellungen miterzeugt, so soll das leibhafte Vorstellen dazu dienen, sich eine Lebensform ganz zu eigen zu machen. Insofern leitet diese Übungsform zum repräsentativen Zeigen über; das ostensive Zeigen wird transformiert in ein Zeigen durch Zeichen, aber hier noch so, als ob das Gezeigte unmittelbar gegeben sei.

Worin nun das Eigentümliche des repräsentativen Zeigens und das pädagogische Handeln als Darstellung besteht, soll als nächstes erläutert werden.

3. Das repräsentative Zeigen: die Darstellung

Noch einmal: anders als das ostensive Zeigen, das leibnah, gegenwärtig und unmittelbar sich auf das Lernen bezieht, zielt das repräsentative Zeigen darauf, dem Lernenden etwas unmittelbar nicht Gegebenes vor Augen zu führen. Wir sagen »Hund« und unvermeidlich stellt sich das Bild eines Hundes ein. Wir zeichnen einen Kreis und sagen: »Das ist die Sonne«, und das Kind »sieht« die Sonne, obwohl sie gar nicht da ist. Mehr noch: wir öffnen das Bilderbuch mit Giraffen, Löwen, Schafen und Mäusen, zeigen darauf und benennen sie, so dass das Kind lesend und nicht unmittelbar erfährt, wie so etwas aussieht und heißt, was es selber oft noch gar nicht gesehen hat. Das Zeichen steht für die Sache, das Bild fungiert als Repräsentant von Sachverhalten, und das pädagogische Handeln vertraut darauf, dass die Darstellung eine Vorstellung auslöst, und zwar ohne dass dieser Sachverhalt wirklich da ist. Diese Vergegenwärtigung eines Abwesenden, etwas für etwas anderes: das ist der genaue Sinn des lateinischen Wortes *repraesentatio*. Sie eröffnet ein Lernen ganz anderer Art und entschieden größerer Reichweite, als es das Üben und Mitmachen erlaubt. Der Grund ist: wir reagieren nicht nur auf wirkliche Sachverhalte, auf Regen und Wind, Sonnenschein und Feuer, sondern wir reagieren auch, wenn jemand »Feuer!« ruft, und zwar unabhängig davon, ob es tatsächlich brennt oder nicht. Das kommt uns ganz selbstverständlich vor. Wir würden uns sehr wundern, wenn unser Nachbar im Kino ruhig sitzen bliebe, wenn »Feuer-Alarm« gegeben wird, und erst mal abwartet, ob dem Zeichen auch etwas in der Wirklichkeit entspricht und es tatsächlich brennt. Anders ausgedrückt: Wir reagieren nicht nur auf tatsächliche Sachverhalte, sondern auch auf Zeichen, mit der Folge, dass wir uns in einer Welt der Verweisungen und Hinweise, der Anzeichen und Symbole bewegen, der dargestellten Welt, die in unserer Vorstellung die Welt, wie sie ist, repräsentiert oder zu repräsentieren vorgibt.

Schon das Kind erfährt die dargestellte Welt, und dem pädagogischen Handeln werden damit Möglichkeiten und Zielstellungen eröffnet, die über das leib- und situationsgebundene ostensive Zeigen und Üben weit hinausgehen. An Helen Kellers Fall haben wir schon gesehen, wie sich ihr erst dadurch, dass sie lesen lernt, die gemeinsame Welt der Vorstellungen und Bedeutungen erschließt. Das Extrem zeigt: Wir können sehen, ohne dass das Gesehene wirklich da ist. Abstrakt gesprochen: Das pädagogische Han-

deln ist als Darstellung der Welt ein Zeigen und Sehenlassen des Unsichtbaren. Als Zeichen fungieren dabei nach herkömmlicher Auffassung unterschiedliche Materialien und Medien: Worte, Zeichnungen, die Schrift von den einfachen Buchstaben bis zu den Kryptogrammen und modernen Logos. In ihnen erscheint die Welt noch einmal, doch nicht nur als Abbild oder Andeutung von Sachverhalten, sondern auch als Impuls und Direktiv für Handlungen, sozusagen als Vor-Bild und Modell von Verhältnissen, die erst noch herzustellen sind. Über solche Abbilder und Hinweise versuchen wir, den Kindern und Heranwachsenden ein Bild und eine Orientierung zu geben, um die Welt lesbar zu machen (vgl. Blumenberg 1981). So ist die Fußgängerampel mit ihren roten und grünen Farbsignalen bzw. dem roten und grünen Ampelmännchen schon ein Zeichen von höherer Abstraktheit, das zu verstehen den Kindern in modernen Gesellschaften sehr früh zugemutet wird. Sobald das Kind die jeweilige Bedeutung richtig gelernt bzw. eine Vorstellung darüber entwickelt hat, verbindet es mit den Farbzeichen »rot« bzw. »grün« Gefahr bzw. Sicherheit. Kommt z.B. ein Vater mit seinem Kind an die Ampel, so wird er ihm die Bedeutung der Zeichensignale beibringen und ihm etwa sagen: »Bei *rot* musst du stehen bleiben, da fahren die Autos, das ist gefährlich. Bei *grün* darfst Du über die Straße gehen, da bist Du sicher, da müssen die Autos stehen bleiben«. Das Kind weiß dann um die potentielle Gefahr des roten Farbzeichens und kann sich danach richten. Natürlich werden Eltern dieses Wissen einübend vermitteln und mit ihm immer wieder üben, die Straße zu überqueren, bis sie sicher sind, dass es sich entsprechend der Verkehrszeichen verhalten kann. Das ostensive wird insofern mit dem repräsentativen Zeigen kombiniert, aber jetzt so, dass das Darstellen die Führung übernimmt und das Üben folgt.

Dieser noch sehr schlichte Zeichengebrauch lässt sich natürlich weiter steigern, differenzieren und in den Dienst langfristig angelegter Erziehungsstrategien stellen. Statt die Verkehrsregeln direkt an der Ampel zu demonstrieren, genügt es im Verkehrsunterricht der größeren und der erwachsenen Schüler, statt dessen mit Schaubildern und Skizzen zu arbeiten, wenn man sich nicht überhaupt auf das Wort allein verlässt. Auf diese Weise gelangen Kinder über das repräsentative Zeigen dann auch zu Vorstellungen über Sachverhalte, die ihnen im »wirklichen« Leben noch gar nicht begegnet sind und die sie sich doch merken, als ob sie ihnen tatsächlich begegnet

sind. In der Tat lernen Kinder das Leben bzw. die Welt gar nicht überwiegend unmittelbar, sondern über Erzählungen und Bilder kennen. Was eine Giraffe ist oder ein Löwe, wird ihnen repräsentativ gezeigt, oft lange bevor viele einen wirklichen Löwen oder eine richtige Giraffe je gesehen haben, und dieses Wissen wird dann anhand von Büchern und Bildern weiter vertieft.

Die einfache und unumgängliche Form, in der das geschieht, ist das Erzählen. Es kann in seiner Bedeutung für das pädagogische Handeln kaum überschätzt werden. Kinder – aber nicht nur Kinder – brauchen Geschichten und Erzählungen (vgl. Bettelheim 1985). In der Tat ist das Erzählen eine elementare Form menschlicher Kommunikation. Erzählt wird so gut wie überall, im alltäglichen Umgang der Menschen in der Familie, in der Nachbarschaft, beim Essen, in Büros und Restaurants, doch auch vor Gericht, wenn es um die Erhebung der prozessrelevanten Tatbestände geht, und in therapeutischen Sitzungen, in denen die Klienten aufgefordert werden, den Therapeuten und Beratern aus ihrem Leben das zu erzählen, was ihnen spontan einfällt. Wir sind, wie Wilhelm Schapp sagt, in »Geschichten verstrickt« (Schapp 1976). Indem sie erzählt werden, das heißt: indem sich die *res gestae* zur *historia rerum gestarum* verdichten, erhalten sie eine Gestalt, aus der die Hörenden wieder entnehmen können, wo und wer sie sind. Erlebtes und Erfundenes vermischen sich und oft genug verwirren sie sich, so dass sich gar nicht mehr entscheiden lässt, was nur erzählt und was wirklich geschehen ist.

Tatsächlich haben sich die Menschen in Mythen und Legenden, Märchen und Sagen Bilder ihrer Identität geschaffen, sowohl für ihr gemeinschaftliches wie für ihr individuelles Selbstverständnis. In den schriftlosen Kulturen ist die erzählende mündliche Überlieferung das entscheidende Medium der Kommunikation für den Zusammenhalt und die Kontinuität des Stammes und seiner Mitglieder. Auf das Erzählen und das Hören setzt die große christliche Erzählung, die Bibel. Die Aufforderung: »Hört, was sich die alten Hirten erzählen« macht deutlich, dass in den Erzählungen der Alten die ganze Fülle der geschichtlichen Erfahrungen und Ordnungen einer Gemeinschaft stecken, denen die Menschen zu entsprechen und zu folgen haben, wenn sie ihrem Dasein einen Sinn geben wollen. Das Erzählen verlangt somit zuvörderst das Zuhören bzw. »Hören können«. Was würde sein, »wäre dies alles nicht«? Dann würde – so Walter Guyer – »die Seele verdorren. Sie dürstet nach

diesem Trank; die Phantasie muss sich voll saugen können mit dem Inhalt, den sie zu Bildern formt« (Guyer 1960, S. 336).

An die Stelle der großen, für alle verbindlichen Erzählungen sind heute weithin die erfundenen Geschichten getreten, die Romane und Filmstories, die in kleiner Münze das zu leisten versuchen, was einmal das durch Kult und Brauch gestützt Medium allgemeiner Kommunikation gewesen ist. Die Funktion ist unverändert: Wir brauchen Darstellungen zur Ordnung des Erlebens und zur vereinfachenden Orientierung in einer Welt, die viel zu komplex ist, um unmittelbar und real erfasst und gedeutet zu werden. Das scheint einem elementaren Bedürfnis zu entsprechen, dem Rafki Schami in seinem preisgekrönten Buch »Erzähler der Nacht« mit einer kleinen Erzählung Ausdruck gegeben hat: »Was für ein guter Erzähler ist doch dieser afghanische Messerschleifer. Ein kleiner Teufel, doch wenn er anfängt Geschichten von seiner Heimat zu erzählen, wächst er. Ich habe nie etwas von Afghanistan gewusst, doch dieser Teufel entführt mich in seine Gassen, und ich rieche, schmecke und verstehe, was jeder in diesen Gassen fühlt. Auf einmal bin ich mit diesen Afghanen verbunden. Ist das nicht ein Wunder?« (Schami 1992, S. 221). Allein mit Worten gelingt es offensichtlich einem einfachen Mann, seine Zuhörer in eine andere, ihnen fremde Welt zu entführen und ferne zeitliche sowie räumliche Begebenheiten in einer Weise gegenwärtig zu machen, dass sie von den Zuhörern unmittelbar sinnlich mitgefühlt oder nachempfunden werden können. Der Hörer wird mittelbar in ein Geschehen hineingezogen, gewissermaßen in einer Weise »ins Bild gesetzt«, dass in ihm ähnliche Vorstellungen und Bilder entstehen wie im Erzähler.

Das Erzählen schafft demnach eine Brücke zum Hörer und zum Lernenden, die von der Seite der Sinnlichkeit beschritten wird. Durch das ansteckende Mitlachen oder Mitfühlen mit dem Erzähler wird die Identifikation des Hörers mit dem Erzähler bzw. dem Erzählten möglich und fremde Sichtweisen und Erfahrungen werden mitteilbar und vermittelbar. So gesehen bietet sich das Erzählen wie von selbst dem pädagogischen Handeln an. Es erlaubt die Darstellung der Welt in Wort und Bild. Die erzählenden Eltern vermitteln so in ihren Geschichten das Schicksal von Personen und Ideen, sie schaffen einen Vorstellungs- und Gedankenkreis, der das Fremde annähert und es gleichsam eingemeindet, auch wenn es sich um reine Phantasiegestalten handelt. Da ist von Königen und Prinzessinnen, von Zwergen und guten Feen, aber auch von Kobolden,

bösen Feen und Zauberern die Rede, und so lernen die Kinder, dass es »gute« und »böse« Menschen gibt, schlimme und schöne Ereignisse, sie erfahren etwas über Ordnungen und Regeln, gegen die auch die Erwachsenen verstoßen und deren Folgen auch grausam sein können. Diese stellvertretende Funktion des Erzählens hat Bruno Bettelheim für das Märchen hervorgehoben: Es schafft eine Möglichkeit, gerade auch die Grausamkeiten des Daseins im Medium der Bilder zu ertragen (vgl. Bettelheim 1977). Die Darstellung unterrichtet über soziale Grundverhältnisse, Gefühle und Empfindungen, die den Kindern eine Form zuspielt, gerade auch die dunklen Lebenssachverhalte ohne Traumata oder große Ängste zu verarbeiten. So kennen sie vieles schon, bevor es ihnen real begegnet; auch den riesigen Elefanten, der in den Geschichten und Bildern immer noch fassbar ist. Das führt gelegentlich dazu, dass sie dann, wenn sie den Elefanten in seinen realen Dimensionen sehen, ziemlich überrascht sind: Sie haben sich ihn entweder nicht groß genug vorgestellt oder er kommt ihnen zu klein vor. Die Erfahrung des Wirklichen vermittelt sich über die Bilder, in denen es repräsentativ gezeigt worden ist.

Indes: welche Geschichte wann welchem Kind erzählt wird und werden kann, lässt sich allgemein kaum angeben. Denn das hängt ab von den Absichten der Eltern und Erzähler, ihrer Einschätzung der Hörer und deren Reaktionen, so dass sie die Boshaftigkeit eines Koboldes oder Riesen abschwächen oder den Schluss einer Geschichte abwandeln, wenn sie sehen, dass ihr Kind doch allzu ängstlich reagiert, oder sie gehen auf die Wünsche der Kinder ein und erzählen jene Geschichten immer wieder, die sie ein Weile immer wieder hören wollen. Besonders bedeutsam dabei ist die unmittelbare Nähe des Erzählers, die beruhigend und vertraut wirkt, gerade wenn der erzählte Sachverhalt allzu ernst oder richtig traurig ist. Auch werden erzieherische Botschaften in Geschichten verpackt, wenn z.B. Kinder im Alter von drei Jahren erzählt bekommen, dass die »Zahnfee« darauf wartet, ihren Schnuller mitnehmen zu dürfen, und die Mutter am nächsten Morgen sagt, dass sie nun tatsächlich in der Nacht da gewesen sei und ihn mitgenommen habe. Meldet sich dann Protest und Geschrei und lässt sich an der Reaktion ablesen, dass das Kind noch nicht in der Verfassung ist, auf den Schnuller zu verzichten, kann die Zahnfee reanimiert und gebeten werden, den Schnuller in der nächsten Nacht wiederzubringen.

Was man hier im Kleinen erkennen kann, ist dies: Das repräsentative Zeigen ist ein elastisches Mittel, um über die Lenkung der Vorstellungen auf das manifeste Verhalten einzuwirken. Gerade die Erzählungen dienen pädagogischen Zwecken. Die Horrorgeschichten vom schwarzen Mann, die den Kleinen serviert werden, zielen nicht anders als die Schreckensnachrichten von Fegefeuer und Hölle für die Großen darauf, das Verhalten zu manipulieren. So gesehen ist das repräsentative Zeigen als Form pädagogischen Handelns durchaus ambivalent: Es eignet sich sowohl zur Aufklärung über verborgene Zusammenhänge und gibt dem Erleben eine Ordnungsstruktur wie auch zur Illusionierung bis hin zur manifesten Manipulation.

Wie solche Erzählbilder wirken können, mag noch ein Beispiel aus dem Fundus der großen jüdischen Erzähltradition belegen. Lea Fleischmann berichtet von ihrem Vater, dass er sie über Geschichten, insbesondere über Gleichnisse aus der Bibel, erzogen habe. Durch sie habe sie überhaupt am besten lernen können, ihre eigenen Gedanken als wichtig zu akzeptieren und ein Selbstbewusstsein zu entwickeln. Besonders eindrücklich war für sie die Erzählung ihres Vaters über die Zerstörung von Sodom: Abraham drängt dabei Gott, seine Entscheidung, Sodom zu vernichten, zu überdenken, weil es möglicherweise einige Gerechte gebe, die dann unschuldig sterben müssten. In der Tat akzeptiert Gott Abrahams Bedenken und verschont die Stadt. Sie solle sich, so ihr Vater wörtlich, daran ein Beispiel nehmen und auch bedeutenden Autoritäten widersprechen lernen: »Wenn dir jemand etwas sagt und Du bist damit nicht einverstanden, dann sag ihm, was Du nicht richtig findest« (Fleischmann 1980, S. 70). In einer weiteren Geschichte zeigt er ihr, dass man vor dem Tod keine Angst zu haben braucht: »Wenn Gott einen Menschen lieb hat und für ihn die Zeit des Todes gekommen ist, küsst er ihn und nimmt die Seele zu sich hinauf« (a.a.O., S. 42). Diese beiden und andere Geschichten tauchen später wieder auf. Sie habe dadurch z.B. gelernt, so erinnert sich Lea Fleischmann später, ihre Meinung stets mutig zu artikulieren, aber sie wäre sich lächerlich vorgekommen, wenn sie z.B. in einem Pädagogikseminar über die für sie so hohe Bedeutung dieser Geschichte berichtet hätte. Offensichtlich betrifft das erzählende Zeigen eine Tiefenschicht des Erlebens und Verhaltens, die sich nicht ohne weiteres rational mitteilen lässt. Es scheint nicht übertrieben, wenn wir sagen: Wir leben im Bann von Geschichten, der kleinen, mit denen wir groß gewor-

den sind, und der »großen Erzählungen« , von denen uns nun allerdings Jean Lyotard gesagt hat, dass sie nicht mehr als Ortsbestimmung dazu taugen, das Leben zu verstehen (vgl. Lyotard 1979).

So modern oder besser: postmodern diese Diagnose auch anmuten mag, sie folgt dem alten, im Kern griechischen Motiv der Aufklärung über Bilder und Zeichen und bietet im Übrigen selber wieder eine Erzählung, nämlich die der radikalen Selbstaufklärung. Worum es dabei geht, lässt sich am Lerngang der Kinder und Heranwachsenden verdeutlichen. Wenn wir einem Kind ein Bild von Opa zeigen, und fragen: »Was ist das?«, wird es in der Regel antworten: »Das ist Opa«, nicht aber: »Das ist ein Bild von Opa.« Die Differenz von Zeichen und Sache bleibt in der Schwebe; ihre Artikulation setzt voraus, dass die Zeichen, mit denen wir etwas darstellen, selber Thema werden und so das Bewusstsein dafür schärfen, dass sie auch anders sein könnten. Auf die Länge werden sie daraufhin geprüft, ob sie dem Gemeinten entsprechen oder nur zum Teil oder gar nicht. Diesen Schritt von den Erzählungen, griechisch: von den Mythen, zum Logos der Rede, haben die Griechen vollzogen (vgl. Nestle 1975), und diesen Schritt vollzieht das pädagogische Handeln, indem Sachverhalte nicht mehr nur erzählerisch vergegenwärtigt werden, sondern indem ihre Darstellung im Bewusstsein der Differenz von Zeichen und Sache erfolgt. Das ist im Erziehungsprozess der Schritt vom Erzählen zum sachlichen Berichten und Beschreiben, dann zum Erklären, Begründen und nachprüfbar objektiven Beweisen und schließlich zum »reinen« Beweisen allein aus der Form von Darstellungen.

Die einzelnen Übergänge vom Erzählen zum Berichten, vom Berichten zum Begründen und Erklären sind nicht immer scharf zu fassen. So wird erzählt, um etwas zu erklären (vgl. Lübbe 1973), und umgekehrt brauchen noch die Blindflüge begrifflicher Höhenreisen eine Rückbindung an Berichte und veranschaulichende Darstellungen, um sicher landen zu können. Doch die große Tendenz des repräsentativen Zeigens dürfte eindeutig dahin gehen, nicht nur einzelne Sachverhalte stellvertretend darzustellen, sondern sie im Zusammenhang und unter formalen Gesichtspunkten zu erfassen, so dass sie als Allgemeines lehrbar und lernbar werden. Tatsächlich ist der Versuch, das Einzelne als Fall eines Allgemeinen zu erklären, eine alte Lehrform und bei allen Völkern anzutreffen (vgl. Willmann 1957, S. 448f.). Beim Unterweisen und Klarmachen verschiebt sich das Hauptgewicht von der aktuellen Vergegenwärtigung eines un-

mittelbar nicht Gegebenen zum Aufbau übergreifender, begriffener Sachzusammenhänge, die sich in neuen und künftigen Situationen wieder aktivieren und respezifizieren lassen.

Diese Formen des Zeigens bestehen z.B. darin, dem Lernenden den Aufbau und die Gliederung einer Thematik oder einer Sache »ent«-wickelnd vor Augen zu führen, damit er Klarheit darüber gewinnen kann. Wir sprechen jemandem z.B. die »Gabe« des Erklärens zu, wenn er einem Kind mit einfachen Worten und übersichtlich verständlich machen kann, wie die verschiedenen Faktoren oder Elemente einer Sache oder eines Tatbestandes aufeinander bezogen sind oder zusammenhängen: Wie Hagel oder Schnee entstehen oder wie es zu Inversionswetterlagen kommt. Einfache Erklärungen geben wir, wenn wir einem Fremden den Weg etwa zu einem Hotel oder zum Bahnhof erklären, wenn er uns darum bittet. Wer einem den Weg erklärt, versetzt sich in den Fragenden hinein, antizipiert oder vergegenwärtigt sich mögliche Orientierungsprobleme in Form von klaren Fixpunkten und potentiellen Fehldeutungen und ist dabei noch bemüht, ihm nicht zu viel »Text« zuzumuten, weil er sich sonst den Weg nicht merken kann. Das Erklärenkönnen setzt also zum einen die eigene »Klarheit« voraus und zum anderen die Fähigkeit, sich in den Verstehensprozess des noch Unwissenden hineinversetzen zu können. Somit liegt eine Kombination von »Selbstwissen« und Antizipation des Nichtwissens des Lernenden vor.

Das erklärende Zeigen ist in anderer Weise auf das Lernen bezogen, als es beim Erzählen der Fall ist, gewissermaßen neutraler und unpersönlicher, weil das Gezeigte jetzt zunehmend im Kontext objektiver Verhältnisse erscheint. Die aufeinander aufbauenden Wissenselemente müssen auf jeder Stufe verstanden worden sein, daran hängt das Verständnis der Sache. »Warum regnet es«? »Warum hat der Baum einen Schatten?« Aber auch: »Was machst Du da?« – all das sind vor allem die Anlässe bei Kindern im sog. »Fragealter«, die die Erwachsenen zu permanenten Erklärungen herausfordern. Das Hauptgewicht des Erklärens und Erläuterns liegt darauf, sachlich-logische Begründungen zu geben für die Existenz von Gegenständen und Phänomenen. Erklärungen stützen sich dabei auf ein Vorwissen über die Elemente, deren sachlicher und gedanklicher Zusammenhang vertieft thematisiert werden soll. Was »Wolken« sind, wo die »Sonne« steht und was »hochziehen« bedeutet, muss man wissen, um erklären zu können, weshalb es regnet.

Dabei kommt es darauf an, das Wesentliche herauszustellen und klar zu bestimmen, das heißt: gerade nicht ausschweifend zu erzählen, wie es einmal war und wurde. Im Falle des Baumschattens könnten wir sagen: »Ein Schatten entsteht, wenn sich dem Licht etwas in den Weg stellt, wenn ein Gegenstand oder auch eine Person dem Licht den Weg versperren, dann werfen sie einen Schatten«. Auch schon im Alter von 3 bis 4 Jahren kann man Kindern durchaus einmal diesen »Schatten« über ein Experiment erklären, indem man einen Gegenstand hinter eine entsprechend platzierte Lichtquelle stellt, die dann den Umriss des Gegenstandes auf den Boden projiziert. Die kleine Skizze zeigt dem Kind noch einmal die Bedingungen des Entstehens von Schattenbildern, da ihm der Zusammenhang und die Voraussetzungen im Einzelnen erklärt worden sind.

Zusammengefasst: Im Übergang vom Erzählen zum Beschreiben und Erklären vollzieht sich der Übergang zu einer objektiven Welterfahrung, die für alle gilt oder gelten soll. Das Kind kennt jetzt nicht nur eine Geschichte, es weiß auch etwas in allgemeiner Weise.

Es ist jetzt nicht nötig und vermutlich auch gar nicht möglich, alle Formen und Varianten des Lehrens, der Unterweisung und der Vermittlung von Wissen vorzuführen, und zwar schon allein deshalb nicht, weil das erfordern würde, auch den ganzen Umfang des Wissens noch einmal nach der Art zu beschreiben, wie es zur Darstellung gebracht wird, von den einfachen Verhältnissen der Belehrung im häuslichen Umgang bis herauf zu den Fächern und Disziplinen der verzweigten und sich ständig weiter verzweigenden wissenschaftlichen Diskussion. Hier genügt es festzuhalten, dass durch das repräsentative Zeigen in der Weise des Lehrens eine gegenüber dem Trainer und Coach, dem Übungsleiter und »Lebemeister« sehr verschiedene pädagogische Rolle möglich wird: Der Pädagoge als Lehrer, sozusagen als Repräsentant der objektiven Wahrheiten, wie sie nach dem Stand des Wissens und theoretischer Erfahrung im Prinzip für jedermann zugänglich sind. Das Lehren schafft den Unterricht der Schule, nicht die Schule den Unterricht und den Lehrer (vgl. Strobel-Eisele 2003).

Darauf deutet auch der Grundsinn des griechischen Lehnworts »Schule«. Er besteht keineswegs nur in der zumeist angeführten Bedeutung von *scholä* als Muße, sondern dem vorauf liegt das *scholazein* als Vortragen und Darstellen, eben so, wie es die griechischen Sophisten gehalten haben, die man mit Fug und Recht als die ersten Lehrer in dem hier entwickelten Sinn bezeichnen kann. Sie sind

keine Priester und Gurus mehr, keine Trainer zur Leibesertüchtigung und Exerzitienmeister zur Eingewöhnung in die Sitten und Bräuche ihrer sozialen Umwelt. Diese Emanzipation von unmittelbaren Übungszwecken hatte und hat die unerfreuliche Folge, dass ein beunruhigtes Establishment in den Lehrern oft genug auch die Verderber der Jugend und bloßen Spieler des Redens und Denkens wittert. Das große historische Beispiel gibt Sokrates: Er wurde denunziert als Sophist und verurteilt als gottloser Verführer und Lehrer der Jugend und skeptischer Beobachter seiner Mitbürger.

Was daraus schon sehr früh erkennbar wird, ist der Tatbestand, dass die unterschiedlichen Formen des pädagogischen Handelns in einen Wettbewerb miteinander treten, sich teils ergänzen, teils kollidieren. Es mag wünschenswert sein, dass ein Erziehungssystem (als Gesamt pädagogischer Kommunikationen) gerade dann besonders leistungsfähig ist, wenn die Schule als bevorzugter Ort des repräsentativen Zeigens ein balancierendes Gegengewicht in einem gut arbeitenden familialen System findet. Kinder gewinnen dann umso leichter den Anschluss an das Erklären und Räsonnieren des schulischen Unterrichts. Was dort dargestellt wird, erweitert und vertieft ihre bisherigen Kenntnisse, Überzeugungen und Gewohnheiten. Aber das ist nur ein Fall des Verhältnisses differenter Darstellungsformen. Am Gegenfall der Indoktrination kann man sehen, wie der Versuch aussieht, über Engführungen, Einseitigkeiten und willkürliche Beschränkungen des repräsentativen Zeigens eine Einheit grundlegender Einstellungen zu erhalten oder herbeizuführen, die der Logik begründender und beweisender Rede widerstreiten.

Dazu ein amüsantes, aber nicht nur amüsantes, jedoch auf jeden Fall instruktives Beispiel aus der Schulgeschichte zur Zeit des Zaren Nikolaus I. (reg. 1825 – 1855), das sich bei Dmitrij Tschizewski in seiner »Russischen Geistesgeschichte« (Bd. II) findet: »Auf den Beschluß des Volksbildungministers hin, in den Bürgerschulen Geometrie als Unterrichtsfach einzuführen, schrieb Nikolaus: ›Ja, aber *ohne Beweise*‹«. Warum? »Weil die Denktätigkeit ›unerwünscht‹ war: Wenn man zu beweisen lernt, kommt es bald auch dazu, zu widerlegen!« (Tschizewski 1961, S. 65). So ist es in der Tat. Solange wir uns damit begnügen, bloß Geschichten zu erzählen, bieten wir gewissermaßen fertige Inhalte, die nun einmal so sind, wie sie sind. Ihre Geltung oder wenigstens ihre Glaubhaftigkeit beruht auf der Macht und Autorität derer, die sie bezeugen. Zwar können die großen Erzählungen dann noch nachrationalisiert werden – das ist

z.B. die Aufgabe der kirchlich gebundenen Theologie –, doch damit gerät das repräsentative Zeigen unvermeidlich unter die Imperative der Nachprüfung und kritischer Nachfragen, das heißt: es gerät in den sich öffnenden und prinzipiell unabgeschlossenen Kreis von Begründung, Beweis und Widerlegung. Um ihn zu schließen, bedarf es der dogmatischen Fixierungen und Grenzsetzungen, der Verbote und Stoppregeln, die dafür sorgen, dass zwar die angenehmen Seiten des spezifizierten Wissens genutzt, aber die Voraussetzungen geleugnet und unterdrückt werden, durch die es zustande kommt. Was sich daraus ergibt, ist die Fehlform der Indoktrination. Sie gleicht der Abrichtung als Fehlform des Übens darin, dass das Lernen um das ihm eigene Moment der Neuerung und groß gesprochen: dass es um seine Freiheit gebracht werden soll.

Um dieses Moment der Freiheit geht es aber zentral, wenn das pädagogische Handeln sich darauf richtet, direktiv in die Motive und Handlungsmotivationen einzugreifen. Das setzt voraus, dass das repräsentative vom direktiven Zeigen unterschieden wird. Erst dann kann die Indoktrination als der verfehlte Versuch verstanden werden, diesen Unterschied mit den Mitteln der Bildungsbeschränkung und rabiaten Denkverbote außer Kraft zu setzen. Deshalb als nächstes: das direktive Zeigen.

4. Das direktive Zeigen: die Aufforderung

In seiner »Allgemeinen Pädagogik« hat Dietrich Benner die »Aufforderung zur Selbsttätigkeit« als konstitutive Bedingung für das pädagogische Handeln bestimmt (Benner 2001, S. 80ff). Wer erzogen und nicht bloß abgerichtet wird, wird eben dadurch auch zur »selbsttätigen Mitwirkung an seinem Bildungsprozeß aufgefordert« (ebd.). Es kann unterstellt werden, dass diese Auffassung des pädagogischen Handelns auch unabhängig von der Begründung, die Benner vorgelegt hat, Zustimmung findet. Es gehört wie selbstverständlich zu den Aufgaben pädagogischen Handelns, den Kindern und Heranwachsenden diejenigen Kenntnisse, Fertigkeiten und Haltungen zu vermitteln, durch die sie ihr Leben einigermaßen selbstständig bewältigen können. Es ist auch noch keine Erziehungstheorie aufgetreten, die ausdrücklich darauf abzweckt, bloße Befehlsempfänger und fremdbestimmte Marionetten hervorzubringen. Selbst dann müsste aber noch erklärt werden, wie diejenigen zu erziehen sind, die andere kommandieren und sie wie Marionetten benutzen. Jedenfalls ist es schwer vorstellbar, dass Abrichtung, Manipulation und Indoktrination, von denen schon als Fehlformen des pädagogischen Handelns die Rede war, als explizites Erziehungsprogramm formuliert und vertreten werden. Insofern kann die Formel von der »Aufforderung zur Selbsttätigkeit« als pädagogische Selbstverständlichkeit angesehen werden. Fragt sich nur, wie man, bildlich gesprochen, »von außen« auf andere so einwirkt, dass sie sich sozusagen »von innen« und von sich selber her bestimmen.

Um diese Frage geht es im Folgenden. Es mag sich von selbst verstehen, dass man nicht einfach dadurch zur Selbsttätigkeit auffordert, wenigstens nicht im pädagogischen Kontext, indem man dem anderen sagt: »Sieh zu, wie du klarkommst« oder »Mach deine Sache allein«. Auch die Aufforderung: »Lass dir nicht alles vorsagen, sei spontan!« ist für sich genommen höchst fragwürdig. Entspricht man ihr, handelt man gerade nicht spontan, sondern wiederum fremdbestimmt, und entspricht man der Aufforderung nicht, ist man nach wie vor nicht spontan. Was sich darin zeigt, ist die Angewiesenheit der Selbstbestimmung auf Fremdbestimmung gerade auch in der Erziehung. Das entspricht der allgemeinen Lebenserfahrung, die uns vor einem allzu emphatischen Verständnis all derjenigen »Selbst«-Prädikationen bewahrt, von denen die mo-

derne Emanzipationssemantik durchzogen ist. In der deutschen Sprache können wir mit verführerischer Leichtigkeit Wortverbindungen mit »selbst« konstruieren. Inzwischen ist nicht nur von Selbständigkeit und Selbsttätigkeit die Rede; es gibt auch Selbstentfaltung und Selbstverwirklichung, neuerdings sogar Selbstmanagement und Selbstkompetenz und eine Ende dieser Selbstbefassungen ist nicht abzusehen.

Das mag ja vielleicht recht gut und zeitgemäß gemeint sein, aber wir können uns auch leicht klarmachen, dass wir uns tatsächlich in einer Gemengelage und Kombination von Selbst- und Fremdbestimmung bewegen. Vieles, wenn nicht das Meiste verdanken wir anderen und stützen uns auf ihr Können und Wissen, einiges leisten wir aus eigener Kraft, und soweit wir das wollen, kommen wir nicht umhin, es zu lernen. Wir lassen uns aber auch fahren und bauen unsere Wohnungen nicht selber, wir werden untersucht und lassen uns den Zahn ziehen, wir benutzen Dolmetscher und lernen gerade mal eine Fremdsprache usw. Der für die Pädagogik entscheidende Punkt ist: Unser eigenes Können ist abhängig vom Lernen, bei dem wir uns nicht vertreten lassen können. Es ist geradezu Inbegriff der Selbsttätigkeit, aber es wäre gänzlich illusionär, angesichts der Möglichkeit, vieles lernen zu können, das Ideal einer vollständig selbsttätigen Lebensführung zu verfolgen, gewissermaßen nach dem Modell des *do-it-yourself* Heimwerkers. Sie gewinnt vielmehr ihren Inhalt durch eine Kombination von eigenem Entschluss und Inanspruchnahme fremder Leistungen, in denen wir eben nicht vollständig über uns verfügen.

Welche Schwierigkeiten grundlegend mit dem »Selbst« in all den angegebenen Formulierungen und Postulaten verbunden sind, ist von Goethe treffend an dem vielfach benutzten Imperativ: »Erkenne dich selbst!« demonstriert worden. In dem Aufsatz »Bedeutende Fördernis durch ein einziges geistreiches Wort« von 1823 sagt er: »Hiebei bekenn' ich, dass mir von jeher die große und so bedeutend klingende Aufgabe: erkenne dich selbst, immer verdächtig vorkam, als ein List geheim verbündeter Priester, die den Menschen durch unerreichbare Forderungen verwirren und von der Tätigkeit gegen die Außenwelt zu einer innern falschen Beschaulichkeit verleiten wollen. Der Mensch kennt nur sich selbst, insofern er die Welt kennt, die er nur in sich und sich nur in ihr gewahr wird. Jeder Gegenstand, wohl beschaut, schließt ein neues Organ in uns auf« (Hamburger Ausgabe, Bd. 13, S. 38).

Der Punkt, auf den es uns hier ankommt, ist der folgende: Es gibt keinen direkten Zugang zum »Selbst«, als ob wir es unmittelbar anschauen und uns vergewissern könnten, wer wir sind. Vielmehr setzt die Rückwendung auf sich selbst voraus, dass wir zuerst und unvermeidlich auf Sachverhalte und Situationen gerichtet sind; in der Sprache der überlieferten Reflexionsthematik: Die *intentio obliqua* bedarf vorgängig der *intentio recta.* Man muss schon etwas erkannt haben, um das Erkennen zu erkennen und darin den Anteil, den wir an ihrem Zustandekommen haben. Didaktisch gewendet heißt das: Die Adressaten des direktiven Zeigens müssen schon *etwas* gelernt haben und lernen, um dann zu versuchen, ihrem Lernen die erwünschte Richtung zu geben. Das bedeutet: das pädagogische Handeln in direktiver Absicht kann sich nicht unabhängig von dem, was ostensiv und repräsentativ gezeigt worden ist und gezeigt wird, auf das Kind und die Heranwachsenden beziehen, um ihre Motive und Absichten zu erreichen. Anders gewendet: das direktive Zeigen bewegt sich im Zusammenhang von Übungen und Darstellungen, wenn anders es nicht als leeres Fordern und seinerseits als List geheim verbündeter Pädagogen erscheinen soll, die in Wahrheit nicht wissen, wie sie vorzugehen haben, um das Wollen ihrer Adressaten zu erreichen.

Dass es sich tatsächlich so verhält, lässt sich an der für das direktive Zeigen charakteristischen zweiteiligen Gestalt ablesen. Wir zeigen nicht nur etwas, sondern verbinden diesen Sach- oder Inhaltsbezug mit dem Personbezug in Hinsicht auf Lernen. So stellen wir eine Aufgabe oder geben einen Auftrag, an denen der Lernende seine Kräfte messen, sie ausbilden und einüben kann, in der Regel nicht ohne Hilfen, die sich auf Können und Wissen beziehen, aber doch so, dass sich der Lernende gewissermaßen in die Pflicht genommen sieht. Oder wir bringen den Kleineren ein Spielzeug mit, schenken ein Fahrrad oder eine Flöte, und verbinden damit ausdrücklich oder unausgesprochen die Erwartung, dass nun auch geübt und die in dem Geschenk liegenden Möglichkeiten erlernt und angeeignet werden. Insofern ist das direktive Zeigen notwendig verbunden mit einer Situation, die entweder schon geläufig und gewissermaßen einübend erschlossen oder aber neu ist, so dass wir das Lernen mit mehr oder minder starken Aufforderungen begleiten.

Die Seite der reinen Aufforderung tritt allerdings schärfer hervor, wenn wir an bekannte Sachverhalte anschließen oder an längst ausgesprochene Regeln erinnern: »Wasch dir die Hände vor dem Es-

sen!« oder »Setz die Mütze auf, es ist kalt draußen!« oder »Sei nicht so eigensinnig, wenn du mit den anderen spielst!« usw. Doch ohne einen thematischen Bezug auf einen Sachverhalt in einer Situation läuft die Direktion des Zeigens ins Leere, auch wenn dieser Bezug nicht immer eigens ausgesprochen, sondern stillschweigend als evident gegeben angenommen wird. Die Aufforderung: »Sei artig!« oder womöglich: »Sei ein guter Mensch!«, auch die resignierte Mahnung: »Kannst du nicht endlich mal vernünftig werden!« bedarf des Anhalts oder logisch gesprochen: eines propositionalen Inhalts, sonst läuft sie leer und erzeugt besten- oder schlimmstenfalls nur ein unbestimmt schlechtes Gewissen.

Die Palette dieser Aufforderungen reicht von der strengen Weisung über das Anregen und Ermuntern, Ermahnen und Erinnern bis zur Bitte, zum Rat und zum Appell an die Einsicht, dies oder jenes zu tun oder zu lassen. Die Weisung mag im Grenzfall auf der einen Seite zur Anordnung werden: »Das machst du jetzt, basta!« und auf der anderen zum bloßen Ansinnen, das freistellt, ob ihm entsprochen wird oder nicht. »Du solltest auch deine Schwester mal mitspielen lassen!« In allen diesen Varianten zeigt sich die eigentümliche Struktur des direktiven Zeigens: Es ist in einer ganz anderen Weise als das Üben und Darstellen auf Zustimmung angewiesen, sozusagen darauf, wie sich der Lernende zu sich selber verhält, ob er willig und einsichtig unserer Erwartung folgt oder sich widerspenstig, uneinsichtig und harthörig zeigt. Wenn wir sagen: »Ich erwarte von dir, dass du in Zukunft dein Zimmer selber aufräumst!«, sind wir, radikal gesprochen, den Neigungen und Absichten, auch den Launen oder dem *goodwill* der Kinder ausgeliefert.

Allgemeiner gefasst bedeutet das: Das direktive Zeigen ist zugleich die anspruchsvollste und die schwächste Form des pädagogischen Handelns; anspruchsvoll deshalb, weil es nicht um diese oder jene Fertigkeit, diese oder jene Kenntnis geht, die auch noch zu lernen ist, sondern um das Gesamtverhalten und schließlich um das, was man herkömmlich den Charakter nennt. Es ist aber auch eine schwache Form, weil wir uns dabei auf die Wahlfreiheit des anderen beziehen, auf die Möglichkeit, nein zu sagen und sich zu verweigern oder etwas ganz anders zu tun, als wir im Auge haben. Beim direktiven Zeigen beziehen wir uns darauf, wie die Lernenden sich auf sich beziehen. Sie können immer auch anders: zuhören oder nicht zuhören, antworten oder nicht antworten, sich unsere Ansinnen zu eigen machen oder sie verwerfen. Darauf bezieht sich die

von Herbart in der »Kurzen Enzyklopädie der Philosophie« angemerkte »unvermeidliche Unsicherheit der Erziehung« (Sämtl. Werke, Bd. 9, S. 138), das Moment des Nichtplanbaren bei aller didaktischen Versiertheit und allem guten Willen, oder – um dem zeitgemäßen Jargon Reverenz zu erweisen – ihr Technologiedefizit (vgl. Luhmann /Schorr 1982). Wir können nicht nur nicht bewirken, was die Kinder und Schüler, die Lehrlinge und Studierenden mit dem anfangen werden, was wir ihnen zeigen, wir können es ebenso wenig wie die Lernenden selber nicht wissen, und zwar deshalb nicht, weil wir ihre Zukunft nicht kennen.

Diesen Bezug auf Zukunft, der für das direktive Zeigen im Kleinen wie im Großen maßgebend ist, hat Herbart mit dem veralteten und für unsere Ohren inzwischen recht problematischen Ausdruck »Zucht« gefasst. Im »Umriß pädagogischer Vorlesungen« (zuerst 1835) heißt es: »Die Zucht schaut in die *Zukunft* des Zöglings (Hervorhebung Herbart). Sie beruht auf der Hoffnung und zeigt sich zunächst in der Geduld. Sie mäßigt die Regierung, die sonst durch größere Härte vielleicht zum Zwecke käme. Sie mäßigt selbst den Unterricht auf den Fall, dass seine Wirkung das Individuum zu stark anspannt. Aber sie *vereinigt sich mit beiden und erleichtert* sie (Hervorhebung: die Verf.)« (Sämtl. Werke, Bd.10, S. 177). Zweierlei ist hier wichtig: das erste ist der Zusammenhang mit anderen Formen, in denen etwas gezeigt wird (Herbart sagt: Regierung und Unterricht), das zweite ist der für das Lernen jederzeit maßgebende Zukunftsbezug. Er ist in der Tat dasjenige, was im Allgemeinen und zu Recht als Kern aller pädagogischen Bemühungen angesehen wird.

Was soll nur aus den Kindern werden? Diese Frage steht hinter dem pädagogischen Handeln und dirigiert sozusagen das direktive Zeigen. Im Übrigen nicht nur im Kopf der Erziehenden, sondern auch explizit: »Was soll bloß aus dir werden, wenn …«. Wenn wir die Jungen und Mädchen ermahnen, es mit den Schularbeiten genauer zu nehmen oder sich überhaupt erträglicher zu betragen, geben wir auch das Zukunftssignal: »Mach nur weiter so, du wirst schon sehen!« oder »Lass dich ruhig gehen, dann kriegst du nie eine Frau!« Darin gibt sich das Erziehen als Aufforderung zu erkennen, auf die die größeren Kinder dann gelegentlich und je älter desto heftiger mit Protest reagieren: »Nun erziehst du mich schon wieder!« oder: »Versuch nicht immer, mich zu erziehen.« Das pädagogische Handeln umgreift zwar faktisch mehr als das direktive Zeigen, aber

die erlebte und »gefühlte« Erziehung: das sind Ermahnung und Antreiberei, moralische Erinnerungen und die Imperative einer einwandfreien Lebensführung. Insofern ist beim direktiven Zeigen, wo es energisch und anhaltend als »unmittelbare Wirkung auf das Gemüt« (Herbart, Sämtl. Werke, Bd. 2, S. 112) hervortritt, zumeist auch mit Widerstand zu rechnen, in dem sich die Wahlfreiheit des lernenden Subjekts manifestiert. Es ist immer ein bisschen kränkend, mit moralischen Aufforderungen konfrontiert zu werden, wenn man schon über das Alter solcher Ermahnungen hinaus zu sein glaubt. Wir kommen darauf im nächsten Abschnitt über das reaktive Zeigen zurück.

Doch ohne solche Versuche, unmittelbar auf das »Gemüt« zu wirken, wie Herbart sagt, ist das pädagogische Handeln auch nicht vorzustellen, so dass sich die Frage nicht nach dem »Ob«, sondern vernünftigerweise nach dem »Wie« stellt. Welche Möglichkeiten haben wir, Verhalten und Gemüt zu erreichen? Als erstes drängt sich das weite Feld der Redeformen auf, die schon oben genannt worden sind.

Die höchste Dringlichkeit innerhalb der Aufforderungsformen dürfte mit dem Anweisen und Befehlen gegeben sein. Befehle sind die typischen Operationen in klaren Oben-Unten-Verhältnissen und da wieder am deutlichsten in militärischen Systemen, wo es darauf ankommt, dass Entscheidung und Ausführung dicht beieinander liegen. Dies dürfte aber nur sehr bedingt für pädagogische Situationen maßgebend sein, ausgenommen die Fälle, in denen sich die Erzieher zu Recht mit strikten Anweisungen und Befehlen an die Lernenden wenden, wenn nämlich eine außerordentliche Gefahr für das Kind besteht. »Bleib sofort stehen!«. Das ist unumgänglich, wenn ein Kind über die Straße zu laufen droht; ähnlich solche Kommandos wie »Halt dich fest!« oder »Leg das weg!« Bei den sehr Kleinen muss das »Nein!« genügen, um die an sich lobenswerte Neugier und innovative Entdeckungsfreude zu bremsen, wenn sie sich z.B. daran machen, das Innenleben von Steckdosen zu erforschen. Das wäre allerdings *learning by dying*. Also greifen da ohne weitere Umstände notstandslegitimierter Zwang oder Vorsorge ein: Die Kinder werden festgehalten und zurückgeholt, die Steckdosen gesichert und anderes Gefahrengut außer Reichweite gebracht.

Es ist aber klar, dass ein genereller Kommandostil eher den pädagogischen Fehlformen der Unterdrückung und Einschüchterung zuzurechnen denn als Musterfall des direktiven Zeigens einzuschät-

zen ist. Anders verhält es sich mit dem Ermuntern und Ermutigen, dem Anregen und Hindeuten. Wir signalisieren unser Vertrauen, dass etwas gekonnt sein wird oder auch nur Interesse verdient. Dabei sind wir auf der Seite des Kindes, indem wir es ermuntern und ermutigen, wenn es sich im Schwimmbad nicht traut, unsere Hand loszulassen und allein ins Wasser zu steigen, obwohl es sehr gern Schwimmen lernen möchte und wir der Überzeugung sind, dass es in der Lage ist, erste freie Schwimmzüge machen zu können. Oder wir zeigen ihm vorausdeutend, was es können und leisten wird, wenn es z.B. zögert, bei einer Schulaufführung vor lauter fremden Gesichtern sein Lied vorzusingen und wir uns sicher zu sein glauben, dass das Kind die Fähigkeit dazu hat. Ermuntern und Ermutigen sind erzieherische Formen, um das Kind in jenen Situationen zu stützen, in denen es eine Entscheidung treffen muss und in denen es zögert, sich nicht traut, sei es aus Scheu, sei es aus Unsicherheit. Gelingt es dem Kind wiederholt nicht, derartige Chancen zu ergreifen, werden Lern- und Erfahrungsmöglichkeiten vertan oder geradewegs blockiert, zum Schaden der weiteren Entwicklung zu Selbstbehauptung und Selbsttätigkeit.

Wie die Kinder, aber mit größeren und anspruchsvollen Perspektiven, haben wir als ihre Erzieher zu versuchen, in ihre Zukunft zu schauen, ausdrücklich *ihre* und nicht *unsere* Zukunft, soweit das heute überhaupt noch möglich ist, angesichts des Umstands, dass die Gegenwart der Eltern nur noch sehr bedingt die Zukunft der nachwachsenden Generation ist. Aber immerhin: wir können ihnen wenigstens eine ordentliche Ausbildung mitgeben, und das verlangt, zu jeder gegebenen Zeit eine doppelte Perspektive: auf den Zustand, wie er ist, und auf die künftigen Möglichkeiten. Herman Nohl hat das mit der Unterscheidung von »realistischem Sehen und idealistischem Wollen« zum Ausdruck gebracht (Nohl 1982, S. 136), durchaus in dem Bewusstsein, dass in diesen doppelten Blick immer auch bemerkt oder unbemerkt eigene Motive eingehen, Erwartungen und Wünsche, die sich mehr der Gegenwart und der Geschichte der Erzieher verdanken als dem pädagogischen Vorblick. Wo die Einwirkung auf die Jüngeren die Form der existenziellen Prägung gewinnt, wo die Erziehung im Sinne von Max Weber nicht bloß »Kultivationspädagogik« sein will, sondern sich als charismatische »Erweckungspädagogik« versteht (Weber 1968, S. 408), droht die Fehlform der Verführung. Sie besteht darin und stützt sich darauf, dass sich die Lernenden im Bann einer Person und ihrer Anschau-

ungen bewegen und dann lebenslang damit zu tun haben, sich von diesem Bann zu befreien, oder aber in einer Kindschafts- und Gefolgschaftsstellung bleiben, aus der sie nicht herauskommen.

Dennoch: Trotz dieser Bedingtheit von Vorschlägen und Aufforderungen, in eine bestimmte Richtung zu gehen, blieben die Älteren den Jüngeren etwas Wesentliches schuldig, wenn sie gänzlich darauf verzichteten, den Kindern und Schülern, den Lehrlingen und noch den Studierenden zu sagen, was in ihnen steckt, was sie erreichen könnten und vollbringen sollten, aber auch abzuraten, wo sie sich übernehmen und sich erkennbar über sich selber und ihre Fähigkeiten täuschen. Es ist insofern ein schmaler Grat, auf dem wir uns bewegen, wenn wir versuchen, in dieser großen Perspektive direktiv auf die Lernenden einzuwirken; vermutlich derjenige Aspekt des pädagogischen Handelns, der seine ethisch zentrale Problematik enthält.

Aus dieser Lage scheint es einen Ausweg zu geben, der von vielen heute als Antwort auf das ethische Problem der direktiven Zeigens angesehen wird: das Beraten. Darauf wollen wir abschließend eingehen. Beratung ist geradezu zu dem Erkennungszeichen einer Gesellschaft von potenziell Mündigen unter den sozialen Bedingungen unentrinnbarer Abhängigkeiten geworden. Es gibt Lern- und Erziehungsberatung, dazu Berufs- und Studienberatung und im Bereich von Sozialpädagogik und Sozialarbeit eine Vielzahl von Aktivitäten, die unter dem Titel der Beratung auftreten und ihre hilfreichen Dienste anbieten: Familienberatung, Schwangerschaftsberatung, Konfliktberatung, Eheberatung usw. usw. Daneben und darüber hinaus gibt es natürlich die herkömmlichen Adressen und Berufe des Ratgebens: Wir brauchen nach wie vor ärztlichen Rat und den der Fachleute für Recht, für Wirtschaft, für technische Fragen, aber auch für die Fragen, die in der Tradition mit der Seelsorge verbunden wurden.

In den letzten Jahren ist »Beratung« nun geradezu explosionsartig zu einer Wachstumsindustrie geworden, mit manchen modischen Schnörkeln wie etwa der Urlaubsberatung, der Schlafberatung und der Käseberatung, um das rechte Käsebewusstsein herbeizuführen. Die Gründe für diese Entwicklung dürften in der Liberalisierung der Lebensverhältnisse liegen, die neben der Verbreiterung der individuellen Lebenschancen auch Verunsicherung bei den Menschen ausgelöst haben. Angesichts der wachsenden Differenzierungschancen und des damit verbundenen Differenzierungsdrucks mo-

derner Lebensführung erhöht sich die Bedeutung persönlicher Wahlentscheidungen unter Bedingungen sachlicher Inkompetenz. »Nicht ohne meine Berater« heißt es heute in Zeitschriften. Und es ist entschieden kritisch gemeint, wenn jemand als »beratungsresistent« bezeichnet wird: Offensichtlich hat man heute einen Berater ebenso nötig wie einen Arzt oder Therapeuten. Der neueste Beratertyp nennt sich »Coach«. Er sagt einem, warum man mit seinen Mitarbeitern nicht zurecht kommt oder weshalb der Körper schlapp macht. Manager beschäftigen einen Fitnesscoach, damit er zweimal pro Woche mit ihnen joggt und ihnen ihren Speiseplan entwirft. Inzwischen soll es mehr als 16000 *coaches* für berufliche Fragen geben und als Spitzenprodukt der Beratungsindustrie bietet der »*life coach*« für alle Lebenslagen seine Dienste an.

Dieser Beratungsbetrieb könnte fast vergessen lassen, dass es sich beim Beraten und Ratgeben um eine alte, traditionsbewährte Form der Kommunikation handelt, erkennbar noch in der Wendung, einem anderen mit »Rat und Tat« beizustehen. Hilfe und Beistand: darum geht es herkömmlich, und zwar um den Rat und die Hilfe, die dem Regenten und überhaupt denen geschuldet ist, die allgemeine Aufgaben zu erfüllen haben. Sie werden Ihro Majestät anheim gestellt; sie kann ihnen folgen oder sie verwerfen. Sie mögen wirken durch die Kraft der Argumente und genauerer Einsicht, aber sie binden nicht den, der den Rat einholt. Die neue Majestät der Gegenwart: das ist der Kunde, und jetzt nicht mehr nur in Geschäften, sondern auch die Eltern und Schüler sind Kunden der Schule, die Studierenden Kunden der Hochschulen, die Kursteilnehmer Kunden der Lehr- und Studienanbieter kommerzieller und nicht-kommerzieller Einrichtungen der Weiter- und Erwachsenenbildung.

Daraus ergibt sich, dass das übliche pädagogische Verhältnis umgekehrt erscheint: Die Erziehung sucht nicht das Lernen auf, sondern das Lernen wendet sich an das pädagogischen Handeln. Dabei tritt das Beraten im pädagogischen Kontext als Beistand zum Lernen auf, wenn es allein und auf sich gestellt nicht zurecht kommt. So hat Friedrich Trost den »Rat« unter die Gruppe von Erziehungsmitteln gestellt, die er als »Entscheidungshilfen« bezeichnet, zu denen er dann noch die Bitte, der Befehl, die Zurede, die Anempfehlung und die Aufforderung rechnet (Trost 1967). Ausgenommen den Befehl sind diese Formen pädagogischen Handelns dadurch gekennzeichnet, dass prinzipiell die Freiheit der Wahl unterstellt und

vorausgesetzt wird. Ob man darin, wenn es sich um junge Menschen handelt, einen »neuen pädagogischen Verhaltenstypus« sehen muss, mag in der Schärfe, wie Klaus Mollenhauer es nahe gelegt hat, dahin gestellt bleiben (Mollenhauer 1965, S. 27). Auf jeden Fall haben wir es mit einem anderen als dem üblichen Eltern-Kind- oder Lehrer-Schüler-Verhältnis zu tun. Es ist der Ratsuchende, der Gegenstand und Thema dessen bestimmt, worüber er belehrt und worin er eingeübt sein möchte. Lenkung und Führung auf der Erzieherseite werden deutlich zurückgenommen. Man könnte sagen: die Verantwortung bleibt auf der Seite der Lernenden.

Damit stellt sich allerdings die Frage, ob das Beraten noch als eine Variante des direktiven Zeigens anzusehen ist, ja ob es überhaupt in den Formenkreis des pädagogischen Handelns gehört und nicht besser den gesprächstherapeutischen Verfahren zugerechnet wird, die ausdrücklich nicht-direktiv in dem von Carl Rogers vertretenen Sinne sind (vgl. Rogers 1983). Wer etwa Diskussionsrunden moderiert, in der Erwartung, dass sich dann aus dem Kreise der Teilnehmer etwas ergibt, was sie über Sachverhalte und Problemlagen unterrichtet und belehrt, oder wer zum Beispiel Selbsterfahrungsgruppen leitet und die Teilnehmer dazu animiert, sich zu offenbaren und ihnen dadurch dazu verhilft, sich selber besser kennen zu lernen, bewegt sich nur sehr bedingt in einer pädagogischen Situation, eher in Übergangszonen zur Psychotherapie oder in Überschneidungsbereichen zur organisierten Forschung oder zur kollektiven Entscheidungsfindung. Wir wollen hier demgegenüber daran festhalten, dass zum Erziehen eine spezifische, auf das Lernen gerichtete Absicht gehört, die sich auch im Beraten nicht in Moderation und analytische Technik auflöst, sondern sich in einer allerdings besonderen Weise zur Geltung bringt. Insofern bleiben die Erziehenden auch hier verpflichtet, die Grundgebärde des Zeigens zu beachten, so wie der ärztliche Rat ja auch seinen spezifisch medizinischen Charakter nicht dadurch verliert, dass der Patient ihn annehmen oder verwerfen kann.

Das bedeutet: Der Rat im Zusammenhang pädagogischer Handlungen enthält immer auch Perspektiven des Ratgebers. Daher ist der ratgebende Erzieher verpflichtet, sich darüber Rechenschaft zu geben. Es geht auch hier um pädagogisch-ethische Haltungen, die der Beratung stets zugrunde liegen müssen. Entscheidet sich der Jugendliche nach dem Gespräch gegen den Rat des Beraters, so ist die Entscheidung selbst dann zu respektieren, wenn sie sich als Fehl-

entscheidung entpuppt. Die Beratung zielt darauf, den Jugendlichen lernen zu lassen, was es heißt, selbst Entscheidungen zu treffen und für die Folgen einzustehen. Daher ist es widersprüchlich, fehlerhafte Entscheidungen zu kommentieren wie: »Ich habe es doch gleich gewusst«, »Du wolltest ja nicht auf mich hören« oder etwas metaphorischer: »Musst du denn das Rad immer neu erfinden?« Der Sinn der Beratung ist es ja, die Wege freizustellen, nicht sie vorzugeben, und zwar so freizustellen und freizugeben, dass dabei gelernt wird, wie und wozu man sich selbst entscheidet.

Erst durch diesen Bezug auf Lernen ist die pädagogische Dimension des Beratens getroffen. Als Frage gefasst: Wie können wir etwas so zeigen, dass dabei der Adressat des Zeigens in der Weise angesprochen wird, sich selbst nicht nur dieses und jenes zu eigen zu machen, sondern sich überhaupt aus eigenem Antrieb auf weiteres Lernen einzulassen? Die einfachen Formen dieses direktiven Zeigens beziehen sich auf bestimmte Fertigkeiten und Kenntnisse, für die wir die Kinder und Heranwachsenden zu gewinnen suchen; die gesteigerte und wesentliche Form geht darüber hinaus: Sie appelliert an den Lernenden, sich selber Aufgaben zu stellen und sich zu riskieren. Dadurch gewinnt das Zeigen erst den ihm eigentümlichen Aufforderungscharakter, wenn anders es nicht auf das Üben im Umkreis des ostensiven und das Darstellen im Umkreis des repräsentativen Zeigens beschränkt bleiben soll.

So gesehen bleibt fraglich, ob das Beraten wirklich die Ergebnisse verspricht, die wir uns vom pädagogischen Handeln versprechen, oder ob es sich hier nicht vielmehr um eine gedankliche Konstruktion und Wunschvorstellung handelt, durch die wir das Erziehen selber überfordern, sozusagen die Aporie der Erziehung durch Nicht-Erziehung. Denn die Entlassung in die Freiheit, z.B. in der alten Form der Mündigsprechung oder heute mit der schematischen Zuerkennung von Mündigkeit nach Altersstufen, von der Geschäftsfähigkeit über die Religions- und Heiratsmündigkeit bis zur vollen Strafmündigkeit, liegt schon jenseits des pädagogischen Handelns und kommt insoweit als Beleg für den ausdrücklichen oder unausdrücklichen Appellcharakter des Zeigens kaum in Frage. Ein besserer Kandidat ist etwas, das schon immer für das Erziehen als wichtig angesehen worden ist: Das Beispiel der Erzieher selbst. Wir zeigen immer auch uns selbst, wenn wir anderen etwas zeigen, und wie das geschieht, wie wir uns überzeugt zeigen von dem, was wir zeigen, wie wir uns selber für unsere Themen und unser Können

begeistern, scheint geeignet, eine Mitbewegung auszulösen, es gleichzutun oder noch zu übertreffen. Das pädagogische Handeln ist dann direktiv durch eine Art Motivansteckung, ermöglicht durch die Begeisterung, die die Eltern und Lehrer, die Dozenten und Kursleiter für das zum Ausdruck bringen, was sie zu vermitteln suchen. »Erziehung durch Faszination« (Leonard 1971), das ist etwas, was auch zu den inneren Antrieben nicht weniger Erzieher gehört.

Doch bleiben dieser Wunsch, wenn es nur ein Wunsch ist, und dieses Charisma, wenn es einem Erzieher zuteil geworden ist, durchaus zwiespältig: Neben der Beschwingtheit, die andere mitzieht und sie zu Lernanstrengungen befreit, auf die sie allein nicht gekommen wären, liegt als Fehlform die Verführung zu Einseitigkeiten und intellektuellen Abhängigkeiten und Identifikationen im falschen Bewusstsein der Überlegenheit, weil man zu einer bestimmten Schule oder einer privilegierten Genossenschaft gehört. Im Einzelfall ist die Grenze zwischen angebrachter Führung und unvertretbarer Verführung schwer zu erkennen und klar zu ziehen. Insofern scheint es angebracht, beim direktiven Zeigen eher auf das handwerkliche Können der »Kultivationspädagogik« als auf eine undurchsichtige Erweckungspädagogik zu setzen.

5. Das reaktive Zeigen: das Rückmelden

Das reaktive Zeigen hat mit dem direktiven Zeigen gemeinsam, dass es sich auf das Verhalten der Kinder und Heranwachsenden richtet, doch mit dem Unterschied, dass es primär nicht »in die Zukunft schaut«, sondern sich auf die Ergebnisse und das feststellbare Lernverhalten bezieht. Insofern handelt es sich bei den Formen des Rückmeldens um eine Reaktion von Seiten der Erziehenden auf das Verhalten und bestimmte Handlungen der Lernenden, die jetzt, wie Friedrich Trost gesagt hat , einem »erziehenden Urteil« unterworfen werden (Trost 1967). Noch genauer: Es geht um die Reaktion darauf, wie die Kinder und Schüler als die Adressaten unseres pädagogischen Handelns eben darauf reagieren, was wir ihnen zeigen, sei es in der Form der Einübung, der Darstellung oder der Aufforderung. Wir freuen uns über Erfolge unserer Kinder und Schüler, und diese freuen sich über unsere Freude. Das zeigte schon das Beispiel Helen Kellers: ihre Fortschritte finden die elterliche Resonanz und diese wirkt verstärkend auf ihren Lernwillen.

So weit so gut. Doch aus diesem Rückkopplungseffekt ergibt sich auch geradezu unvermeidlich das vielfach erlebte Leiden an der Erziehung, und zwar auf beiden Seiten. Wir sind enttäuscht, wenn unsere Erklärungen nicht verstanden und unsere Weisungen nicht beachtet werden; und die Kinder sind enttäuscht, wenn sie das Gefühl haben, ihre Eltern zu enttäuschen. Gerade bei den eigenen Kindern, aber auch bei Schülern und Studierenden reagieren wir mit Gesten und Worten affektiver Betroffenheit, gerade weil wir etwas von ihnen erwarten und dabei auch eigene unerfüllte Hoffnungen mit im Spiel sind. Wie Volker Kraft in seiner instruktiven Studie über »Pestalozzi« gezeigt hat, bleibt im »pädagogischen Selbst« das eigene Erzogensein gegenwärtig und offenbart sich in unserer Reaktion auf die Reaktionen derer, die wir zu erziehen suchen (Kraft 1996). Diese affektive Verstrickung als Selbstbezug im Bezug auf die anderen, mit denen wir im pädagogischen Handeln zu tun haben, ist im reaktiven Zeigen in besonders deutlicher und ambivalenter Weise zu erkennen: Sie trägt und sie erschwert zugleich den pädagogischen Bezug. Wir zeigen unser Mitgefühl mit dem Lernenden, doch dieses Mitgehen und Mitleiden enthält auch Elemente unserer eigenen Lerngeschichte, die den Stil unseres reaktiven Zeigens mitbestimmen.

Es wäre allerdings verfehlt, aus diesem Zusammen- und Gegenspiel wechselseitiger Betroffenheiten zu folgern, dass eine anerzo-

gene, künstlich inszenierte Neutralität die richtige Erzieherhaltung sei, so wie ein Arzt eine Krankheit diagnostiziert und das Ergebnis seinem Patienten mitteilt. Das Mitgehen, Mitfühlen und Interessenehmen gehört zum pädagogischen Handeln, sei es aus Liebe zum eigenen Kind, sei es aus dem grundständigen Wohlwollen, das wir den Lernenden schulden, wenn wir ihnen nicht nur dies und jenes zeigen, sondern auch zeigen, wie sie gelernt haben und was noch zu lernen bleibt.

Davon wollen wir im Folgenden ausgehen. Zunächst: Was ist die Funktion des reaktiven Zeigens? Wir wenden uns zurück auf das vergangene Lernen; das soll der Ausdruck »Rückmeldung« anzeigen. Es geht beim reaktiven Zeigen um die Thematisierung des vergangenen Lernens, im Gegensatz zu Aufforderungsformen, die sich auf zukünftiges Lernen beziehen. Diese »pädagogische Nachsorge« reicht vom einfachen »Ja« oder »Nein« über weiter gehende Formen der Bestärkung und der Missbilligung bis zu umfassenden Beurteilungen, denen sich die Lernenden ausgesetzt sehen. Sie münden schließlich in das formalisierte Verfahren der Prüfung und Evaluation, das wir hier allerdings außer Betracht lassen, um es für sich zu erörtern, um zwar deshalb, weil die Prüfung immer auch anderen Zwecken dient als die Rückmeldung im Zusammenhang der pädagogischen Handlungen und insofern als Ergebnisfeststellung über das pädagogische Geschehen hinausreicht (vgl. Exkurs I).

Bevor wir auf einzelne Formen des reaktiven Zeigens eingehen, besonders auf Lob und Tadel, sind die Funktion und der Sinn der Rückmeldung selber ins Auge zu fassen. Die Funktion liegt auf der Hand: Der Lernende erfährt, ob ihm das gut oder weniger gut oder gar nicht gelungen ist, was er lernen wollte oder sollte. Das ist deshalb erforderlich, weil in vielen Fällen für die Betroffenen gar nicht erkennbar ist, ob sie vorangekommen sind, ob sie jetzt beim Singen den Ton richtig halten oder beim Klavierspiel den Anschlag verbessert haben oder endlich das stimmhafte »th« des Englischen richtig und wohlunterschieden von stimmlosen »th« aussprechen. Gerade bei Übungen braucht man einen Beobachter, der einem sagt, wie man vorangekommen ist und was noch fehlt. Und das ist normalerweise und aus naheliegenden Gründen derjenige, der die Übung leitet und sie begleitet.

Tatsächlich würden wir etwas Wesentliches versäumen, wenn wir den Kindern und Schülern unser Urteil über ihre mehr oder minder großen Lernerfolge schuldig blieben.

Doch in seiner Funktion als Verstärkung und Mittel der Korrektur laufender Lernvorgänge erschöpft sich nicht der Sinn des reaktiven Zeigens. Es weist nicht nur auf das Wissen und das Können zurück, sozusagen in sachlich- thematischer Einstellung, sondern es richtet sich wie das direktive Zeigen auch auf die Person oder genauer: auf den Lernenden als Person. Insofern enthält die Rückmeldung immer auch ein Moment der Anerkennung oder des Ausbleibens der Anerkennung. Wir würdigen das Kind, wenn wir die bunten Striche betrachten, die es auf ein Stück Papier gemalt hat und uns nun vorzeigt, wenn wir es demonstrativ aufmerksam betrachten und uns, auch in völliger Unkenntnis darüber, was wohl mit den Strichen gemeint sein könnte, zu der Bemerkung verstehen: »Das ist aber ein schönes Bild!« Dieser Doppelbezug auf Person und Sache ist bei der Rückmeldung in besonderer Weise zu beachten, als Grund für Möglichkeiten des pädagogischen Handelns, aber auch als Quelle erheblicher Misshelligkeiten und Schwierigkeiten. Sie ergeben sich z.B. daraus, dass die Kritik an dem Lernergebnis zugleich und generalisierend als Kritik an der Person und persönliche Kränkung erlebt wird.

Das zeigt sich an den beiden Hauptformen des reaktiven Zeigens, die auch sonst als zentral für unsere Reaktion auf das Lernen angesehen werden: Lob und Tadel.

Als Rückmeldungen begleiten sie das Üben, Darstellen und Auffordern und geben Auskunft, ob der Erwerb einer Fertigkeit oder bestimmter Kenntnisse gelungen und wie die Bemühung zu beurteilen ist, einer Aufforderung zu entsprechen. Wir zeigen dem Lernenden in diesen drei Hinsichten, wie er sich uns zeigt, anerkennend im Lob, missbilligend im Tadel. In beiden Fällen geht es zuletzt darum, zu einer Verbesserung und Steigerung des Lernens beizutragen. Insofern kommt insgesamt der positiven Würdigung der Vorrang zu, die dann auch darauf gerichtet ist, die Kritik im Einzelfall akzeptabel zu halten, wenn anders sie nicht in die Fehlform der gewollten oder auch ungewollten Kränkung abgleiten soll. Lob und Tadel sind gegenwärtig vor allem Gegenstand der Psychologie, der Lern- oder Verhaltenspsychologie. Der Stand der empirischen Forschung zum Lob stellt die Komplexität der zu berücksichtigenden Faktoren heraus, wenn es um die erwarteten positiven Folgen des Lobens geht: Lob wird im Zusammenhang mit dem Schwierigkeitsgrad der Aufgabe gesehen, der Häufigkeit und Intensität des Übens, dem Alter, der Intelligenz, des emotiona-

len Klimas und – seit neuestem – mit dem Geschlecht. Als Erziehungsmittel steht es in einer langen und differenziert argumentierenden pädagogischen Tradition.

Das Alter der Gelobten ist eine stets mitlaufende Kategorie bei der Ausführung der Form des Lobens. »Das hast Du ja ganz toll gemacht« ist eine Form des eher überschwänglichen Lobs, das sich an jüngere Kinder wendet oder eine sehr vertraute Beziehung zwischen dem Lobenden und dem Gelobten voraussetzt. Diese Form des Lobens ist der privaten Sphäre angemessen, auch wenn die Kinder älter werden. Mit dem Älterwerden der Kinder ist zu beachten, dass das Lob eine distanziertere Form annehmen sollte. Ältere Kinder empfinden eine zu unmittelbare, überschwänglich lobende Fürsorglichkeit als unangemessen, weil sie sie zu einem Kleinkind abstempelt. Das eher distanzierte Loben findet seinen sprachlichen Ausdruck etwa in der Form des »Gut gemacht«, »Du kannst das, sehr gut«! Es wird auch wichtiger, je älter die Kinder werden, dass derjenige, der lobt, selbst ein Kenner oder Könner ist, denn alles Loben ist unangemessen, wenn der Gelobte weiß, dass der Lobende selber nicht all zu viel von der Sache versteht. Das Lob in der Öffentlichkeit verändert in der Regel die Wirkweise des Lobs und auch die Art, wie gelobt wird. Auf die besonderen Anwendungsbedingungen des öffentlichen Lobs hat Geißler (1967, S. 35ff.) hingewiesen. So wird der Gelobte etwa in der Schulklasse gegenüber den anderen hervorgehoben, wobei mit dem nicht intendierten Nebeneffekt zu rechnen ist, dass diese Auszeichnung den Neid der anderen hervorrufen kann, vor allem den Neid der zu Unrecht nicht Gelobten. Eine soziale Isolation des Gelobten und damit eine mindestens zeitliche Beeinträchtigung der sozialen Beziehungen ist nicht auszuschließen.

Im Klassenverband sind der Tadel und die Zurechtweisung auch auf ihre Wirkung auf die restliche Klasse hin zu beachten. Kounin hat in diesem Zusammenhang vom »Welleneffekt« (1976) gesprochen. Wird die Zurechtweisung, zum Beispiel dann, wenn ein Schüler seine Hausaufgaben vergessen hat, als Bedrohung, wenn nicht gleich als Beschimpfung erlebt, die auch jeden anderen treffen kann, so wirkt sie möglicherweise einschüchternd und lähmend auf die Lernlust der Klasse. Auch leidet das Ansehen des Lehrers, denn er wird als weniger vertrauenserweckend und verständnisvoll angesehen, wenn er häufig in dieser destruktiven Art die Schüler zurechtweist. Auf dieses Ansehen und die Wertschätzung, das heißt auf das,

was gelegentlich auch die »persönliche Autorität« des Lehrers genannt wird, ist er angewiesen, wenn er sich auf Haltungen und Einstellungen reaktiv bezieht. Bekanntlich empfindet man gegenüber dem Lob von Personen, die man nicht schätzt, eher Abneigung oder gar Beschämung. Indem wir darauf reagieren, wie die Lernenden auf uns reagieren, kommt auf beiden Seiten die schwer zu entwirrende Gemengelage affektiver Betroffenheiten ins Spiel, das Gift wechselseitiger Unterstellungen, die das Vertrauen in den *good will* sowohl der Lehrer wie der Schüler untergraben.

Die Funktion des Lobes ist, den Schüler dazu anzuhalten, an einer Sache weiterzuarbeiten, ihn zu unterstützen, nicht nachzulassen, durchzuhalten und die Leistungsbereitschaft zu bekräftigen. Gerade schwach motivierte und leistungsschwache Schüler benötigen Lob und persönliche Unterstützung durch den Lehrer, weil sie selten Erfolgserlebnisse haben und sich selbst wenig motivieren können, Aufgaben zu erledigen, die jenseits ihrer natürlichen Bedürfnisse und Neigungen liegen. Bei dieser Schülerschaft sind offenbar auch Unterrichtsmethoden, die auf eigenständiges und selbstmotiviertes Lernen setzen, wenig effizient (vgl. Uhl 1996 u. Wellenreuther 2005). Sich selbst zu motivieren und aufzufordern, eine Arbeit zu vollenden, erfordert eine hohe Selbstdisziplin und Einsicht in das eigene Tun, die gerade bei diesen Schülern nicht in ausreichendem Maße gegeben ist. Auch junge Kinder neigen dazu, Arbeiten abzubrechen, sich von anderen attraktiv erscheinenden Ereignissen ablenken zu lassen.

Des Weiteren: Lob setzt einen gleichen Wertmaßstab oder die gleichen Ordnungsvorstellungen zwischen dem Lobenden und dem Gelobten voraus. Weichen die Wert- und Ordnungsvorstellungen zu weit ab, so gibt es keine sachliche Grundlage für das Lob. Heute fragen sich Lehrer manchmal, wofür sie ihre Schüler außerhalb der Erbringung von Leistungen loben sollen, wenn sie weder für ihren Kleidungsstil noch für ihre musikalischen Präferenzen Verständnis aufbringen. Dafür mag auch die Altersstruktur der Lehrerschaft eine negativ verstärkende Wirkung haben, denn je weiter die Lehrer sich von den subkulturellen Ausprägungen jugendspezifischen Verhaltens entfernt haben, desto weniger werden sie geneigt sein, in diesen Hinsichten glaubwürdig in Jubelrufe auszubrechen. Das Lob für extravagante Haarschnitte wie den Irokesenschnitt oder schrille Kleidung gerät zu Recht in den Verdacht, »pädagogisch« gemeint zu sein und eine Gemeinsamkeit zu beanspruchen, die in Wahrheit nicht besteht.

Ferner: Trotz der motivations- und leistungssteigernden Wirkungen des Lobs und seiner das Selbstbewusstsein von Kindern stützenden Effekte sollte man berücksichtigen, dass Loben selten geschehen sollte, weil es bekanntlich abstumpft. Ebenso sollte die Belohnung, verstanden als materielle Form des Lobs, sparsam eingesetzt werden, vor allem, weil die Belohnung die Motivlage des Gelobten verschieben kann: Das Interesse an der Sache kann überlagert werden von dem Streben nach Belohnung. Ein älteres Beispiel dafür, wie Belohnungen organisiert werden können, hat das Meritensystem geliefert, das sich Basedow für das Dessauer Philanthropin ausgedacht hat. Lob und Tadel wurden im Dessauer Philanthropin quantifiziert und öffentlich sichtbar gemacht an der Meritentafel. Diese war in eine weiße und schwarze Seite unterteilt. Schüler, die sich Verdienste erworben hatten, durften goldene Punkte an die weiße Tafel heften. Im Falle eines Tadels wurden ihnen diese wieder entzogen und tauchten als weiße Punkte auf der schwarzen Tafelseite auf (vgl. dazu Pinloche 1914).

Dass Tadel sich in der Regel leistungshemmend auswirkt und die Selbsteinschätzung sowie das Selbstwertgefühl des Kindes schwächt, ist von der empirischen Forschung bestätigt worden. Gleichwohl wären die Wirkungen des Tadels nicht differenziert genug beschrieben, wenn man seine tatsächlich positiven Wirkmöglichkeiten vergessen würde. Friedrich Trost weist auf die pädagogisch wichtige Bedeutung des Tadels hin, indem er hervorhebt, dass die Menschen auch des Neins bedürfen, wenn sie falsche Wege gehen und Entscheidungen treffen. Hier kann der Tadel sie zur Korrektur ihres Handelns bringen. Auf jeden Fall ist der Tadel darauf gerichtet, das Fehlverhalten sichtbar zu machen und einen Anstoß zu geben, davon abzugehen und sich zu korrigieren. An die Adresse der Erzieher hat Herbart im »Umriß pädagogischer Vorlesungen« darum auch die Mahnung gerichtet: »Freilich wachsen Menschen genug heran, denen niemals eine ernste Sprache verdienten Tadels ins Ohr gedrungen ist, aber keiner sollte so heranwachsen« (Sämtl. Werke, Bd. 10, S. 194).

Es versteht sich, dass bei alledem zu beachten bleibt, dass der Erzieher die jeweilige individuelle Lage, die vorausgegangenen Umstände oder die bisherige Lebensgeschichte des Kindes berücksichtigt, damit der Tadel nicht Trotz, Aggression oder Wut hervorruft. Der Tadel soll beim jungen Menschen in einer Weise ankommen, die ihm die Unangemessenheit eines bestimmten Tuns oder Den-

kens zeigt, ihm aber auch deutlich macht, dass sich der Tadel nur auf diesen Aspekt bezieht und nicht seiner gesamten Person gilt. Es empfiehlt sich daher, seinen Tadel zu konkretisieren und zu sagen: »Du hast mit diesem Verhalten Oma sehr gekränkt« und nicht: »Du bist ein rücksichtsloser Mensch«. Im Gegensatz zum Lob belastet der Tadel die erzieherische Beziehung, weil nun Zurechtweisung und Missbilligung im Spiel sind, die erst wieder ausgeglichen werden müssen. Tadel kränkt, Lob beflügelt, daher sollte Tadel als erzieherische Form besonders selten und reflektiert eingesetzt werden. Er gewinnt die erwünschte Bedeutung durch sparsamen und verliert sie durch inflationären Gebrauch.

Schließlich: bei den Formen des reaktiven Zeigens besteht ganz offensichtlich ein geschlechtsspezifischer Unterschied. Jungen und Mädchen reagieren bemerkenswert unterschiedlich auf Lob und Tadel, so dass die Berücksichtigung der Individualität unter den Bedingungen des Geschlechts didaktisch relevant ist. Die neuere Geschlechterforschung, die sich auf Befunde der Psychologie, der Kulturwissenschaft und der Evolutionsbiologie beruft, legt dafür überzeugende Belege vor. Im Zusammenhang mit der Entwicklung von Selbstvertrauen scheint es so zu sein, dass Mädchen mehrheitlich dazu neigen, sich und ihre Leistungen entweder zu unterschätzen oder eher realistisch einzuschätzen, während bei Jungen eine Tendenz zur Überschätzung der eigenen Fähigkeiten zu beobachten ist. Die für den kognitiven Bereich vorliegenden Untersuchungen bestätigen die Annahme, dass Mädchen weniger an ihre Leistungsfähigkeit glauben als Jungen und das schon in relativ jungen Jahren. In ihrer Studie über 10-jährige Kinder in Chicago, die an einem der für angelsächsische Länder typischen Buchstabierwettbewerbe teilgenommen haben, belegt Cronin (vgl. Cronin 1980), dass Mädchen nur am Wettbewerb teilnehmen, wenn sie wissen, dass sie besser sind als das andere Mädchen; dagegen melden sich Jungen in jedem Fall, auch wenn sie wissen, dass ihr Kontrahent besser ist. Treten die Mädchen dann gegen die Jungen an, geraten sie durch diese skrupulöse Zurückhaltung systematisch ins Hintertreffen, obwohl sie im Schnitt besser buchstabieren als die Jungen. Während Jungen eher zur Selbstüberschätzung neigen, herrscht bei Mädchen vorsichtige Zurückhaltung vor. Offensichtlich setzt sich diese Haltung auch im Studium fort, denn während Studenten sich mit regelmäßiger Zuverlässigkeit überschätzen, neigen die Studentinnen zu einer klaren Unterschätzung ihres Leistungsvermögens. Die realen

Noten, die sie bekommen, ändern daran überraschenderweise nichts (vgl. Bischof-Köhler 2002, S. 273ff.).

Angesichts dieser differenzierten Sachlage bedarf die Lob- und Tadelpraxis in der Familie bzw. der Schule der Berücksichtigung der Individualität unter den Bedingungen des Geschlechts. Zunächst ist es offensichtlich so, dass Mädchen früher und schneller verstehen, welche Erwartungen an sie gerichtet werden und durch ihr – empirisch eindeutig belegtes – höheres Interesse an sozialer Kontaktaufnahme auf die sozialen Erwartungen positiv reagieren, d.h. sie sind angepasster und wirken sozial reifer. Eltern nehmen nun offenbar dieses unproblematische Verhalten wie selbstverständlich hin und erwähnen diese »Leistungen« der Mädchen nicht besonders: Sie passen auf kleinere Geschwister auf, helfen der Mutter und machen »weniger Blödsinn« als Jungen, jedoch werden sie für dieses Verhalten kaum oder gar nicht gelobt, weil die Eltern dieses für sie angenehme Verhalten für den Normalfall ansehen und es daher als selbstverständlich erleben. Weil es nicht als etwas Besonderes gesehen wird, entfällt die Anerkennung öfter und die Mädchen erleben ihre sozialen Fähigkeiten nicht als besondere Leistungen. Das Problem liegt somit zum einen in der Nichtbeachtung der erbrachten Leistung durch Versagen eines Lobes, zum anderen in der Tatsache, dass man von Mädchen gerade durch ihre Angepasstheit latent zu viel erwartet und fordert.

Aus der Leistungsmotivationsforschung ist bekannt, dass verfrühte Anforderungen an die Selbständigkeit der Kinder die Tendenz verstärken, sich Misserfolge als persönliches Versagen zuzuschreiben. Nun sind Jungen durch ihr an sich weniger angepasstes Verhalten seltener mit dem Phänomen der verfrühten Selbständigkeit konfrontiert und haben günstigere Voraussetzungen zur Verarbeitung von Misserfolgen. Weshalb ist das so? Durch ihr Verhalten legen sie es den Eltern eher nahe, ihnen im sozial-vernünftigen Verhaltensbereich von vorn herein weniger zuzutrauen. Eltern – und auch Lehrer – gehen in der Regel davon aus, dass sie die Jungen in dieser Hinsicht häufiger tadeln und suchen daher nach lobenswürdigen Anlässen. Ganz offensichtlich nutzen sie dabei die Chance, sie für kognitive oder besonders spektakuläre, gelungene Aktionen zu loben. Wir haben demnach eine Lob-Praxis, die bereits in der Familie geschlechterspezifisch ausgerichtet ist.

Die Lob-Tadel-Forschung im Kontext der Schule hat in den letzten Jahren ähnliche Beobachtungen erbracht. Offensichtlich werden

Mädchen auch von Lehrpersonen deshalb nicht so oft gelobt, weil auch sie, ähnlich wie es bei den Eltern der Fall ist, bereits hohe Erwartungen an sie stellen. Jungen erhalten zwar durchgängig mehr Aufmerksamkeit als Mädchen (vgl. Ruble/Martin 1998), und zwar deshalb, weil sie sozial auffallen und provozieren. Sie melden sich, auch wenn sie nichts Substantielles zu sagen haben und erhalten Zuwendung, auch wenn es eine negative ist. Jungen erhalten dadurch mehr Gelegenheit, mit Missfallen leben zu müssen und sind dadurch bereits etwas abgehärteter, wenn es um soziale Ablehnung und Misserfolg geht.

Dweck machte 1980 auf den komplizierten Lob-Tadel-Selbstvertrauen-Komplex in der Schule aufmerksam. Seine Forschungen bezogen sich auf die Altersgruppen der 10–12-jährigen Schülerinnen und Schülern. Zunächst verhielt es sich entgegen der Alltagsannahme so, dass Lehrer bei 10–12-jährigen Schülern die Mädchen mehr lobten und die Jungen mehr tadelten. Jedoch ist von größter Bedeutsamkeit, wofür sie gelobt und getadelt wurden. Bezogen auf die vier Bereiche intellektuelle Leistung, ordentliches Betragen, Fleiß und Arbeitshaltung war Folgendes zu beobachten: Zunächst war es so, dass Jungen und Mädchen für intellektuelle Leistungen annähernd gleich häufig Lob und Tadel ernteten. Bezogen auf alle vier Bereiche fiel die Lobbilanz bei Mädchen etwas höher aus als die der Jungen. Ganz anders verhielt es sich beim Tadel: sie wurden kaum getadelt, allerdings wenn sie getadelt wurden, dann nur auf dem intellektuellen Gebiet. Wenn man nun noch die Tatsache berücksichtigt, dass sie sich Tadel besonders zu Herzen nehmen, kann man ahnen, dass dieser Tadel das Vertrauen in ihre intellektuellen Leistungen viel mehr schwächt, als man gemeinhin annehmen sollte. Dagegen scheint das Lob in diesem Bereich bei der allgemeinen Lobinflation unterzugehen. Bei den Jungen dagegen ist es genau umgekehrt: sie wurden in allen vier Bereichen gleichermaßen getadelt. Wenn sie schon einmal gelobt wurden, dann eher im intellektuellen Bereich, eben weil es in den anderen wenig Anlass dazu gab. Vor dem Hintergrund des häufigen Tadels sticht für sie nun das Lob besonders heraus und kann leichter positiv für das Selbstbewusstsein verbucht werden. Wurden die Jungen für intellektuelle Leistungen getadelt, so erlebten sie diese Missbilligung angesichts der hohen Tadelbilanz als nicht besonders gravierend, zudem sich Jungen Tadel generell weniger zu Herzen nehmen als Mädchen.

Wie Lehrerinnen und Lehrer diesen Fallstricken entgehen können, wird von manchen Geschlechterforscherinnen mit dem Hinweis auf die Aufhebung der Koedukation beantwortet. Möglicherweise wäre aber bereits eine differenzierte Praxis des reaktiven Zeigens ein ausreichend hilfreicher Schritt. Lehrerinnen und Lehrer könnten darauf achten, Mädchen für intellektuelle Leistungen zu loben und ihr unauffällig gutes Sozialverhalten nicht als selbstverständlich hinzunehmen, sondern es ebenfalls gelegentlich positiv hervorzuheben. Mit zunehmendem Alter könnte man auch diese schwierige Sachlage ausdrücklich zum Thema machen, um ein Bewusstsein für die gegenwärtig offensichtlich (noch) wirksamen geschlechtsspezifischen Tendenzen zu wecken. Denn es ist nach wie vor nicht ausgemacht, dass sich mit den Fortschritten in Sachen Gleichheit derartige Attribuierungen ebenfalls zugunsten der Mädchen verändern. Noch scheint es wichtig, dass Eltern und Lehrer Mädchen stärker ermuntern und bei Misserfolgserlebnissen stützend eingreifen, um nicht ihre Tendenz zu negativer Selbstattribuierung noch zu verstärken.

Insgesamt ist festzuhalten, dass das reaktive Zeigen diejenige Form des pädagogischen Handelns ist, die wir sowohl als Lernende wie als Eltern oder Lehrer als besonders »erzieherisch« erleben und in Erinnerung behalten. Das liegt ersichtlich daran, dass sie mit besonderer Schärfe die personale Seite des Erziehens betrifft, auf die wir mit unseren Empfindlichkeiten und Wünschen, mit unserem Streben nach Anerkennung und den Schutzmaßnahmen zur Aufrechterhaltung unserer persönlichen Integrität reagieren. Was uns rückgemeldet wird, betrifft uns anders als das, was uns vorgemacht und erklärt wird, wozu wir aufgefordert und angeleitet werden. Das dürfte auch der Grund sein, dass wir hier mehr als beim Üben und Darstellen auf den »pädagogischen Takt« angewiesen sind, um in der Situation zu einem angemessenen »erzieherischen Urteil« zu kommen.

Exkurs I: Die Prüfung

Die Prüfung ist eine Spezifikation des reaktiven Zeigens. Sie betrifft nicht mehr direkt und zur Gänze das pädagogische Handeln, sondern greift über einerseits in den Bereich der Organisation der Erziehung und hat andererseits ihre Funktion darin, die Abnehmer von Lernleistungen über die Kompetenzen von Bewerbern zu unterrichten. Beides hat zur Folge, dass die Prüfungsergebnisse verrechenbar präsentiert werden, meist in Ziffern oder nach dem ABC. Sie dienen dazu, dass ein Außenstehender – Eltern und Arbeitgeber, die Verwaltungen der Hochschulen und Berufungsgremien – auf den ersten Blick erkennen können, was ein Aspirant auf einem bestimmten Gebiet mutmaßlich zu leisten imstande ist, und sie dienen zur Platzierung der Lernenden im differenzierten Schulsystem einer Gesellschaft. Wer die so genannte »Reifeprüfung« bestanden hat, darf studieren, wer erfolgreich die Hochschulprüfungen hinter sich gebracht hat, darf weiter studieren und womöglich promovieren, und wer das mit wenigstens guter Prädikation hinter sich gebracht hat, wird zur Habilitation zugelassen. Und entsprechend verhält es sich mit den Zugängen zu Berufen und Karrieren. Als Arzt wird approbiert, wer die vorgeschriebenen Prüfungsleistungen erbracht hat, und zum Autoverkehr wird nur zugelassen, wer den Führerschein erworben hat. Über den Sinn und die Praxis solcher Vorkehrungen und Regelungen mag man im Einzelnen den Kopf schütteln, aber insgesamt kann man nicht bestreiten, dass sie einen guten Zweck erfüllen. Niemand würde in ein Flugzeug steigen, wenn er nicht stillschweigend annehmen dürfte, dass die Piloten und Navigateure zureichend ausgebildet sind und ihre Befähigung vor Fachleuten nachgewiesen haben, statt bloß zu behaupten, dass sie ein Flugzeug handhaben können und dass dies ihren tiefsten Bedürfnissen entspricht.

Das bedeutet freilich nicht, dass alle Kompetenzen, die im sozialen Wettbewerb zu Positionen und Ämtern führen, auch von anderen vorweg nachzuprüfen wären: Man darf Romane und Gedichte ohne Ausbildung und Prüfung schreiben, Bilder malen, ohne die Kunsthochschule erfolgreich absolviert zu haben, und auch für den Beruf des Politikers oder die Ausübung des Wahlrechts sind keine besonderen Nachweise der Befähigung vorgesehen, so wünschenswert das manchmal erscheinen mag. Doch es wäre kaum auszuhalten, wenn alles, was wir uns vornehmen und im Leben an-

stellen, an eine Prüfungsgenehmigung gebunden würde, das heißt, wenn zum Beispiel Elternschaft und das Recht auf die Erziehung der eigenen Kinder an die Voraussetzung geknüpft wäre, vorher einen »Elternführerschein« zu erwerben (vgl. kritisch dazu Liegle 2003). Insofern ist es beruhigend, dass wir uns noch immer eines Zustands erfreuen, wo jemand, der nicht Regierungsrat werden kann, weil ihm die Qualifikationsnachweise fehlen, es immerhin noch zum Minister und damit zu einer nützlichen Tätigkeit bringen kann. Wenn man also das Sozialtremolo über Prüfungsstress und über die angeblich oder wirklich demütigenden Prüfungsmodalitäten im Stile von archaischen Initiationsriten beiseite lässt, bleibt die maßgebende Frage: Wie sind Prüfungen zu gestalten, um ihren Zweck zu erfüllen?

Es beginnt, zumindest was die Schule angeht, mit den Bewertungen für einzelne Leistungen im laufenden Unterricht, setzt sich fort in den Fachnoten und den Zeugnissen und findet seine Spitze in der summarisch vergleichenden Platzierung nach Durchschnittsnoten. Die Einzelzensur, mit der wir uns zuerst befassen, »ist ein in Kurzform (Ziffer, Buchstabe, Adjektiv) gefaßtes Urteil des Lehrers über ein Verhalten des Lernenden« (Ingenkamp 1985, S. 175). Dieses Urteil unterscheidet sich von den *ad-hoc*-Bewertungen, die für das reaktive Zeigen im Gang der Lernprozesse kennzeichnend sind: Sie erfolgen *ex post* und geben den gegebenen Stand an, mehr nicht, auch wenn sie dann perspektivisch und als Prognose für künftige Leistungen benutzt werden. Das gilt für mündliche gleichermaßen wie für schriftliche Prüfungsergebnisse. Dem Kandidaten wird rückgemeldet, was er geleistet hat, aber so, dass damit die Hinsichten auf das weitere Lernen zurückgestellt werden und der Prüfvorgang von ermutigenden oder sonstwie »pädagogischen« Absichten nach Möglichkeit freigehalten wird. Das unterscheidet das Prüfen vom reaktiven Zeigen.

Die Anschlussfrage ist: Welche Maßstäbe kommen hier in Betracht? Dazu hat Georg Simmel in dem Kapitel »Beurteilungen« seiner »Schulpädagogik« (1922/1999) das Nötige gesagt: »Es konkurrieren eigentlich immer drei Maßstäbe: der absolute, die Vorstellung von der sachlich besten Leistung, die die Aufgabe überhaupt finden kann; der relative, der durch das Alter des Schülers, seine Vorbildung, sein Klassenniveau gegeben ist; der individuelle, der sich aus der Relation der Leistung zu der Begabung und den bisherigen Leistungen grade dieses Schülers ergibt« (Simmel 1999,

S. 125). In neuerer Version kehrt diese Differenzierung des Beurteilens unter dem Titel der »sachlichen«, der »sozialen« und der »individuellen« Bezugsnorm wieder (vgl. umfassend Weinert 2001).

In diesen Maßstäben kommen unterschiedliche Gesichtspunkte für das Beurteilen von Leistungen zur Geltung. Der erste berücksichtigt allein das Ergebnis, gewissermaßen ohne Ansehen der Person. Um das zu gewährleisten, empfehlen sich Techniken der Anonymisierung, die verhindern, dass von vornherein auf den Kandidaten gesehen wird, der die Leistung erbracht hat. Dazu gehört, dass (1) die Prüfungsaufgaben aus dem Kanon der vorgeschriebenen Themen einer Prüfungsordnung gestellt werden, dass (2) die Prüfer die nötige Distanz zu den Kandidaten haben, also im Falle der schriftlichen Arbeiten nicht wissen, wessen Arbeit ihnen vorliegt, und dass (3) dafür gesorgt wird, dass der Schwierigkeitsgrad der Aufgaben für verschiedene Kandidaten einigermaßen konstant gehalten wird. Gerade bei Prüfungen, die sich auf berufliche Standards beziehen und hinterher zu bestimmten Ansprüchen und Tätigkeiten berechtigen, ist es eigentlich unabdingbar, diese Maßgaben einzuhalten und in der formellen Prüfungsstruktur zu beachten. Deshalb ist es auch als ein schwerer Mangel anzusehen, dass im deutschen akademischen Prüfungssystem derjenige, der das Thema stellt und bei der Bearbeitung helfend zur Seite steht, nachher auch derjenige ist, der die Leistung bewertet. Die Vermutung der Befangenheit ist derart naheliegend, dass dazu nichts weiter gesagt zu werden braucht.

Was den zweiten von Simmel genannten Maßstab angeht, so entspricht er generell einem Gebot der Gerechtigkeit, nämlich Gleiches gleich und Ungleiches ungleich zu beurteilen. Ein Problem ergibt sich insofern, als dieser Maßstab eine Angabe der jeweiligen Bezugsgruppe verlangt; z.B. die Schülerinnen und Schüler einer bestimmten Klasse, die Kandidaten einer Region und/oder eines Jahrgangs oder einer zufällig zusammengestellten Prüfungsgruppe, für die dann nachträglich eine Rangliste aufgestellt wird, bei der die relativ Besten die guten Noten bekommen und die relativ schlechtesten durchfallen. So kann im Grenzfall der mäßige Kandidat einer schlechten Gruppe als strahlender Gewinner und der nicht weniger mäßige Kandidat einer starken Gruppe als Verlierer aus der Prüfung hervorgehen. Daraus ergibt sich, dass dieser Maßstab der vergleichenden Beurteilung dem ersten, kanonbezogenen Maßstab nachgeordnet ist und nur dazu dienen kann, dessen Rigidität zu mildern.

Der dritte und letzte Maßstab, die Rücksicht auf die individuellen Lernfortschritte, erscheint vielen als derjenige, der überhaupt das Prädikat »pädagogisch« verdient. Er nimmt Rücksicht auf die einzelnen Lernverläufe und die Lerngeschichten und versucht insofern, dem Individuum in seiner Eigenart gerecht zu werden und dabei auch den Einsatz und das Bemühen zu würdigen, das der Schüler oder Kandidat aufgebracht hat, um den Standards des Wissens und Könnens zu genügen. Das Pädagogische an dieser Verfahrensweise lässt sich darin sehen, dass der Geprüfte nicht auf ein fixes Ergebnis reduziert, sondern als »ganze« Person in seiner Lage und mit seinen künftigen Möglichkeiten gewürdigt wird. Im Übrigen ist es auch ein Gebot der Billigkeit, die Strenge der Regelanwendung durch Rücksicht auf die besonderen Umstände und auf die Unsicherheit aller Beurteilung zu mildern.

Dies alles zugegeben ist dennoch zu sagen, dass der erste Maßstab derjenige ist, dem für Prüfungen Vorrang zu geben ist. Schon die Relativierung der Bewertung durch die Rücksicht auf die Bezugsgruppe vermindert deren Aussagewert, und das geschieht vollends, wenn die Einschätzung der »ganzen« Person in ihrem Bemühen und ihrer Lage einbezogen wird. Denn damit kommen Gesichtspunkte zur Geltung, die von Fall zu Fall variieren und in einer problematischen Weise dem Ermessen, wenn nicht gar dem Belieben des Beurteilers anheim gestellt sind. Gerade dann, wenn die individualisierende Beurteilung in den Vordergrund tritt, begibt man sich auf den unsicheren Boden bloßer Vermutungen über künftige Möglichkeiten und, was bedenklicher ist, in das Gebiet von Bewertungen des Charakters oder womöglich des »Wesens« von einzelnen Schülern und Kandidaten. Dem Ermessen der Beurteiler wird damit ein großer, allzu großer Spielraum eingeräumt. Es bleibt unklar, wann sie von diesem Ermessen Gebrauch zu machen haben und wann nicht, welche Umstände ihnen jeweils wichtig erscheinen und welche nicht. Das bedeutet nicht, dass es nicht gelegentlich sinnvoll ist, sich über die Lebenslage eines Kandidaten und zur Person zu äußern, aber das gehört nicht in Prüfungen, sondern in eine andere Gattung, nämlich die der Stellungnahme zu den Chancen und Risiken, die mit einer Person z.B. bei der Einstellung in einen Betrieb, bei der Gewährung eines Stipendiums oder bei Berufungsfragen verbunden sind. Solche Stellungnahmen haben den Charakter persönlicher Empfehlungen und Warnungen, die sich nicht allein auf die nachprüfbaren Leistungen, sondern auch auf die Haltung und zuletzt

auf das mutmaßliche Verhalten in der Zukunft beziehen. Das ist aber nicht der Sinn von Prüfungen; er besteht darin, Leistungen als Nachweis von Befähigungen festzustellen und sich damit zu bescheiden.

Dies vorausgesetzt ist die Anschlussfrage, in welchen Kategorien die jeweilige Leistung ausgedrückt wird. In der Tat gibt es eine Reihe von Skalen, die dazu dienen, die Einzel- und die Gesamtleistung zu fixieren. Was die deutschen Schulen angeht, hat sich eine sechsstufige Skala eingebürgert, und auch anderwärts verfährt man ähnlich. Die Juristen haben eine Punktwertung von 1 bis 18, denen dann Noten zugeordnet werden, und das ist *mutatis mutandis* für die Studienstufe der Gymnasien und Abiturzeugnisse übernommen worden. Es gibt aber auch, z.B. für Habilitationsverfahren, das einfache Schema »Bestanden : Nichtbestanden«, das auf weitere Differenzierungen verzichtet. Ähnlich kam die erste, 1818 in Preußen verabschiedete Ordnung für die Reifeprüfung mit nur drei Kategorien aus: unbedingt geeignet, bedingt geeignet und nicht geeignet. Das Bedürfnis nach weiteren Differenzierungen ist erst später aufgekommen und führt vielfach dazu, so genannte »gebrochene« Noten zu geben. Manche Prüfer können sich nicht dazu verstehen, ein Ergebnis einfach »gut« oder »befriedigend« zu nennen, sondern halten es für sachlich geboten, das eine Ergebnis »fast befriedigend«, das andere »voll befriedigend« zu nennen, und so mit Plus und Minus das Notenspektrum zu verfeinern. Diese Praxis drückt das Unbehagen aus, die Bewertung in eine eindeutige Ziffer münden zu lassen. Aus einsichtigen Gründen: eine Leistung mag in einzelnen Teilen gut, in anderen befriedigend sein, in extremen Fällen derart, dass einige Aufgaben glanzvoll und einige überhaupt nicht gelöst sind, mit der Folge, dass der Kandidat am Ende eine Note erhält, die auf keine seiner Teilleistungen zutrifft. Das gilt im Übrigen *a fortiori* für den so genannten Notendurchschnitt, dessen Problematik (um nicht zu sagen: Unsinnigkeit) so offenkundig ist, dass wir sie hier gar nicht weiter erörtern.

Angesichts dieser Schwierigkeiten scheint es nicht abwegig, auf die Komplexität von Leistungen nicht mit immer feineren Bewertungskategorien zu reagieren, sondern sich auf das zu beschränken, was sich einigermaßen zuverlässig feststellen lässt und festgestellt werden sollte, wenn Prüfungen überhaupt einen Sinn haben sollen. Das heißt nun nicht, sich wie in der Praxis mancher pädagogischen Seminare damit zu begnügen, alles als gelungene Leistung anzusehen, was auf einem Stück Papier zusammengetragen ist. Auch das

Erscheinen zur Prüfung mag im Einzelfall als eine charakterliche Meisterleistung anzusehen sein, kaum aber als prüfungsrelevanter Grund, sie damit für bestanden zu erklären. Dies hieße, den Teufel der Bewertung mit dem Beelzebub der Gleichgültigkeit auszutreiben. Vielmehr dürfte eine andere Strategie weiterhelfen. Statt der Komplexität der Einzelleistungen mit einer gesteigerten Differenzierung zu begegnen, der dann nachträglich durch ein quasi-mathematisches Verfahren der Schein unanfechtbarer Objektivität verliehen wird, wäre es viel angemessener, sich mit wenigen, nämlich drei Kategorien zu begnügen: »nicht bestanden«, »bestanden« und »mit Auszeichnung bestanden«. Damit ist der Zweck von Prüfungen hinreichend erfüllt.

Wir begründen das wie folgt: Die erste und maßgebliche Unterscheidung, die in einer Prüfung zu treffen ist, bezieht sich darauf, ob die Leistung ausreicht oder nicht. Auf diese Unterscheidung hat sich zuerst die Aufmerksamkeit des Prüfers zu richten. Das ist er sozusagen denen schuldig, die dann ein Zeugnis zur Grundlage weiterer Entscheidungen machen. Sie wollen wissen, ob ein Kandidat den Anforderungen bestimmter Aufgaben genügen kann oder nicht. Die Differenzierung darnach, ob jemand nicht nur die Mindestbedingungen erfüllt, sondern noch etwas weniger oder im Verhältnis zu anderen etwas mehr auf die Waage bringt, ist dagegen nicht nur nachrangig, sondern angesichts des mit Prüfungen verbundenen Stichprobencharakters unwesentlich. Daraus folgt, dass sich die Prüfung genau darüber Gewissheit zu verschaffen hat: Kann und weiß der Kandidat genug, dass man ihn zu weiteren Lehrgängen oder zu einer Berufspraxis zulassen kann oder nicht?

Das Weitere und weniger Wichtige ist die Möglichkeit, eine über das Mindestmaß deutlich hinausgehende Leistung mit einer Auszeichnung zu markieren. Man kann auch annehmen, dass darin ein Anreiz zu besonderen Anstrengungen liegt. Doch mehr ist nicht nötig und bedeutet eigentlich eine Überforderung dessen, was in einer Prüfung einigermaßen sicher festgestellt werden kann und festgestellt werden sollte. Auch ist daran zu denken, dass ein solches Verfahren dazu angetan sein könnte, die mehr oder minder berechtigte Prüfungs- und Bewertungskritik zu relativieren. Indem die Differenzierung auf zwei Grenzen beschränkt wird, entfallen die unbestimmten Bewertungen im mittleren Bereich.

Aus der hier vorgeschlagenen Vereinfachung der Zensurengebung ergeben sich unvermeidlich eine Reihe von Folgeproblemen,

die nicht unterschlagen werden können. Das erste Problem betrifft die Gewichtung einzelner Prüfungsleistungen angesichts der Umstands, dass Prüfungen sowohl im Einzelfall wie in ihrer Gesamtheit in der Regel aus verschiedenen Teilleistungen bestehen, die abschließend in eine Gesamtbewertung münden sollen. Grundsätzlich dürfte hier das für das richterliche Handeln maßgebende Prinzip der freien Beweiswürdigung den Vorzug gegenüber den scheinbar objektiven Verrechnungsverfahren mit gewichteten und gegeneinander aufgerechneten Noten verdienen. Das kann man sich an der leidigen Entscheidung über Versetzung oder Nichtversetzung klarmachen. Ein schematisch und gewissermaßen blind angewandter Gesichtspunkt ist hier der so genannte »Ausgleich« miserabler Leistungen in einem Fach durch »gute« Leistungen in einem oder mehreren anderen Fächern. Es ist klar, dass dieser »Ausgleich« nur formell besteht; ein »mangelhaft« in Mathematik verschwindet ja nicht dadurch, dass jemand sich in einem anderen so genannten »Hauptfach« oder aber mindestens zwei so genannten »Nebenfächern« wie Religion und Geschichte als besonders tüchtig erweist. Tatsächlich beruhen diese Gewichtungen und Unterscheidungen auf Festlegungen, die offenbar genau dazu erfunden worden sind, um zu vermeintlich objektiven Gesamturteilen über das Können und Wissen von Kandidaten zu gelangen.

Dass solche Gesamturteile mehr als fragwürdig sind, liegt auf der Hand. Das zeigt sich an den Schwierigkeiten, einigermaßen genau anzugeben, worin denn nun die Studierfähigkeit eines Einzelnen besteht, und zwar insgesamt, nicht für die bestimmte Disziplin, die ein Kandidat ins Auge gefasst hat. Das legt es nahe, das Gewicht von Abschlussprüfungen zu relativieren und sich auf die Angabe der in den einzelnen Schulfächern erreichten Leistungen zu beschränken. Im Falle der so genannten »Reifeprüfung« bedeutet das: Nicht das Abschlusszeugnis der abgebenden Institution berechtigt generell und unterschiedslos zu jedwedem Studium, sondern die aufnehmende Institution nimmt erstens eine Bewertung des vorgelegten Zertifikats vor und vergewissert sich selber darüber, ob ein Kandidat für den gewünschten Studiengang geeignet erscheint oder nicht, ebenso wie Firmen sich vorbehalten, die Einstellung von Hochschulabsolventen nicht allein auf Abschlussnoten zu gründen, sondern eigene Prüfverfahren einzusetzen. Es kann vermutet werden, dass Aufnahmeprüfungen eher geeignet sind, den Dispositionen und Lernaussichten der Einzelnen gerecht zu werden als ein Ver-

fahren, das sich zumutet, deren komplettes Leistungsprofil in einer errechneten Gesamtnote zu erfassen und daran Zugangsberechtigungen zu binden.

Mit diesen Bemerkungen über Nutzen und Nachteile von Prüfungen wollen wir es hier bewenden lassen. Sie gehören nur am Rande zum pädagogischen Handeln, auch wenn sie in der Schule als der zentralen Einrichtung öffentlicher Erziehung eine so große Rolle spielen. Man kommt nicht um sie herum; sie haben eine sinnvolle Funktion, um das Wissen und Können in bestimmten Hinsichten zu erfassen und zu bestätigen, aber das sollte kein Grund sein, über diese spezifische Funktion hinauszugehen und sie durch schematische Rechenkünste mit der Aura objektiver Wertbestimmungen von Personen zu versehen.

III Komplexe Formen

Was mit »komplexen Formen« gemeint ist, ist schon mehrfach berührt worden. Sie ergeben sich daraus, dass das Lernen gewissermaßen allgegenwärtig ist. Auch das taubblinde Mädchen, wie im Fall der Helen Keller, lernt etwas, nur eben nicht das, was ihm seine Eltern erschließen möchten, und auch nicht, was es selber wohl möchte und aus eigener Kraft allein nicht kann. Das heißt: Die Kinder und Jugendlichen lernen sowieso nebenher und unbemerkt, innerhalb und außerhalb des Hauses, durch den Umgang mit anderen und auf eigene Faust vielerlei, wovon ihre Erzieher nichts ahnen und was sie nicht in der gleichen Weise erreichen können wie im Unterricht der Schule. Dieses mitgängige Lernen »vollzieht sich unabsichtlich-beiläufig bei einem Verhalten, das andere Ziele verfolgt« (Luhmann 1974, S. 94), und es dokumentiert sich schließlich in dem, was wir pauschal Lebenserfahrung nennen. Im schlechteren Fall konkurriert es mit dem methodisch angeleiteten Lernen, im besseren wirkt es unterstützend und bereichernd. So gesehen lässt sich sagen: das pädagogische Handeln reagiert auf das Lernen im Umgang, teils bestätigend, teils gegenwirkend, teils resignierend: Die Heranwachsenden machen doch, was sie wollen und nicht, was wir ihnen sagen und anraten.

In der ausdrücklich pädagogischen und in der von der Pädagogik ausgewerteten Literatur erscheint dieses Lernen und die zugehörige Form des Erziehens unter sehr verschiedenen Titeln. So wird es vielfach als »funktionale« oder »mediale Erziehung« bezeichnet, in soziologischer Perspektive als »Sozialisation« und kulturwissenschaftlich als »Enkulturation«. Das mit diesen Ausdrücken Gemeinte liegt in Folgendem: Die Lebenssachverhalte erscheinen als Quasi-Akteure des Erziehens, und zwar in einer unbestimmten Allgemeinheit. In diesem Sinne kann man sagen: Die Straße erzieht und das häusliche Milieu, die Freundschaftscliquen und das Fernsehen, die Zugehörigkeit zu einer sozialen Schicht und überhaupt die Gelegenheiten, Chancen und Engpässe einer bestimmten Herkunft. Das Spiel erzieht und die Arbeit, die Reisen mit den Eltern oder in Gruppen oder allein, das, was erlebt wird und einem zustößt wie z.B. Krankheiten, Streit der Eltern und der Lebensstil der Nach-

barschaft. Summarisch ausgedrückt kann man wie Pestalozzi im »Schwanengesang« von 1826 (§ 41) sagen: »Das Leben bildet.«

Indes: diese schöne Formel bedarf ihrerseits wieder einer genaueren und ins Einzelne gehenden Fassung, sonst verläuft sich das, was mit Erziehung gemeint ist, ins Ungefähre und Beliebige. Schließlich gehört alles, was irgendwie ins Blickfeld unserer Wahrnehmung gerät, zum »Leben«, so dass auch das spezifisch pädagogische Handeln seinen Umriss und seine Besonderheit gegenüber anderen Formen des Handelns verliert. In der Tat kann man beobachten, dass mit der Formel vom bildenden Leben eine gewisse Willkür in die pädagogische Begriffsbildung Einzug hält: Erziehung wird als Arbeits- oder Spielerziehung, als Erlebniserziehung oder Erweckung, als Hilfe in erschwerten Lagen usw. definiert und beschrieben. Diese Bestimmungen enthalten neben einem vertretbaren Kern immer auch kritische Aspekte gegenüber anderen Akzentsetzungen. Das Ergebnis ist ein bunter Reigen von Pädagogiken ohne inneren Zusammenhang. Dem lässt sich nur entgehen, wenn die genannten Varianten als komplexe Formen verstanden werden, die nebeneinander bestehen, und zwar als Variationen und Kombinationen der einfachen Formen unter je besonderen Umständen. Darum soll es im Folgenden gehen.

Die Frage ist demnach: Wie kommt der elementare Akt des Zeigens in so verschiedenen Situationen wie dem Spiel oder der Arbeit, dem Arrangieren und dem Erleben zur Geltung? Die Prämisse für die Antworten auf diese Frage ist: Man muss die Welt pädagogisch ansehen, damit man die ihr eingelagerte pädagogische Valenz erkennt. Wie das geschehen kann und worauf sich das Verfahren stützt, lässt sich daran verdeutlichen, auf welche Weise wir in unserem Verhalten auf das Lernen anderer, vor allem das der Kinder, Rücksicht nehmen. Es erscheint uns ganz selbstverständlich, in unserem Verhalten sprachlich, sachlich und sozial vieles zu unterlassen, wenn Kinder dabei sind. Ihre Gegenwart wirkt geradezu disziplinierend oder kultivierend. Wir leben, um eine Wendung von Sartre abzuwandeln, »im Blick der Kinder«, und das berücksichtigen wir in unserem Verhalten. Wir möchten kein schlechtes Beispiel geben, und es gibt vielerlei, von dem wir meinen, dass sie es nicht zu sehen und zu hören brauchen oder noch nicht, wenigstens solange nicht, wie sie noch ungefestigt und leicht beeinflussbar erscheinen. Unabhängig davon, ob das im Einzelfall sinnvoll und ob es wirklich erfolgreich ist, kann man sehen, dass die Berücksichtigung des Ler-

nens anderer eine Komponente des eigenen Verhaltens ist, auch wenn es aktuell nicht ausdrücklich und mit Absicht um »Erziehung« geht.

Diese pädagogisch relevante Komponente im Verhalten kann ihrerseits noch einmal ausdrücklich artikuliert und auch explizit thematisiert werden. So stellt die Deutsche Verkehrswacht zu Schuljahresbeginn Schilder auf, denen die schriftkundigen Erwachsenen in Bild und Schrift entnehmen können, dass sie auch dann bei Rot nicht die Straße überqueren sollen, wenn weit und breit kein Auto zu sehen ist. Warum nicht? Kinder könnten es ihnen nachmachen, von ihnen lernen, dass man sich um die Verkehrszeichen nicht zu kümmern braucht. Zweifellos ein Fall von Erwachsenenerziehung: Den Großen wird direktiv gezeigt, dass sie sich mit ihrem Verhalten den Kleinen zeigen, und darauf sollen sie Acht geben. Sie werden, mit anderen Worten, dazu erzogen, sich pädagogisch zu verhalten, indem sie in ihrem Verhalten das Lernen von Kindern berücksichtigen.

Das Beispiel zeigt zweierlei: Situationen sind latent pädagogisch, und zwar dadurch, dass sie Gelegenheit zum Lernen geben. Das ist das Eine. Das andere ist: Wir können diese Gelegenheiten aufgreifen und selber wieder in Regie nehmen. So nehmen wir an, dass Erlebnisse, allgemein gesprochen, zu dem beitragen, was man Lebenserfahrung nennt. Wir lernen aus Erlebnissen, aber als Pädagogen können wir auch »Erlebnisse« inszenieren, in der Erwartung, dass die Heranwachsenden dabei etwas lernen und erfahren, was z.B. eine bloße Unterrichtung ihnen nicht vermittelt. Ebenso wirken bestimmte soziale Arrangements erzieherisch, so dass wir darangehen, das Lernfeld so einzurichten und zu arrangieren, dass die von uns erwünschten Lernergebnisse wahrscheinlicher werden. Und nicht anders verhält es sich bei allen Unterschieden mit dem Spiel und der Arbeit, der Strafe und dem Appell. Sie stellen Gelegenheiten dar, die der Umgang mit anderen von sich aus bietet, gewissermaßen Lebenssachverhalte, die zunächst ganz ohne die Absicht, pädagogisch zu handeln, gegeben sind und die dann pädagogisch thematisiert werden.

Um solche »Gelegenheitserziehung« geht es in den folgenden Abschnitten an prägnanten Fällen. Denn es ist klar, dass wir hier nur topisch verfahren können. Es gibt keine Vollständigkeit der Gelegenheiten, wie es überhaupt nicht vorstellbar ist, »das« Leben zu beschreiben und begrifflich zu erfassen. Worauf es dabei ankommt,

ist folglich, in den Gelegenheiten das aufzuweisen, was sie gewissermaßen geeignet macht, pädagogisch genutzt zu werden. Dazu ist jeweils auf die Grundstruktur pädagogischen Handelns zurückzukommen, weil anders von ihrer pädagogischen Valenz nicht die Rede sein kann.

1. Das Arrangement

Wir beginnen die Reihe der komplexen Formen mit dem Arrangieren und nehmen einen Sprachgebrauch auf, der zunächst noch gar nicht pädagogisch ist. So sprechen wir von »Blumen-Arrangements«, »Musik-Arrangements« oder »Reise-Arrangements« und meinen damit die aufeinander abgestimmte Anordnung oder Zusammenstellung verschiedener Einzelteile, Gegenstände oder Programmpunkte. Die einzelnen Komponenten sind geschmackvoll, künstlerisch oder effizient zu einem Ganzen zusammengefügt, mit dem Zweck, jemandem ein Geschenk zu machen, einen Kunstgenuss zu bieten oder ein Angebot zu unterbreiten. Wer etwas arrangiert, leitet etwas in die Wege bzw. gestaltet etwas für jemanden. Das Theater kennt die Arrangierprobe, womit eine Art Stellprobe gemeint ist, in der überprüft wird, ob alle Bühnenelemente zusammenpassen, damit ein ästhetisches und/oder funktionales Bühnenbild zustande kommt.

Wer aus erzieherischen Gründen etwas arrangiert, stellt auch etwas zu einem bestimmten Zweck zusammen: Er gestaltet eine Situation zum Zwecke des Lernens und schafft die Bedingungen der Möglichkeit für eine Lerngelegenheit oder er nutzt ein schon bestehendes Standardarrangement. Übliche und ganz einfache Formen des Arrangierens sind z.B. jene, in denen Eltern ihren Kindern Bücher schenken oder ihnen vorlegen, in der Hoffnung, dass sie sie lesen, daraus etwas lernen und vielleicht überhaupt Freude am Lesen entwickeln. Oder sie stellen ihnen Schaukeln, Kettcars und Fahrräder bereit, in der frohen Erwartung, dass sich die Kinder anregen lassen, diese zur sportlichen Betätigung zu nutzen. Schon im Kleinkindalter arrangieren Eltern heute bereits ein anregungsintensives soziales Umfeld für ihre Kleinen in den Krabbel- und Turngruppen. Schon den Kleinsten soll die besondere Lerngelegenheit geboten werden, ihre soziale Kontakt- und Gemeinschaftsfähigkeit zu entwickeln und zu verbessern – auch wenn die Erfahrung lehrt und Entwicklungstheorien längst herausgearbeitet haben, dass die Kleinen tatsächlich noch wenig miteinander anfangen können.

Teilweise nutzen Eltern aber auch schon bestehende Angebote, etwa das »Mutter/Vater-Kind-Turnen«, damit das Erlernen vielfältiger Bewegungen auf den Weg gebracht und der Bewegungsapparat der Kinder früh trainiert wird. Sie sollen weitgehend selbst entde-

cken, dass sportliche Tätigkeit ihnen Freude macht und dieses Motiv soll langfristig wirken. Nehmen Eltern ihre Kinder aus erzieherischen Gründen zu Konzerten oder Theateraufführungen mit, so nutzen sie ein kulturelles Standardarrangement, um ihnen die Welt der Musik und der Literatur nahe zu bringen, mit der Hoffnung auf Entwicklung und Kultivierung entsprechender Neigungen. So gesehen ermöglicht das Arrangieren mehr als das Umgangslernen in dem Sinne, dass Kinder ihren Eltern bei deren Tätigkeiten einfach zusehen und spontan mitmachen wollen, zum Beispiel dann, wenn der Vater zum Sportplatz geht, um ein Fußballspiel zu sehen, und dem Drängen seines Sohnes nachgibt und ihn mitnimmt. Greift aber der Vater das Interesse seines Sohnes auf, um ihm die Welt des Sports zu zeigen, so gibt er ihm bewusst die Möglichkeit, sein eigenes Interesse am Fußballspielen zu entdecken und zu entwickeln. In diesem Falle ist darin eine pädagogische Absicht versteckt, die den Vater motiviert, das Fußballspiel als pädagogisches Arrangement zu nutzen. Entsprechend wird er sich in diesem zweiten Fall anders verhalten als im ersten. Er wird mit seinem Sohn über das Spiel sprechen, ihm Techniken erklären, ihn auf besonders gelungene und raffinierte Spielzüge hinweisen und ihn ermuntern, sich auf diese Sportart einzulassen, während er im ersten Fall wohl überwiegend seinem eigenen Wunsch nach ungestörtem Zuschauen folgen und dem Sohn nicht diese besondere Aufmerksamkeit schenken wird.

Nur im zweiten Fall kann man von der pädagogischen Nutzung eines Arrangements sprechen. Es unterscheidet sich von der Umgangserziehung und der Mitahmung durch das bewusste Nutzen oder Gestalten einer Situation zum Zwecke des Lernens. Ähnlich kann es sich mit einem Hausmusikabend verhalten, der in der Familie üblicherweise einmal im Monat abgehalten wird. Er wird zu einem pädagogischen Arrangement, wenn er bewusst genutzt wird, um z.B. das musikalische Interesse und verborgene Talent des Kindes zu fördern, also zum Zwecke des Lernens.

Die erzieherische Intention zeigt sich dabei nicht unmittelbar, sie ist indirekt gegeben. Den Kindern ist sie nicht bewusst, mindestens steht sie nicht im Vordergrund. Sie sollen sich ja auch nicht gedrängt fühlen, sondern selbst entscheiden, ob sie die Musik mögen, sich angeregt fühlen, ein Instrument zu erlernen, oder sich dagegen entscheiden und feststellen, dass die klassische Musik ihren Neigungen nicht entspricht. Würden z.B. die Eltern ihren Kindern den inten-

dierten erzieherischen Zweck einer Radtour im vorhinein mitteilen, ihnen also sagen, dass sie arrangiert wird, weil dadurch die familiären Bindungen gestärkt werden sollen, so würde diese Bekundung Irritationen hervorrufen, es wäre sogar mit Unmut oder Ärger zu rechnen, weil die Seite des Erziehens zu deutlich sichtbar und die legere Ungezwungenheit des Ausflugs verdrängen würde. Kinder wollen eine Radtour vor allem deshalb machen, weil sie Spaß und Abenteuer damit verbinden. Im pädagogischen Arrangement hält sich das Erziehen also etwas »bedeckt«. Es wird den Lernenden somit im Prinzip in höherem Maße überlassen, zu welchen konkreten Lernprozessen sie sich anregen lassen und wie sie ihre Lernumwelt für ihr Lernen nutzen wollen, als es bei den anderen Grundformen des Zeigens der Fall ist.

Die pädagogische Grundstruktur dieser Form besteht darin, dem Lernenden Angebote zu unterbreiten, die er nach seinen subjektiven Neigungen und Gegebenheiten für sein Lernen nutzen mag. Statt Lernprozesse instruktiv anzuleiten und direkt zu steuern, werden Situationen arrangiert, mit der Annahme, dass sie einen ausreichenden Aufforderungscharakter haben, um die Subjekte zu selbstorganisierten Lernakten zu bewegen. Auf dieser Annahme basiert das konstruktivistische Lernparadigma des »situierten Lernens« (vgl. dazu Glasersfeld 1987). Der Lernende kann selbst wählen, was er lernen will und sich nach eigenem Empfinden und Vermögen an die ihm attraktiv erscheinenden Angebote ankoppeln. Letztlich entscheidet der Lernende, ob und was er lernen möchte (vgl. kritisch dazu: Heid 2001). Auf jeden Fall ist in Rechnung zu stellen, dass das Arrangement umsonst gewesen sein kann oder das Lernen in andere Richtungen als die intendierte läuft. Die in Grundschulen eigens gestalteten Lese-, Spiel-, Bastel- und Bauecken regen viele Kinder an, Bücher zu lesen oder etwas zu basteln, aber viele Kinder nutzen die bequemen Sofas auch, um sich über alltägliche Dinge zu unterhalten und nichts besonderes zu lernen. Absicht und Ergebnis können auseinanderlaufen, ja im ungünstigsten Falle konterkariert das Ergebnis sogar die Absicht. Nicht selten berichten Erwachsene rückblickend von solchen Langeweile verströmenden Sonntagsspaziergängen mit den Eltern, an die sie sich lebenslang nur ungern erinnern.

Ob es sich nun um ein einfaches oder komplex gestaltetes Arrangement handelt, in jedem Falle stellen seine Initiatoren also auch in Rechnung, dass die unterlegten Erwartungen sich nicht erfüllen.

Das gilt im Übrigen überhaupt für soziale Arrangements, etwa der Art, wie sie früher und heute noch gelegentlich zur Anbahnung von Bekanntschaften im Blick auf spätere Heirat inszeniert werden. Ob sich nun tatsächlich eine Liebesbeziehung einstellt oder ob die Adressaten solcher Bemühungen nur feststellen, dass sie nicht zueinander passen, darauf haben die Arrangeure keinen Einfluss. Sie fungieren als Gelegenheitsgestalter, der Rest ist der Reaktion der je Betroffenen anheim gegeben. Diese Ungewissheit über den Ausgang pädagogischen Handelns findet sich insofern beim Arrangement in besonders ausgeprägter Weise, eben dadurch, dass die erzieherische Absicht nicht nur sich verbirgt, sondern auch tatsächlich schwach gehalten wird, so dass zwischen Lernen und Nichtlernen gewählt werden kann. Bei einem Besuch mit den Eltern im Zoo könnte z.B. Wissen über die Essgewohnheiten der Affen erworben oder auch innig-emotionale Beziehungen zu Tieren entwickelt werden, um dann möglicherweise später die Verantwortung für ein Haustier zu übernehmen. Ebenso gut ist aber auch denkbar und zu akzeptieren, dass die Kinder lernen, wie lustig, liebenswürdig und angenehm ihre Eltern sind, die auch ihrerseits den Ausflug hauptsächlich deshalb unternommen haben, um den inneren Zusammenhalt der Familie zu aktivieren, ihre Bindung an die Kinder zu stärken oder ihnen schlicht eine Freude zu machen.

Ein wichtiges pädagogisches Moment des Arrangierens von Lerngelegenheiten liegt darin, dass der Selbstbezug im Lernen Berücksichtigung findet, neben dem Sach- und Sozialbezug. Hier wird die Frage wichtig, welche Bedeutung die Erlebnisse, Erfahrungen und das Wissen für das Leben und die Lebensführung der Kinder haben, denn sie sollten auch die Möglichkeit erhalten, sich selbst kennen zu lernen bzw. einen Bezug zwischen dem, was sie lernen, und ihrer eigenen Person herzustellen. Die pädagogische Handlungsform des Arrangierens nimmt darauf insofern Rücksicht, als sie dem Lernenden einen weiten Gestaltungs- und Nutzungsrahmen gibt bzw. ihm Angebote unterbreitet, die er dann nach Maßgabe seiner subjektiven Interessen und Neigungen nutzen oder auch nicht nutzen kann. Es handelt sich beim Arrangieren gewissermaßen um ein »Lernen à *la carte*« und nicht nach vorgegebenem Speiseplan. Das Arrangement hat somit auch eine Bedeutung innerhalb der pädagogischen Formen, wenn reflexives Lernen angeleitet werden soll.

Schaut man in die Geschichte der Pädagogik zurück, so empfiehlt sich nach wie vor unvermeidlich Jean-Jacques Rousseau als Prota-

gonist des Arrangierens (vgl. hierzu vor allem Kraft 1993). Wie kaum ein anderer hat er im »Emile« von 1762 die Möglichkeiten des Arrangierens betont und in den Mittelpunkt des pädagogischen Handelns gestellt. Es beginnt damit, dass die Erziehung aus der Stadt in einen Garten verlegt wird, in der Annahme, dass die Naturumgebung reichere Lernanlässe durch die Dinge bietet und manch unerwünschte Lernerfahrungen von vorn herein ausgeschlossen bleiben: So lernt Emile Pflanzen, Hölzer, Wasser, Steine kennen, er beobachtet Regelmäßigkeiten des Werdens und Vergehens und entwickelt Interessen, die seinen Neigungen und seinem Vermögen entsprechen. Emile nimmt diese natürlichen Dinge im alltäglichen Dasein wahr, beschäftigt sich mit ihnen und lernt dadurch etwas über ihre Eigenschaften, Beschaffenheiten und Relationen zu den anderen Dingen. Rousseau nimmt dabei ausdrücklich in Kauf, dass in diesem Natur-Arrangement Emile durchaus das »Joch der Natur« spüren und darunter auch leiden würde. Aber er würde dadurch auch lernen, sich z.B. vor Kälte zu schützen und vorsichtig mit Gegenständen umzugehen, wie sich an Rousseaus Beispiel der zerbrochenen Fensterscheibe ablesen lässt.

Interessanterweise macht Rousseau aber auch Bemerkungen darüber, dass sein erster arrangierender Akt, der in der Wahl des Gartens als des geeigneten Erziehungsraums besteht, für Emiles kognitive und soziale Lernprozesse nicht ausreicht. Daher begleitet ihn sein Erzieher Jean-Jacques, um weitere Lernanlässe zu initiieren, ohne dass der lernende Emile diese weiteren Arrangements als solche erkennt. Er glaubt weiterhin, »natürlich« zu lernen. Genau genommen »inszeniert« sich auch Emiles Erzieher als Komponente des Arrangements, insofern er mindestens anfänglich die Rolle des naiven Mitlerners und Unwissenden spielt, um dann in die Rolle des Lernhelfers und Wissensbringers zu wechseln, wenn Emile es wünscht.

Den Höhepunkt eines solch künstlichen Arrangements stellt die Szene im Wald von Montmorency dar, in der ein Spaziergang arrangiert wird, auf dem der Erzieher und Emile sich programmgemäß im Wald verirren, damit Emile geneigt wird, geographische Kenntnisse zu erlernen. Rousseau bezeichnet dieses Arrangieren selbst als »gröbere Lösung« für das Problem des Nichtlernenwollens. Es vergeht viel Zeit, Emile wird hungrig und müde, er bekommt Angst, weint und wird vom Erzieher daran erinnert, wie nützlich jetzt Kenntnisse über den Kompass, über Erd- und Himmelskunde

wären. Durch geschicktes Fragen des Erziehers findet Emile schließlich die Himmelsrichtung heraus (Rousseau 1989, S. 175ff.) und kann nun sicher sein, wieder nach Hause zu gelangen. Nach Rousseaus Überzeugung lernt Emile das notwendige astronomische Wissen bereitwillig und ebenso, dass es »doch zu etwas gut ist« (vgl. a.a.O., S. 177).

Rousseau arrangiert sozusagen ein »Arrangement im Arrangement«, ein Mechanismus, der sich in der Sprache der Systemtheorie als *re-entry* auffassen lässt. Er reagiert auf das nicht ausreichende Lernen Emiles mit einer weiteren pädagogischen Handlung, eben mit einem arrangierten Spaziergang, der Emile suggeriert, sich hoffnungslos verirrt zu haben. Abstrakt gesehen führt er mit der Szene im Wald von Montmorency ein zweites Arrangement ein, das in Emile starke Emotionen hervorruft und ihn unmittelbar zum Erlernen der gewünschten geographischen Kenntnisse veranlasst. Genau genommen ersetzt jedoch auch dieses weitere Arrangement nicht die elementaren Formen des repräsentativen und ostensiven Zeigens: Emile wird belehrt, ihm werden der Kompass und seine Bedeutung dargestellt, die Himmelsrichtungen gezeigt und die Gesetzmäßigkeiten der Astronomie erklärt. Das zweite Arrangement sorgt lediglich für den starken Anlass, dass Emile sich nun belehren lässt und lernt, was der Lehrer ihm vermitteln will. Insofern zeigt sich hier, dass die elementaren Formen pädagogischen Handelns zwar ineinander greifen und sich ergänzen, sich aber nicht ersetzen oder austauschen lassen. Es wird deutlich, dass im Arrangement die elementaren Formen des Zeigens integriert sind und dadurch das Lernen eines Kindes umfassend angeleitet werden kann.

Es ist diese pädagogische Valenz des Arrangierens, die genutzt werden kann, um Lerneffekte zu erzielen, ohne dass das direktive und das reaktive Moment des pädagogischen Handelns eigens herausgehoben werden. Sie werden eher verdeckt gehalten oder zumindest abgeschwächt, um jemanden zum Lernen zu motivieren. Die Idee ist, dass ohne eine ausdrückliche Zielthematik die Lernenden sich in einer möglichst neutralisierten, aber reichhaltig gestalteten Lernumgebung wiederfinden und selbst entscheiden, ob sie überhaupt und was sie dann auf welche Weise und in welchem Umfange lernen möchten. Auf indirekte Weise soll ihre Entwicklung gefördert und ihre Selbsttätigkeit angeregt werden.

In dieser Abstinenz von nachdrücklichen Aufgabenstellungen und deutlichen Forderungen erscheint vielen heute das Arrangieren

den Sinn pädagogischen Handelns besonders gut zu treffen. Es versteht sich als Angebot oder Offerte einer lernanregenden Umgebung, von der man annehmen oder hoffen darf, dass sie tatsächlich Lernbemühungen auslöst, so wie Kaufanreize im Geschäftsleben das Konsumverhalten animieren und dieses wiederum die Angebote dirigiert. Eine theoretische Unterfütterung dieser Erziehung als freibleibendes Angebot findet sich in den Ansätzen, die Mechanismen der biologischen Evolution nicht nur auf Gesellschaftsprozesse, sondern auch auf Lernprozesse zu übertragen und für eine »evolutionäre Pädagogik« und eine »evolutionäre Didaktik« auszuwerten (vgl. Treml 2004 und Scheunpflug 2001).

Ohne hier dieser entschiedenen Umstellung vom Primat pädagogischen Handelns auf den Primat des selektiv verfahrenden Lernens umstandslos zu folgen, möchten wir daran erinnern, dass auch in der Schule als Inbegriff intentionalen und organisierten pädagogischen Handelns das Arrangieren in einem gewissen Umfange eingesetzt wird, sei es in Schulfeiern und Schulausflügen, sei es durch den Aufenthalt im Schullandheim und auf Klassenfahrten. Die Tage geselligen Beisammenseins schaffen Gelegenheit, sich anders und unter entspannteren Verhältnissen kennen und ertragen zu lernen. Beim Wandern und Kochen, Essen und Spielen ergeben sich Gelegenheiten für soziale Lernprozesse, in der Hoffnung, zu einer Minderung von Konflikten, von Fremdheit und Spannungen beizutragen und das gegenseitige Verständnis zu verbessern.

Die Frage ist, wie weit diese Arrangements auch für den normalen Unterricht genutzt werden können, um das ostensive und das repräsentative Zeigen gewissermaßen in solche Arrangements einzubetten und seinen Lastcharakter zu mindern. Unter der Bezeichnung »Lernkultur« hat die Grundschule, wie bereits angedeutet, das Arrangieren besonders für sich in Anspruch genommen und empfohlen, das Lernen in der Schule im Wesentlichen durch indirekte Formen anzuleiten. Die Anhänger dieser Auffassung versprechen sich von den Lese-, Schreib- und Computerecken bessere Lernresultate und personale Entwicklungen: Wer z.B. seine Bücher nach eigenem Interesse selbst ausgewählt hat, liest »selbstvergessen und genussvoll, auch ohne weitere Didaktisierung des Leseertrags« (Brügelmann 2004, S. 17). Eine ähnliche Präferenz für die Bedeutung lernintensiv gestalteter Umgebungen findet sich in der 1995 erschienenen Denkschrift »Zukunft der Bildung – Schule der Zukunft«. In diesem offiziösen Reformmodell des Landes Nordrhein-

Westfalen firmiert die Schule als »Haus des Lernens«, indem dem »Haus« selber schon eine erzieherische Valenz im Sinne arrangierter Lernumwelten zugesprochen wird. Demgegenüber bedürfe die »alte« Schule der Umgestaltung in eine angebotsorientierte Lernkultur, in der den Schülern z.B. offene Unterrichtsformen, mediengestützte Selbstlernplattformen und Projekte angeboten werden. Die Erwartung ist, dass derartige aufforderungsstarke Lernsituationen ausreichend Neugier und exploratives Verhalten wecken, die dann auch zu besseren Ergebnissen führen als der instruktionsbasierte Unterricht.

Unabhängig davon, ob solchen Verfahren tatsächlich gegenüber den so genannten Methoden der direkten Instruktion der Vorrang gebührt (vgl. dazu kritisch Weinert/Helmke 1995), kann man sie wohl zutreffend unter dem Stichwort der Sozialpädagogisierung des schulischen Unterrichts fassen. Sie legen sich nahe, wenn »Schule« nicht mehr so funktioniert, wie wir es sonst und herkömmlich erwarten, oder wenn sie Aufgaben erfüllen soll, die wir bisher als Vorleistungen des häuslichen Milieus vorausgesetzt haben. Sie sind auf jeden Fall eine Alternative zu den Mitteln der Selektion und Aussonderung, mit denen weithin auf diejenigen reagiert wird, die schulischen Unterricht nicht akzeptieren. Dann scheint es geboten, auf Methoden zurückzugreifen, die für das pädagogische Handeln unter erschwerten Bedingungen kennzeichnend sind. Strukturell gesehen gehen wir dabei auf einfachere, familienanaloge Erziehungsformen zurück, um wenigstens das für solche Sozialformen typische beiläufige Lernen doch noch zu aktivieren und – in den Fällen sozialpädagogischer Betreuung – die Klienten in das übliche Erziehungssystem zurückzuführen.

In der Tat dürfte das zentrale Anwendungsgebiet für das Arrangieren im Bereich der Sozialpädagogik liegen, und zwar in dem Maße, wie diese eingebettet ist in Sozialarbeit. Das Methodenproblem der Sozialarbeit ist von Michael Galuske negativ dahin gehend charakterisiert worden, dass »sie weniger denn je mit schematisch anzuwendender Technik, mit einer Sammlung konkreter Handlungsanweisungen verwechselt« werden dürfe. Dagegen positiv: »Sie wäre vielmehr ein flexibel nutzbares Instrument zur Analyse, Planung und Realisierung von Hilfe im Alltag« (Galuske 2002, S. 143). Und ergänzend dazu in einer Anmerkung: »Sozialpädagogik findet ihr Aufgabenfeld im Alltag ihrer Klienten, mit all seiner Komplexität. Und genau hier liegt der Grund für die konstatierte

Diffusität: Alltag ist komplex, schwer überschaubar, oft banal, manchmal widersprüchlich. Wenn Sozialpädagogik hier ihren Ort findet, so muß – zumindest von außen betrachtet – sozialpädagogisches Handeln fast zwangsläufig auch komplex, schwer überschaubar, widersprüchlich und manchmal banal sein« (ebd.).

Lässt man die theoretischen Annahmen und Folgerungen der so genannten »Lebensweltorientierung« einmal beiseite (vgl. dazu kritisch Prange 2003), dann ließe sich das sozialpädagogische Handeln als Versuch verstehen, auf die Lage von hilfsbedürftigen Klienten so zu reagieren, dass über geeignete Arrangements nicht nur aktuell geholfen, sondern auch Lernprozesse in Gang gesetzt und unterstützt werden. Fällt der Bezug auf Lernen heraus, bleibt nichts als Sozialarbeit übrig: Alte werden versorgt, Obdachlose untergebracht, Drogenabhängige betreut und anderes mehr.

An welche sozialpädagogischen Arrangements hierbei zu denken ist, lässt sich nur beispielhaft angeben. Jugendfreizeiten gehören ebenso dazu wie sozialpädagogische Wohngruppen, Beratungsangebote und die Betreuung von Fan-Clubs mit der Absicht, sie an die milderen Sitten eines gewaltfreien Stadionbesuchs zu gewöhnen, aber auch die Begleitung von Schriftunkundigen oder Migranten bei Behördengängen und die Kontrolle bei Bewährungsauflagen für vorzeitig entlassene Strafgefangene. In der Tat ein weites Feld von Defiziten unterschiedlichster Art, die deshalb auch keineswegs nur pädagogische Maßnahmen und Kompetenzen, sondern mindestens ebenso sehr, wenn nicht maßgeblich andere Kompetenzen verlangen – medizinische und juristische, ökonomische und sozialpolitische –, über die pädagogisch ausgebildete und orientierte Helfer wenn überhaupt, dann nur fragmentarisch verfügen, ein Mangel, der sich kaum durch eine reflexiv gesteigerte Sensibilität ausgleichen lässt.

Wir halten fest: Das Arrangieren empfiehlt sich als Form pädagogischen Handelns zunächst überall da, wo wir auf Lernprozesse, mit denen wir ohnehin immer zu rechnen haben, reaktiv oder direktiv eingehen, sie zu strukturieren suchen und sie gewissermaßen pädagogisch in Dienst stellen. Und darüber hinaus können wir Situationen herbeiführen, in denen auch andere Interessen und Wünsche der Lernenden zur Geltung kommen, aber so befriedigt werden, dass dabei auch Lerneffekte erzielt werden können.

2. Das Spiel

Kind und Spiel gehören wie selbstverständlich zusammen. Dass Kinder spielen, kann man geradezu als ihr gemeinsames Merkmal ansehen. Im Altgriechischen ist *pais* der Knabe und *paidia* das Spiel, lautlich und sachlich nicht weit von der *paideia*, der Bildung, entfernt. Wie es aussieht, werden so in der Sprache Kind – Spiel – Erziehung zusammengebracht. Die Kinder lernen beim Spielen, und sie nicht spielen zu lassen, ist grausam, dumm und die schwärzeste aller Pädagogiken. Man braucht es ihnen auch gar nicht erst beizubringen. Das Spiel zeigt sich von allein. So bemerkt Hans Netzer in seiner »Erziehungslehre«: »Wenn das sehr junge Kind zur Bewusstheit erwacht, spielt es mit den eigenen Gliedmaßen; das Kleinkind nennen wir Spielkind und bezeichnen damit die Mitte, aus der sich sein Leben entfaltet« (Netzer 1972, S. 96). Herangewachsen kommen auch Aufgaben und Arbeiten hinzu, es muss aber immer auch Zeit für das Spiel sein. »Das Schulkind will nach Erledigung seiner Hausaufgaben eiligst zum Spiel und fühlt sich dort erst in seinem Element« (ebd.). Das ist vor gut 40 Jahren geschrieben worden. Inzwischen kennen wir Kinder, die vor dem Fernseher hocken und sich damit begnügen, sich Videos »reinzuziehen«. Das erscheint als Grund der Sorge, inzwischen vielleicht etwas gemildert durch die neueren Video-Spiele, die allerdings aus anderen, inhaltlichen Gründen bedenklich erscheinen. Doch immerhin: ganz untätig sind die Video-Konsumenten dann nicht mehr. Auf jeden Fall: Kinder, die nicht spielen, erscheinen gestört. Da stimmt etwas nicht. Es fehlt der Kontakt zu anderen Kindern, die Lust an der Bewegung, das Vergnügen am Mitmachen und Gewinnen, die Phantasie, der Spaß und das Gelärm, also all das, was wir von Kindern eigentlich erwarten.

Tatsächlich hat die Pädagogik seit langem das Spiel in die Organisation der Erziehung eingebaut. Es ist keineswegs so, dass erst die neuere Reformpädagogik das Spiel entdeckt hätte, sie hat es nur besonders betont, gegen den schulischen Drill und die verordnete Disziplin. Die Humanisten, die ja eigentlich die moderne Schule erfunden haben – da Feltre und Salutati in Italien, Sturm in Strassburg –, bezeichnen den Schulunterricht als *ludus*; in der Jesuitenpädagogik werden große Spiele inszeniert, das Schul-Spiel als Aufführung, und die Philanthropen fügen das körperliche Spiel, die Leibesübungen, hinzu. Wettbewerb, Reimspiele, Bewegung, Ab-

wechslung: Das sind Gesichtspunkte für das, was heute gern und bei jeder Gelegenheit angeführt wird, um auch unerfreuliche Themen in die Schule zu bringen. Es soll »spielerisch« gelernt werden. Schließlich: mit Friedrich Fröbel erhält das Spiel mit den »Spielgaben« seine pädagogische Auszeichnung als Freitätigkeit. Der Ball dient nicht nur der Unterhaltung im Augenblick, sondern er stellt etwas dar, woran das Kind erfährt, wie es in die Welt gestellt ist. Das Umgreifen, Zuwerfen, Aufprallen und Zurückkommen des Balls tragen eine Bedeutung, die nicht direkt gelehrt, sondern in der Bewegung erlebt wird. So gesehen ist das Spiel nicht bloß ein didaktisches Mittel für Lehrzwecke. Es bildet einen eigenen sozialen Raum von Beziehungen und Bedeutungen, durch die das Kind Erfahrungen mit sich, mit den Dingen und mit anderen macht.

Soweit die positive Seite des Spiels. Ihr steht gegenüber, dass das Spiel eben nur Spiel ist, Tändelei und nicht richtiger Ernst. Kinder müssen auch arbeiten lernen, sagt Kant in seiner Pädagogikvorlesung (Kant, Werke, Bd. 6, S. 729). Dadurch nehmen sie an den Notwendigkeiten des Alltags teil und erfahren den Lastcharakter des Daseins, die Sorgen und Nöte, den Ernst des Lebens. Insofern gibt es auch Gegenstimmen: August Herrmann Francke, der Gründer des Halleschen Waisenhauses, setzte nicht auf Spiel, sondern auf Arbeit und folgt darin einer gleichermaßen alten Tradition des Misstrauens gegen das Spiel, gegen seinen Als-Ob-Charakter. Bestenfalls zur Erholung ist das Spiel gestattet. Erst die Arbeit, dann das Vergnügen. Das ist unsere Sicht als Erwachsene, mit der wir die Freizeit von der Arbeit trennen, die Maloche von der Muße. So sind auch lange Zeit die Berufe, in denen das Spielerische das Hauptthema ist, mit einigem Argwohn betrachtet worden, als ob ihre Protagonisten, die *joculatores* und Possenreißer, die Gaukler und Schauspieler, nicht recht erwachsen geworden und Kinder geblieben sind. Darin steckt der meist christlich-pietistische Verdacht, dass das, was wichtig ist, eigentlich keinen Spaß machen dürfte. Besonders wir Deutschen lieben oder liebten den Gestus des Opfers und harscher Pflicht. Es vermittelt ein gewisses Selbstwertgefühl, wenn man etwas tut, was kein rechtes Vergnügen macht, und was Spaß macht, kann nicht so richtig wertvoll sein.

Diese Bemerkungen betreffen nicht mehr allein oder vorrangig das Kinderspiel, sondern überhaupt das Spiel und seine Bedeutung für unsere Lebensführung. Worum es dabei geht, hat Johan Huizinga in seiner Schrift über den »Homo Ludens« klargemacht, näm-

lich um den »Ursprung der Kultur aus dem Spiel« (Huizinga 1937/1956). So der erklärende Untertitel. Das ist in der Tat mehr als Kinderspiel und bloße Tändelei und kann uns helfen, die kulturelle Bedeutung des Spielens verständlich zu machen, vor aller pädagogischen Indienstnahme, aber auch vor der industriellen Verwertung von Spielinteressen und ihrer berufsförmigen Ausübung. Ohne Spiel keine Kultur. Das ist Huizingas Hauptgedanke. Dabei fasst er den Kreis des Spiels allerdings sehr weit und begreift darunter alle sinndarstellenden Handlungen, in denen wir unser kollektives und individuelles Verständnis des Lebens ausdrücken, das heißt: wir zeigen, wie wir uns und die anderen sehen. Insgesamt wird das Spiel wie folgt gekennzeichnet: »Der Form nach betrachtet, kann man das Spiel (…) eine freie Handlung nennen, die als nicht ›so gemeint‹ und außerhalb des gewöhnlichen Lebens stehend empfunden wird und trotzdem die Spieler völlig in Beschlag nehmen kann, an die kein materielles Interesse geknüpft ist und mit der kein Nutzen erworben wird, die sich innerhalb einer eigens bestimmten Zeit und eines eigens bestimmten Raums vollzieht, die nach bestimmten Regeln ordnungsgemäß verläuft und Gemeinschaftsverbände ins Leben ruft, die ihrerseits sich gern mit einem Geheimnis umgeben oder durch Verkleidung als anders als die gewöhnliche Welt herausheben« (a.a.O., S. 20). Zusammengefasst und in Stichworten ergeben sich folgende Merkmale des Spielens:

- Das Spiel stellt eine freie Handlung dar; Freitätigkeit, wie Fröbel sagt.
- Es ist nicht-ökonomisch, sondern redundant.
- Zum Spiel gehören Spielraum und Spielzeit.
- Es ist regelhaft verfasst.
- Der Als-Ob-Charakter des Spiels.
- Das Spiel erzeugt und erhält Gemeinsamkeit.

Insgesamt ist dies eine idealtypische Beschreibung des Spiels, mit der wir die faktisch vorkommenden Spiele besser verstehen können, auch wenn im Einzelfall nicht jedes der angegebenen Merkmale voll ausgeprägt erscheint. Der entscheidende Punkt für das Verständnis des Spielens dürfte in dem Moment der Freiheit liegen, die es eröffnet. Sie besteht hier in der selbsterzeugten Notwendigkeit gegenüber den Grenzen und Zwängen des faktischen Daseins. Im Ganzen zufällig, etwas, das man auch lassen könnte, ohne unterzugehen, folgt das jeweilige Spiel seiner selbstgewählten Logik. Es ist Not-

wendigkeit aus Freiheit. Von hier aus wird der große Satz Schillers aus den »Briefen über die ästhetische Erziehung des Menschen« von 1795 verständlich: »Der Mensch an sich selbst betrachtet ist nur Mensch, wenn er spielt« (15. Brief). Nicht die Arbeit, nicht die Disziplin, auch nicht die reine Reflexion machen das Wesentliche des Menschen aus, sondern die Spielfähigkeit, in der wir über die physisch-empirische Notwendigkeit hinaus sind, indem wir gewissermaßen unsere Bedürftigkeit überspielen und ein eigenes Reich der Zwecke schaffen. Dieses Reich ist das der Kunst, die damit – so Schiller – zu einem Asyl der Freiheit unter Bedingungen äußerer Bedrängnis und Unfreiheit wird, solange in der wirklichen Welt die Freiheit noch nicht oder nur unvollständig realisiert ist.

Für unseren Zusammenhang ist diese relative Autonomie des Spiels von Bedeutung. Es eröffnet die Möglichkeit, die blanke Lebensnot zu überbieten und dabei Eigenschaften und Anlagen zu kultivieren und Bedeutungen anzuzeigen, die wir sonst nicht zur Geltung bringen können. Anders als in der Arbeit geht es im Spiel nicht darum, ein faktisch bestehendes Problem zu lösen, sondern das Lösen selbst wird zum Thema. Für das Kind gilt dies, weil es seine Lebensprobleme nicht selbst lösen kann und noch ganz auf die Schutzherrschaft der Großen angewiesen ist; für uns alle gilt dies, sofern wir uns Räume schaffen und reservieren, wo wir zumindest vorübergehend von dem Not- und Lastcharakter des Dasein absehen können und so gestellt sind, dass wir uns wenigstens in der Maske als freie Wesen zeigen können.

Es sind zwei Fragen, denen wir im Folgenden nachgehen wollen: (1) Was können wir im Spiel und durch das Spielen lernen? Und (2) Wie setzen wir das Spielen als Mittel für pädagogische Zwecke ein? Auch wenn diese beiden Fragen der Sache nach zusammenhängen, sind sie doch zu unterscheiden. Was das Spiel für Lernprozesse tatsächlich leistet, ist nicht mit dem zu verwechseln, wofür wir es sinnvoll oder unsinnigerweise einsetzen. In diesem Unterschied zeigt sich einmal mehr die pädagogische Differenz: Es ist gar nicht ausgemacht, dass das, was wir als Beobachter für kindliches Spiel ansehen, für das Kind selber eben diese Bedeutung hat. Es spielt nicht, um zu lernen; es spielt eben, und dabei lernt es, und das benutzen wir, indem wir dafür Gelegenheiten einräumen, Spielzeuge erfinden und sie mit pädagogischen Absichten befrachten. Diese beiden Aspekte gehen uns als Pädagogen etwas an; die Frage, warum das Kind mutmaßlich spielt, lassen wir hier auf sich beruhen

und verweisen sie an die Ethologie und Kulturanthropologie, an die Psychologie und Humanbiologie.

Bevor wir uns also mit der pädagogischen Ausbeutung des Spielens befassen, fragen wir: Was lernt das Kind im Spiel? Was fängt es damit an? Dabei folgen wir hinsichtlich der Formen des Spiels und ihrem Auftauchen im Entwicklungsgang dem Schema, das Jean Piaget in seinem ersten großen Werk über »Traum, Spiel und Nachahmung« gegeben hat (Piaget 1969). Er unterscheidet drei Grundformen des Spiels. Sie sind nicht alle gleich da, sondern tauchen nacheinander auf: Am Anfang steht das Übungsspiel, ihm folgt das Symbolspiel und den Beschluss bildet das Regelspiel. Schon das kleine Kind hat offenbar Vergnügen an der bloßen Wiederholung von Bewegungen. Das Hin- und Herbewegen, Schaukeln und Schütteln, das Rauswerfen von Schnuller, Rassel und dgl. aus dem Kinderwagen: all das geschieht mit einer überwältigenden Unermüdlichkeit, die nur noch von der Geduld der Mütter übertroffen wird, die alles wieder einsammeln und in den Wagen zurückbefördern. Diese Gestalt des Übens lässt sich bis in die höheren Regionen der künstlichsten Spiele beobachten: Man könnte es als die zirkuläre Struktur des Spielens bezeichnen, als ob das Handeln unter einem Wiederholungszwang steht. Die Leistung für das Einüben von Fertigkeiten liegt auf der Hand (vgl. II, 2).

Auf das Übungsspiel folgt das Symbolspiel: Hier werden nicht Fertigkeiten trainiert, sondern Vorstellungen ausgebildet. Insofern hängt bei Piaget das Symbolspiel mit der Nachahmung und diese mit der Konstanz von Vorstellungsinhalten zusammen. Auf jeden Fall: das Kind kann, was es sieht, darstellen und dabei in eine Rolle und Maske schlüpfen, Vater und Mutter spielen, mit der Puppe schimpfen, wie wenn es selbst die Mutter wäre, sie an- und ausziehen, sie herumtragen, sich mit ihr unterhalten und sie »erziehen«. Beliebt sind die Doktorspiele: Das Kind inszeniert eine »spielerische Identifizierung« (Schmitz 1990, S. 175), aber es kann sich auch als Ding vor- und darstellen. Hans Zulliger berichtet in seinem Buch »Helfende Kräfte im kindlichen Spiel« von einem Kind, das »Flugzeug« spielt, sich neben ihm aufbaut und einen Höllenkrach veranstaltet. Er sagt: »Aber du siehst doch, dass ich arbeite«. Das Kind: »Aber das Flugzeug weiß doch nicht, dass du arbeitest.« (Zulliger 1964). Der Witz der Sache scheint zu sein, dass das Kind in diesem Augenblick eben ein Flugzeug ist oder ein Trecker oder ein Löwe, ohne die Differenz von Symbol und Sachverhalt zu beachten. Das

Symbolisieren als ein Akt der »Bedeutungsverleihung« vermittelt eine Art von Herrschaft über Sachverhalte und Situationen und erweitert deren Wahrnehmung und Kenntnis. Das Kind kann sich die Umgebung gleichsam erobern: der Platz unter dem Tisch ist eine Höhle, die Treppe ein Berg, dieser Klotz ein Auto usw. Damit spielt sich das Kind in Verhaltensformen ein und bildet Vorstellungen aus, wie sie auch mit dem geschlechtsspezifischen Spielzeug verbunden sind – Puppen für die Mädchen, Panzer, Zinnsoldaten und Burgen für die Jungen. Auch bahnen sich im Symbolspiel Sozialkontakte an: Das Kind definiert seine Stellung, ohne das bewusst zu betreiben, aus der Sicht der anderen. Es geht also nicht mehr nur um zirkuläre Übungsprozesse, sondern um transitive Vorstellungsprozesse, in denen sich die Objektivität der Umgebung spielerisch meldet.

Die dritte Stufe und Dimension ist das Regelspiel, das ungefähr mit Eintritt des üblichen Schulalters auftaucht. Zur Übung und zum Symbolisieren tritt der geregelte soziale Kontakt hinzu. Eine Regel ist etwas, das für alle gilt, die mitspielen. Das wissen die Kinder auch ganz genau: Man darf nicht übertreten, egal ob mit Absicht oder versehentlich – es herrscht zunächst reines Tatrecht –, es kommt auf die genaue Reihenfolge beim Würfeln an, wenn man z.B. »Mensch ärgere dich nicht!« spielt usw. Die Struktur des Regelspiels verlangt reziproke Leistungen, nicht nur zirkuläre und transitive. Sie sind möglich, wenn wir unser Verhalten vom anderen her entwerfen können, gewissermaßen als Reaktion auf mögliche Reaktionen, unter der Bedingung, dass auch der Mitspieler uns achtet, indem er sich an die Regeln hält. Dieses Geben und Nehmen, auch als Austausch von Gedanken, Meinungen und Interessen, vermittelt über Regeltreue, lässt zuerst das entstehen, was Piaget die heteronome, fremdbestimmte Moral nennt, als Vorstufe zum freieren Gebrauch und schließlich zur eigenen, autonomen Erzeugung von Regeln.

Dieser Übergang lässt sich daran ablesen, wie ältere Kinder mit jüngeren spielen. Sie erhalten gewisse Vorrechte, dürfen zweimal etwas versuchen oder bekommen mehr Punkte angerechnet als die Älteren. Der entscheidende Punkt ist: Die Sozialprozesse werden Schritt für Schritt reziprok. Es wird gelernt, sich vom anderen und allen anderen im Vergleich zu sich selber wahrzunehmen. Im Einzelnen soll der Verlauf der kognitiven Entwicklung im Spiegel der Spielformen hier nicht nachgezeichnet werden. Uns genügt die

Feststellung, dass das Spielen dazu dient, in übender Einstellung erst Fertigkeiten und dann Kenntnisse und Vorstellungen auszubilden, die dann im sozialen Verkehr unter dem Gesichtspunkt von Regeln zur Geltung gebracht werden.

Wie steht es nun damit, wenn das Spielen ein Mittel der Erziehung wird? Das ist durchaus nicht dasselbe wie das kindliche Spielen; vielmehr wird es jetzt arrangiert, um damit bestimmte Zwecke zu erreichen. Das pädagogische Handeln wählt aus, verstärkt und vernachlässigt, es benutzt das Üben und Darstellen und stellt es in den Dienst eines geordneten Lernens zum Erwerb von Fertigkeiten, Kenntnissen und Haltungen. Da haben wir es auch nicht mehr nur mit den Kleinen und den Kindern zu tun, sondern ebenso mit den Jugendlichen in der Schule und mit den jungen und nicht mehr jungen Erwachsenen. Das Spielen verschwindet ja nicht, wie uns Huizinga belehrt: Es wird zu einer bewusst betriebenen Aktivität und Veranstaltung, sei es zur Überhöhung des schnöden Werktags der Arbeit, sei es zur Erholung oder sei es, wie in der Erziehung, zur Einübung von Fertigkeiten und zur Erschließung von Sachverhalten und Haltungen, die uns zunächst noch fremd sind.

Um welche Spiele und Sorten von Spielen es sich dabei handelt, ist eingangs schon angedeutet worden. Das Spektrum dessen, was wir den Kindern anbieten, reicht von Geschicklichkeits- und Zusammenlegspielen über Versteck-, Masken- und Verwandlungsspiele mit Schminke und Phantasiegewändern bis zu Glücks-, Wett- und Würfelspielen aller Art. Mit der Aufmerksamkeit für Kinder und ihre Bedürfnisse hat sich auch das Spielangebot vervielfältigt, und heute steht eine einträgliche Spielzeugindustrie bereit, unterschiedlichste Wünsche zu befriedigen. So wird die Erwachsenenwelt mit der Modelleisenbahn, aber auch mit Panzern und Soldaten, mit Getier und fernsehgestützten Monstern in die Kinderstube gebracht, denen dann Modellbaukästen und Mehrzweckelemente folgen, von denen wir die Anregung zu selbstorganisierter Freitätigkeit und fördernder Selbstbeschäftigung erwarten. Das Spielzeug ist die pädagogische Antwort auf das Spielen des Kindes; es wird zum Lernspiel in dem Maße, wie wir damit ausdrücklich bestimmte Zwecke verfolgen und so das Spielen zur Kultivierung und bildenden Unterhaltung der Kinder heranziehen.

Kindergarten und Schule setzen diese Instrumentalisierung fort. Das Regelspiel tritt zu den Übungs- und Symbolspielen hinzu, z.B. beim Wettrechnen, Mädchen gegen Jungen, und alle gegen den Leh-

rer. Ein himmlischer Spaß, wenn er verliert. Das Symbolspiel tritt in den Dienst der Veranschaulichung, wenn von Karl dem Großen nicht nur erzählt, sondern eine historische Situation nachgespielt oder fiktiv inszeniert wird. Damit befinden wir uns schon im Übergang zum Rollenspiel als einem Verfahren, Motive und Problemlagen von anderen durch Darstellung kennen zu lernen. Hierher gehört im Übrigen auch das Laienspiel in der Funktion, die ihm Martin Luserke gegeben hat, nämlich nicht als Konkurrenzunternehmen zum professionellen Schauspiel, sondern als eine Möglichkeit, über die Gestaltung des eigenen Ausdrucks ein Gefühl für Lebenssachverhalte zu gewinnen und sich gewissermaßen in Verhältnisse einzuleben, über denen für die Lernenden noch der Schleier der Zukunft liegt.

Diese Hinweise mögen genügen, um zu verdeutlichen, wie das pädagogische Handeln sich des Spielens bemächtigt und es in den Dienst vornehmlich des repräsentativen und direktiven Zeigens stellt. Doch es gibt neben dieser eher untergeordneten oder nebengeordneten Funktion des Spiels als pädagogischer Form des Handelns noch eine viel tiefer angelegte, große Perspektive der Spielpädagogik. Es ist die ästhetische oder musische Erziehung, die innerhalb der Pädagogik das Gebiet bezeichnet, in das die Spielpädagogik der Sache nach gehört. Welche Sache? Die der Form. In der großen Perspektive geht es dabei um »Erziehung durch Kunst«, wie sie Herbert Read noch einmal in überzeugender Weise ins Spiel gebracht hat (Read 1962). Der leitende Gedanke geht zurück auf Plato und auf die humanistische Überlieferung der Erziehung durch die gute Form: Die geordnete und wohlgeformte Rede erzeugt auch einen Menschen, der das Vollendete und die gelungene Gestalt liebt. Eine Weise dieser Perfektion und des Strebens nach Perfektion ist die sittliche Vollkommenheit. Fehlverhalten ist nicht nur verwerflich als feststellbarer Normverstoß, es ist auch nicht schön. Das ist kein so fernliegender, »idealistischer« Gedanke, wie es heute unter dem vielfach vorherrschenden Nutzen-Kosten-Kalkül erscheinen mag, so dass das Schöne und die Freude am Schönen als bloß dekorative Zutat, sozusagen als »Kunst am Bau«, erscheint. Denn nach wie vor sagen wir, nicht nur bei Kindern, sondern auch im öffentlich-politischen Bereich: »Das ist schlechter Stil!« oder »Das ist nicht schön von dir!« Das rechte Verhalten führt auch eine ästhetische Qualität mit sich, nämlich das Wohlgeordnete und Passende, das formal Stimmige, das formal und inhalt-

lich Gelungene. Was gut ist, ist nicht nur geboten und herbe Pflicht, es gefällt auch.

Dieser Gedanke der wechselseitigen Erhellung des Guten und des Schönen ist von Kant in der »Kritik der Urteilskraft« (zuerst 1790) in dem berühmten Paragraphen 59 als Lehre von der »Schönheit als Symbol der Sittlichkeit« begründet, dann von Schiller in den schon erwähnten »Briefen über die ästhetische Erziehung« aufgenommen und kunsttheoretisch konkretisiert und schließlich von Herbart in seiner Frühschrift über die »Ästhetische Darstellung der Welt als Hauptgeschäft der Erziehung« (1804) endgültig in seiner konstitutiven Bedeutung für die Pädagogik erschlossen worden. Auch wenn dieser Gedanke im Zeitalter ökonomischer Nutzen-Kosten-Kalküle obsolet erscheint, bleibt doch daran zu erinnern, dass es die gute Form ist, in der wir Abstand von den Dringlichkeiten des Betriebs und der Vergänglichkeit unmittelbarer Bedürfnisse gewinnen. Sie stillt ein Bedürfnis und Interesse eigener Art: das Interesse daran, über die besonderen Interessen hinaus im Spiel der Formen sich zu zeigen und etwas darzustellen, das den Moment überdauert und in Erinnerung gehalten wird, auch wenn wir längst vergangen sind.

3. Die Arbeit

So sehr das Spiel und, weit gefasst, das Künstlerische und die Ausdruckswelt auch eine Maßgabe für das pädagogische Handeln sein mögen, es ist doch die Arbeit, die in der Realkonkurrenz von Ökonomie und Redundanz voransteht. Schon in der Instrumentalisierung des Spielens macht sich dieser Vorrang bemerkbar, und er wird vollends sichtbar, wenn wir uns vor Augen führen, in welchem Maße die Semantik der Arbeit die Pädagogik durchzieht. Erziehung zur Arbeit, zur gesellschaftlichen Brauchbarkeit und sozialen Tüchtigkeit ist die ausdrückliche und unausdrückliche Leitformel, durch die die Erziehung den Anschluss an die reale Welt gewinnt. So gibt es eine »Arbeitspädagogik« und Arbeitsunterricht, Schularbeiten und Klassenarbeiten; Gedichte werden »erarbeitet«, sei es in Gruppen-, Partner- oder Einzelarbeit. Das betrifft den Schulunterricht, aber auch in anderen Feldern wird gearbeitet, dass man den Eindruck gewinnen kann, Erziehen und Lernen seien eine schweißtreibende Angelegenheit: Jugendarbeit, Elternarbeit und Altenarbeit, ferner die Sozialarbeit im Grenzbereich von Fürsorge und Erziehung, sogar seelische Vorgänge werden unter dem Titel der Arbeit gefasst. Der sprachlich sonst so sensible Sigmund Freud hat hier das Einstiegswort geliefert, als er von der »Traumarbeit« gesprochen hat, dem dann die »Trauerarbeit« und die »Erinnerungsarbeit« gefolgt sind. Eine Perle dieser Arbeitssemantik ist die gelegentlich anzutreffende Rede von der »Verarbeitungsarbeit«, die besonders wir Deutschen angesichts unserer düsteren Vergangenheit zu leisten hätten.

Gegenüber diesem ausgefransten und entgrenzten Gebrauch der Rede von Arbeit wollen wir zunächst an den engeren und genaueren Begriff erinnern. Dabei ist zu bemerken, dass der Gedanke, die Arbeit als wesentliche Bestimmung für uns auszuweisen, durch die wir uns als Person definieren, eine Idee der Neuzeit ist. Sowohl das Alte Testament wie auch die Antike sahen in der Arbeit eher einen Fluch, auf jeden Fall eine elende Schufterei und Plage, die man lieber den niederen Ständen und den Sklaven überlässt. Der freie Mann arbeitet nicht; er geht auf die Jagd oder zieht in den Kampf, widmet sich den freien Künsten und der gelungenen Rede, doch das Gemeinwerden mit den Dingen auf dem Acker und im Steinbruch, auf den Galeeren und in den Manufakturen, dazu hat man seine Leute. Arbeit ist kein Weg zu Ansehen und Ruhm, Ehre und Selbstachtung. Sie ist eine Erblast als Folge der Vertreibung aus dem Paradies, durch

die wir zu Wesen der Not geworden sind. Wir arbeiten oder besser noch: wir lassen arbeiten, um die Not zu wenden. Das heißt: in der alteuropäischen Tradition ist der dunkle Hintergrund der Arbeit stets gegenwärtig; die Paradiese werden ausgemalt als arbeitsfreie Zonen für die Muße der Reichen und Begünstigten, wo Milch und Honig fließen und wo die gebratenen Gänse in den Mund fliegen.

Die Um- und Aufwertung der Arbeit hat zur Folge, dass heute ein Mensch ohne Arbeit geradezu amputiert erscheint, weil Arbeit und Identität eng aufeinander bezogen sind. Arbeitslosigkeit bedeutet insofern nicht nur, ohne Erwerbseinkommen zu sein, sondern es bedeutet auch Verlust an sozialer Geltung, an Ansehen und Selbstachtung. Diese Umwertung hat sich im mittelalterlichen Europa angebahnt und ist dann in der Reformation fassbar geworden: Arbeit und Beruf werden zu Zeichen des rechten Lebens, zu der Stelle, wo sich Wert, Rang und Bedeutung eines Menschen zeigen. Der Erfolg der Arbeit, die Leistung und das eigene, auf die Person zurechenbare Verdienst erscheinen insbesondere in der calvinistisch-puritanischen Variante der Reformation als Erwählungszeichen und Anzeige dafür, dass Gott wohlgefällig auf die tätigen Hände blickt und sie mit Erfolg segnet. Deshalb soll das Ergebnis auch nicht einfach verbraucht, sondern gehortet und wieder investiert werden, damit noch deutlicher hervortritt, was einer wert ist.

Es kann hier unentschieden bleiben, ob dieser »Geist des Kapitalismus« (Max Weber) Folge oder Bedingung der reformatorischen Wende war. An dem Tatbestand, dass die Adelsethik der guten Geburt durch die neue bürgerliche Leistungsethik abgelöst wurde, ist nicht zu zweifeln. Jeder soll etwas leisten, aber es muss auch möglich sein: Der Zugang zu Leistungsrollen gehört zu den demokratischen Grundforderungen. Fleiß, Sparsamkeit, rationelles Wirtschaften und Schutz des Eigentums machen zusammen eine neue Welt aus, in der deshalb auch das Lernen selber zu einer besonderen Form des Leistens wird. Heute wird vielfach über Leistungsdruck und die Plagen des Wettbewerbs lamentiert, aber man kann sich klarmachen, dass es noch schlimmer war und ist, nichts leisten zu dürfen, zu Lehrgängen und Prüfungen nicht zugelassen, von Berufen und Positionen ausgeschlossen zu werden. Es war eine Revolution, als die Amerikaner »*pursuit of happiness*« verfassungsrechtlich legitimierten, wenn auch mit der unerfreulichen Umkehrfolge, dass alle diejenigen, die es zu nichts bringen, dann offenbar auch nicht genug versucht und nichts geleistet haben. Das Bettelverbot

ist die Kehrseite des Leistungsprinzips. Jeder soll gefälligst etwas tun und arbeiten.

Der Kern der neuen Arbeits- und Leistungsethik lautet: Arbeit macht frei. Es ist eine brutale Perversion dieser Lebensauffassung, dass dieser Satz auch über die Eingangstore der Konzentrationslager gesetzt wurde. Denn gedacht ist in dem Satz: Freiheit ist nicht umsonst zu haben; sie verlangt, um einen Gedanken Hegels aufzunehmen, Entäußerung, Tränen und Schweiß, aber der Lohn ist, dass wir aus der Arbeit ersehen, wer wir sind. Das Wesentliche ist nicht etwas Mitgegebenes und Ererbtes, nicht die Gnade der guten oder der Fluch der niederen Geburt, sondern etwas Aufgegebenes. Jeder ist seines Glückes Schmied, und nicht mehr: Jeder in seinem Stande. So gesehen gehört das Arbeits- und Leistungsmotiv auch zum Prozess der sozialen und politischen Emanzipation, zum Aufstieg erst der Bürger, dann der arbeitenden Klassen als der Emanzipation derer, die wirklich die Arbeit machen und nicht bloß Geld einsetzen, um aus der Ferne den Aktienmarkt zu beobachten. Das ist, bei allen Vorbehalten gegen seine ökonomischen Analysen, der nach wie vor dominierende Gedanke von Karl Marx: In der Arbeit erfahren wir, wer und was wir sind. Wir sind, was wir machen, und aus dem, was wir machen, herstellen, bearbeiten, können wir sehen, wer wir sind. Pädagogisch gewendet liegt darin: Die Arbeit formt den Menschen, und wer nicht arbeitet, weiß eigentlich gar nicht, wer er ist. Er ist sich selbst entfremdet.

Wir halten zusammenfassend fest:

1. Die Menschen machen die Arbeit, und die Arbeit macht den Menschen.
2. Wir definieren uns über Arbeit und Leistung; deshalb haben der Beruf und die Berufsarbeit eine identitätsstiftende Bedeutung erlangt.
3. In der Arbeit gewinnen wir ein sachliches, am Realitätsprinzip orientiertes Verhältnis zu anderen und zu uns selbst, eine sachliche Einstellung.
4. Wir leben in einer Arbeits- und Leistungsgesellschaft, insofern hat die Arbeitserziehung auch die Funktion, an die bestehenden Verhältnisse anzuschließen.

In diesen Bestimmungen ist enthalten, was die erzieherische Bedeutung der Arbeit ausmacht. Sie diszipliniert uns, gewöhnt uns an die

gesellschaftlichen Erfordernisse und vermittelt den Übergang von der quasi-natürlichen Kindheit in die Welt der Erwachsenen. Dabei erwerben wir Fertigkeiten und Kenntnisse, ohne die wir uns nicht erhalten können, und bilden die Haltungen und Einstellungen aus, altertümlich gesprochen: die Tugenden, durch die wir am gesellschaftlichen Leben teilnehmen. Doch für sich genommen sind diese Bestimmungen noch keine Bestimmungen des pädagogischen Handelns. Sie mögen eine erzieherische Qualität enthalten, ohne doch ausdrücklich als solche entfaltet und aufgenommen zu werden. Das geschieht, wenn wir darangehen, das Arbeiten als Mittel einzusetzen, so wie auch das Spiel pädagogisch genutzt wird, um das darstellende Verhalten zu unterstützen. Die Frage ist also: Wie geht das entwickelte Konzept der Arbeit als *paedagogicum* in die planmäßige Erziehung ein?

Das Erste und Naheliegende ist: Man muss arbeiten lernen, und das geschieht am besten bei der Arbeit selbst in der Weise der Einübung, als Mitarbeit und als *training on the job*. Das Zweite ist anspruchsvoller: die Form der Arbeit soll sich im Lernprozess wiederfinden. Für beide Varianten, die materiale und die formale, gilt, was Kant in seiner Pädagogik-Vorlesung gesagt hat. Zunächst allgemein: »Es ist von der größesten Wichtigkeit, dass Kinder arbeiten *lernen*. Der Mensch ist das einzige Tier, das arbeiten muß« (Hervorhebung: die Verf.) Deshalb gilt: »Das Kind muß zum Arbeiten gewöhnt werden« (Werke, Bd. 6, S. 730f.) Darin liegt der richtige und vielfach übersehene Gedanke, dass das Arbeiten uns eine Umstellung der Motive abverlangt. Zum Spiel kommt das Kind von allein, das braucht man ihm nicht beizubringen, und daran braucht man es nicht zu gewöhnen. Wenn es nicht spielt, vermuten wir, dass etwas nicht stimmt und gehen mit dem Kind zum Arzt. Wenn es aber seine Arbeiten nicht erledigt, sei es im Haus, sei es für die Schule, dann zeigt sich darin womöglich gerade eine kerngesunde Natur, nur eben eine solche, die auf Dauer nicht recht sozialverträglich ist. Insofern haben wir, wenn wir Arbeiten übertragen und Leistungen erwarten, mit ganz anderen Verhältnissen als beim Spiel und vor allem auch mit Widerständen zu rechnen, die Nachdruck und besondere Anstrengungen des reaktiven Zeigens verlangen.

Woran das liegt, drückt Kant so aus: Beim Arbeiten lerne der Mensch »auf eine solche Weise okkupiert (zu) sein, dass er mit dem Zwecke, den er vor Augen hat, in der Art erfüllt ist, dass er sich gar nicht fühlt« (a.a.O., S. 730). So merkwürdig diese Forderung sich

auch anhört – wie kann es sein, dass man sich nicht fühlt? –, sie trifft den Kern der Arbeitserziehung und der Arbeitsmoral. Natürlich verlassen einen die Gefühle nicht, wenn man arbeitet. Zu jedem Tun wie überhaupt zum Lebensvollzug gehören die Gestimmtheit und das Sich-Fühlen, sonst wären wir wirklich nur Automaten oder Marionetten. Das kann also nicht gemeint sein. Vielmehr macht Kant darauf aufmerksam, dass uns in der Arbeit zugemutet wird, von der unmittelbar gegebenen Stimmung abzusehen und eine Sache auch dann zu betreiben, wenn wir keine Lust dazu haben, wenn wir lieber im Bett bleiben als zum Dienst zu trotten, am liebsten nicht mehr weitermachen und stattdessen etwas tun, was Spaß macht, oder gar nichts tun. Deshalb ist Gewöhnung erforderlich, Einübung in die Moral des Arbeitens, zuerst durch kleine Aufgaben, Pflichten, die man auch dann erfüllt, wenn man keine Lust hat und lieber etwas anderes täte, z.B. den Vogelkäfig sauber hält und das eigene Zimmer aufräumt usw. Das ist lästig, aber es muss getan werden. Das Kind ist so beschäftigt (Kant: okkupiert), dass es sich nicht fühlt. Sich-Nicht-Fühlen bedeutet insofern: in der Haltung der Indifferenz aktiv sein, gewissermaßen mit der Einstellung: Egal, wie ich mich fühle und was ich gerade möchte, ich gehe zum Dienst, ich halte durch, ich bringe meine Arbeit zu Ende usw. Das ist eine Einstellung, die wir nicht von Natur mitbringen, die jedoch zur zweiten Natur werden kann, jedenfalls etwas, was zur gesellschaftlichen Ausstattung gehört. Kurz gefasst: Arbeit diszipliniert.

Man mag der Meinung anhängen, dass solche Disziplin eine unsägliche Zumutung ist und nicht in die Erziehung gehört. Doch wer so denkt, sollte gleich hinzufügen, dass dann auch an eine Gesellschaft ohne Arbeit zu denken wäre. Warum? Dazu noch einmal Kant über das Arbeiten: Es besteht darin, dass man etwas »einer anderen Absicht wegen unternimmt« (ebd.). Die Tragweite dieser Einsicht ist gar nicht hoch genug einzuschätzen. Dass wir es überhaupt fertig bringen, uns gleichsam neben uns selbst aufzustellen, und nicht unseren primären Motiven ausgeliefert sind, sondern mit Absicht etwas treiben, woran wir unmittelbar kein Interesse haben, ist selber eine Leistung. Wir können uns zum Mittel für andere machen, uns quälen und Lasten übernehmen, um dann andere, ferner liegende Zwecke zu erreichen. Etwas abstrakter gesprochen: Identität ist nicht einfach ausgelebtes Selbstsein, so bin ich und so bleib ich, sondern die Identität ist sozial vermittelt; ihr Medium die Arbeit.

Wie das aussieht, ist nicht schwer zu illustrieren. Seit je sind die Kinder nicht nur der einfachen Leute frühzeitig zur Arbeit herangezogen worden. Was sie dabei lernten, wenn die Arbeit nicht ganz den Charakter der Ausbeutung annahm, blieb unvermeidlich auf den engen Erfahrungskreis einer bestimmten Arbeit beschränkt: Gänse und Schweine hüten, Botengänge, Mithelfen im Haushalt usw. Wurde diese Mithilfe ausdrücklich organisiert, wie zum Beispiel für die Waisenkinder, gehörte der Beitrag zur Subsistenz wie selbstverständlich dazu. Die Kinder der Waisenhäuser verdienten sich gewissermaßen ihre Elementarerziehung. Die Arbeit erfährt unter solchen Bedingungen, wie man an der Neuhof-Episode Pestalozzis sieht, geradezu die Funktion einer pädagogischen Legitimierung der Kinderarbeit. Im 19. Jahrhundert hat Karl Marx gleichfalls für die Kinder- und Jugenderziehung verlangt, dass darin richtige Arbeit vorkommt, freilich nicht die Schinderei in Bergwerken und an Webstühlen, sondern in polytechnischer Ausrichtung. Die Begründung wird pädagogisch: Arbeiten lernt man nur beim Arbeiten, und wenn es die Arbeit ist, die uns zu sozialen Wesen macht, kann das Erziehen nicht darauf verzichten. Die Teilnahme an der kollektiven Produktion der Lebensvoraussetzungen vermittelt die erforderlichen Fertigkeiten, Kenntnisse und Haltungen. In der linken Reformpädagogik ist diese Erziehungsform unter dem Titel der Produktionsschule bekannt und versucht worden. Auch Makarenkos Gorki-Kolonie ist eine Arbeitskolonie.

Soviel zur Arbeitserziehung der Zukurzgekommenen und Gefährdeten. Was aber, wenn Arbeit objektiv überflüssig ist und die Kinder aus wohlbetuchtem Hause dennoch mit dem Ethos der Arbeit konfrontiert werden sollen? Der Schritt zur Pädagogisierung der Arbeit macht es erforderlich, das Arbeiten und die ihm eingeschriebenen Grundsätze didaktisch zu formalisieren. Wie das vorgeht, lässt sich gut an Georg Kerschensteiners Konzept der Bildung durch Arbeit erkennen. Sein Ausgangspunkt war der miserable Zustand der Berufserziehung. Die dabei gewonnenen Gesichtspunkte hat Kerschensteiner dann verallgemeinert und versucht, das pädagogische Handeln als Anleitung und Einübung von Arbeitsprozessen zu organisieren (vgl. Kerschensteiner 1968). Die Logik des Arbeitens wird in pädagogisch-didaktische Maßgaben transformiert, indem das Prinzip des ökonomischen Nutzens zur Leitlinie auch für das Bildungsverfahren wird. Das ist der Gedanke des Arbeitsunterrichts, wie ihn dann vor allem Otto Scheibner methodisch-formal

entwickelt und beschrieben hat (vgl. Scheibner 1928). Dieses Prinzip lässt sich isoliert fassen als das Gebot der Knappheit, und zwar einer pädagogisch inszenierten Knappheit.

Knapp ist, was im Verhältnis zu den vorfindlichen Bedürfnissen und zur Nachfrage nicht in beliebigen Mengen zur Verfügung steht. Wenn etwas knapp wird, erleben wir den Wert einer Sache, wie heute den Wert von sauberem Wasser und reiner Luft. Mehr noch Essen und Trinken, Kleidung und Wohnung. Wir brauchen keine belehrende Darstellung, um das einzusehen. Was also tun, wenn die Mittel da sind, womöglich reichlich vorhanden, aber das Erziehen sich darauf stützen will, dass sie eigens hergestellt, herbeigeschafft und erarbeitet werden? Die Antwort liegt auf der Hand: Knappheit wird künstlich hergestellt, die Zöglinge in ein Internat gesteckt, wo sie ihre Betten selber machen müssen und auf hartem Lager schlafen, statt auf Schlaraffia und bedient von anderen. Karge Kost und die Übernahme der elementaren Aufgaben der Selbstversorgung, dazu strapaziöses Marschieren und überhaupt sportliche Ertüchtigung: das scheint geeignet, handgreiflich zu lernen, was essen, trinken, wohnen heißt und wie viel Arbeit nötig ist, die Subsistenz zu sichern. Die Eltern mögen reich sein; aber für die Heranwachsenden ist es sinnvoll, sie knapp bei Kasse zu halten, damit sie erkennen, welche Leistungen im Geld stecken, statt von dienstbaren Geistern bedient zu werden. Doch nicht nur die Lebensgüter werden knapp gehalten: auch knappe Zeit und arrangierte Verknappung der Zeit gehören zum Instrumentarium der Arbeitserziehung. Es gibt nicht nur Aufgaben, die erledigt werden müssen, sondern Termine und Fristen ihrer Erledigung. Und damit einhergehend auch Verknappung der persönlichen Zuwendung, nämlich als Konzentration auf den Arbeitsprozess. Der Umgang miteinander ist auf die Durchführung der Arbeit gerichtet, so dass eben das begünstigt wird, was Kant als Arbeitseinstellung verlangt: »Sich nicht zu fühlen.«

In den Umkreis der Arbeitserziehung gehört schließlich noch alles, was gegenwärtig unter dem Titel »Projekt« erscheint. Die ältere Arbeitspädagogik, wie wir sie bei Kerschensteiner finden, war an der handwerklichen Arbeit orientiert, die neuere hält zwar an dem Gedanken fest, etwas Brauchbares zu produzieren, doch sie berücksichtigt dabei stärker die Verfahren kollektiv organisierter Produktion, wie sie keineswegs nur in der Industrie, sondern auch in den Wissenschaften üblich geworden sind. Der Einzelforscher ist inzwischen zu einer nostalgischen Figur des Wissenschaftsbetriebs

geworden. Was gefördert und gefordert wird, sind Projekte, und wer auf sich hält, widmet sich ihrer Initiierung, Organisation und der nötigen Mittelbeschaffung oder versucht zumindest als Adept der Wissenschaft zum Nachweis seiner Tüchtigkeit, an einem Projekt beteiligt zu sein. Es erscheint als Mangel und Zeugnis vormoderner Wissenschaftsgesinnung, drittmittelfrei und ohne Mitarbeiterkohorten in »insularer Einsamkeit und Freiheit« Fragen nachzugehen, deren öffentliche Relevanz und »praktischer« Nutzen nicht zu erkennen sind.

Es wäre allerdings abwegig, kollektive Projektarbeit und kreative Einzelforschung als Alternative zu sehen. Sie stehen in einem gegenseitigen Nutzungsverhältnis: Projekte brauchen ausgewiesene Fachleute unterschiedlicher Disziplinen und diese stützen sich auf Ergebnisse und Verfahren von Projekten. Tatsächlich scheint gegenwärtig anwendungsorientierte Forschung das Gebot der Stunde zu sein, in der Medizin, in der Klimaforschung, in der Ökonomie, aber schließlich auch in regionalen und lokalen Projekten zur Rettung von Biotopen oder zum Aufbau von sozialen Einrichtungen zur Bewältigung von Armut, Kriminalität und Verwahrlosung. Dem entspricht die organisierte Erziehung in Schulen mit Lehr- und Lernprojekten, mit Projektwochen und Projektarbeiten, getragen von dem Gedanken, das einsame, folgenlose Lernen (wie das Forschen) durch sozial, wirtschaftlich und kollektiv relevantes und organisierte Lernen zu überbieten, wenn nicht gar zu ersetzen.

Der Lehrer herkömmlicher Art, der etwas zeigt, es wiederholend einübt und prüft, ob die Lernenden das Gezeigte selber wieder zeigen können, wird im Projekt zum Moderator von Lernprozessen, der das Arbeitsvorhaben anregt und dirigiert, der die Teilung der Aufgaben organisiert, den Fortgang kontrolliert und das Ergebnis nach außen vertritt. Dabei mag es sich um die Anfertigung einer Zeitung, die auch wirklich unter die Leute gebracht wird, um die Befragung von Passanten zu aktuellen Problemen und Einstellungen, um eine Initiative zur Verbesserung der Lebensbedingungen seltener Vogelarten oder sonst was handeln: Die Erwartung ist, dass der Projektprozess Fertigkeiten und Kenntnisse im Zusammenhang mit lebensnahen Interessen vermittelt, die der isolierten Instruktion sonst verschlossen bleiben.

Ob diese Erwartung in dem Umfange eingelöst wird, wie die Protagonisten des Projektunterrichts verkünden, oder ob nicht vielmehr der Erfolg von Projekten entscheidend davon abhängt, dass das

vorher konventionell und in den spezifischen Lehrgängen formulierte Wissen und Können erworben sein muss, kann kaum in allgemeiner Weise beantwortet werden und mag dahingestellt bleiben. Immerhin scheint die Besorgnis nicht unbegründet, dass mit der starken Betonung von Projekten in Studien- und schulischen Lehrgängen auch eine Ausdünnung und Beschränkung grundständiger Kenntnisse und elaborierter Fertigkeiten einhergeht, die nur schwer *en passant* im Arbeitsgang von Projekten erworben werden können. Die Tradition hat immer auch die »Distanz zum Aktuellen« (Nicolai Hartmann) als wesentlich für das Lernen angesehen. Und zwar nicht nur aus Gründen der theoretischen Niveaus, sondern auch im Blick auf die existenzielle Bedeutung des Lernens für den Einzelnen, außerhalb von Arbeit und bloßem Spiel. Das ist die Sphäre des Erlebens, auf die wir als nächstes eingehen.

4. Das Erlebnis

Wir leben nicht bloß, sondern wir erleben auch, was uns begegnet und zustößt, was wir erreichen und verfehlen, was wir hören und sehen. Dass es sich so verhält, kann als ein Sachverhalt angenommen werden, den wir bei beliebiger Variation nicht negieren können. Darum ist aber noch nicht verstanden, was Erlebnisse bedeuten und wie sie in unser Verhalten eingreifen und wir mit ihnen fertig werden. Was dazu zu sagen ist, gehört in die Psychologie bzw. in die pädagogische Anthropologie und soll hier nicht in der Breite entfaltet werden. Uns geht es nur darum, die Bedeutung des Erlebens für das Lernen und für die pädagogischen Handlungen zu betrachten, die sich darauf beziehen. Dazu hat O.F. Bollnow in seinem Aufsatzband »Existenzphilosophie und Pädagogik« (1959/1977) eine Reihe von Hinweisen gegeben, von denen wir ausgehen wollen.

Bollnow behandelt da teils einschneidende Ereignisse und Phänomene, wie sie im Lebenslauf vorkommen, wie die Krise und die Begegnung, teils sporadisch eingesetzte pädagogische Handlungen wie die Ermahnung, die Beratung und die Erweckung. Sie werden zunächst für sich beschrieben, um sie dann auf ihre pädagogische Valenz hin zu prüfen. Man kann an dieser Reihe schon sehen, dass es sich um herausgehobene Fälle des Lernens handelt, sozusagen das existenzielle Lernen in affektiver Betroffenheit, nicht um das Lernen nach Plan und in geordneter Folge. Das zeigt die Krise oder »krisenhafte Lage«, wie Bollnow sagt (Bollnow 1959). Sie überfallen uns; sie sind nicht etwas, was wir uns vornehmen wie z.B. das Erlernen von Suaheli oder den Gebrauch des PC, eher das, was gelegentlich beim Erlernen dieses Gebrauchs auftritt, wenn wir uns den Tücken des Objekts ausgesetzt finden und schier verzweifeln. Auch an der Begegnung hebt Bollnow das Überraschungsmoment hervor: Wir werden durch einen Menschen, eine Lage, durch die Bekanntschaft mit einem Kunstwerk herausgefordert, fühlen uns irritiert oder angesprochen, auf jeden Fall angeregt und getroffen, so wie Rilke es in der Schlusszeile des Gedichts »Archaischer Torso Apolls« sagt: »Da ist keine Stelle, die dich nicht sieht, – Du musst dein Leben ändern«.

Diesen Phänomenen hat Bollnow eine theoretische Einleitung vorangestellt. Sie erläutert den Untertitel seines Buches: »Versuch über unstetige Formen der Erziehung«. Der üblichen Stetigkeitspädagogik – wir könnten auch sagen: der Pädagogik des methodisier-

ten Zeigens – wird eine Pädagogik unstetiger Formen zur Seite und gegenübergestellt. Im ersten Fall wird nach Plan und geordnet gelernt, im zweiten Falle geht es um das, was wir lernen, wenn uns etwas überfällt und affektiv betrifft, wenn wir plötzlich krank werden oder nahestehende Personen sterben oder uns enttäuschen, aber eben auch, wenn wir einem bedeutenden Kunstwerk oder Menschen begegnen. Gerade am so genannten »Kunst«-Erlebnis kann man sich gut klarmachen, worin das Eigentümliche des Erlebens und existenzieller Betroffenheit besteht. Der eine ist von »großer« Musik erschüttert und fühlt sich wachgerufen, über andere braust sie hinweg und nichts geschieht mit ihm oder ihr selbst. Sie denken bloß daran, wie sie nach der Aufführung rasch ein Taxi bekommen, um rechtzeitig zur Spätausgabe der Tagesschau zu Hause zu sein. Und ebenso zeigt sich dem einen in einer Begegnung »die Frau seines Lebens«, während der andere gar nicht bemerkt, dass sie da war. Mit anderen Worten: Nicht *was* wir erleben, ist so gesehen das Entscheidende, sondern *wie* wir etwas erleben.

Daraus ergibt sich auch, dass das Moment des Unstetigen auf der Seite des Lernens anzutreffen ist, während das pädagogische Handeln eher darin besteht, die Aufgeregtheit zu mildern, die kritische Lage in ein ruhigeres Fahrwasser zu steuern, die Begegnung mit einem charismatischen Menschen zu relativieren und zur Besonnenheit anzuhalten usw. Das ist eine gewisse Korrektur an der von Bollnow unterstellten Opposition von Stetigkeits- und Unstetigkeitspädagogik: Unstetig sind die Lernprozesse, während das pädagogische Handeln auf Verstetigung angelegt ist und sich dabei unter anderem auch auf besondere Erlebnisse der Lernenden beziehen kann, egal ob sie sich spontan melden oder ob sie zum Beispiel durch vorbereitende Akte der Alarmierung hervorgerufen werden. Das ist dann Thema der »Erlebnispädagogik«: Da geht es darum, das Erleben in den Dienst bestimmter Zwecke des Lernens zu stellen.

Bevor wir darauf eingehen, scheint es angebracht, auch die Alltäglichkeit des Erlebens in den Blick zu bringen. Bollnow macht auf die großen Erlebnisse aufmerksam, die Begegnung mit bedeutenden Menschen, mit der Kunst, die religiöse Erweckung, die seelische Erschütterung angesichts tragischen Scheiterns. Man gewinnt da manchmal den Eindruck: das existenziell Bedeutsame ist eine Sache für wenige Auserlesene und für große Seelen. Doch das Erleben ist eher das unvermeidlich Alltägliche, das jeden betrifft. Man kann

nicht nicht erleben. Es erscheint geradezu als Mangel, wenn man verreist und nichts erlebt oder wenn ein Sonntag in monotoner Gleichgültigkeit dahingeht. Kinder wollen abends noch aufbleiben, um etwas zu erleben. Sie erscheinen geradezu »erlebnishungrig«. Das machen sich im Übrigen für die Kleinen und die nicht mehr Kleinen die Betreiber von Erlebnisreisen und Erlebnisparks zunutze, und wer schon selber nichts mehr zu erleben glaubt, kann sich an Geschichten erfreuen, in denen andere ihr »schönstes Erlebnis« vorstellen.

Das Charakteristische in diesen Fällen ist: Das Erleben ist unvertretbar-einmalig und primär individuell. Zum Erleben gehört Dabeisein, Miterleben, Beteiligung wenigstens als Zuschauer. Berühmt ist die Bemerkung Goethes zur Kanonade von Valmy: »Von hier und heute geht eine neue Weltepoche aus, und ihr könnt sagen, ihr seid dabei gewesen.« (Kampagne in Frankreich, 19. September 1792). Auf solches Dabeisein können sich heute diejenigen berufen, die Hindenburg noch erlebt haben, den Krieg und die Nachkriegszeit, und wenn sie lesen, was die Historiker aus ihrer Quellen- und Rundumkenntnis darüber schreiben, können sie darauf pochen, dass in Wahrheit alles ganz anders war: Sie waren schließlich dabei und haben es noch erlebt. Das Erleben ist insofern eine besondere Form der Erfahrung: leibnah, zu Herzen gehend, unvertretbar und vor allem: unbestreitbar; gebunden an bestimmte, historisch einmalige Ereignisse, ob es nun der Kriegsausbruch war oder die erste Liebe. Jeder hat seine Erlebnisse gemäß der Art, wie ihm etwas zugestoßen ist oder etwas ihn angerührt hat, und zwar mit einer eigentümlichen Unwiderleglichkeit. Das macht im Übrigen den Reiz und die Fragwürdigkeit der Berichte von »Zeitzeugen« für das Verständnis von Ereignissen und Verhältnissen aus, die der Vergangenheit angehören.

Aus pädagogischer Sicht stellt sich das Erleben in diesen und anderen Fällen als eine Quelle für Lernprozesse dar, eingebettet in den gesamten Erfahrungsprozess der Einzelnen, schwer bestimmbar und gelegentlich für das pädagogische Handeln kaum oder gar nicht erreichbar. Das hindert aber nicht an Bemühungen, dem Zufall und dem Regellosen der Gelegenheiten doch eine gewisse Form zu geben. Eine sehr einfache, viel geübte und traditionserprobte Form, auf das erlebnisgebundene Lernen zu reagieren, besteht in der Aufsicht und Begleitung erst der Kinder, dann der Heranwachsenden und schließlich auch der jungen und älteren Erwachsenen. Kinder sollten nach allgemeiner Auffassung nicht allein gelassen werden,

und zwar nicht nur aus Gründen des Schutzes, sondern um schnell eingreifen zu können, wenn sie etwas bekümmert, wenn sie etwas zeigen wollen, was sie irgendwo gefunden haben, wenn sie erzählen und loswerden müssen, was sie im Kindergarten, in der Schule und überhaupt außerhalb erlebt haben. Die Aufsicht ist so gesehen eine in den alltäglichen Umgang eingebettete Weise, Kinder zu ihrem Vorteil zu begleiten, zu betreuen und dann schließlich auch zu lenken. Wir sehen, was sich ihnen zeigt und was sie üben, und unser bloßes Dabeisein wirkt dabei bestärkend oder hemmend.

Deutlicher als pädagogische Handlung tritt dieser Aspekt hervor, wenn es auf Reisen geht oder wenn Ausflüge gemacht werden. Da greifen in der Regel schon eher Weisungen und Unterweisungen ein: Das pädagogische Handeln hat die Form des Aufmerksammachens. Es bezieht sich auf das, was man da alles im Zoo, am Strand, auf der Fahrt sehen kann, aber auch darauf, wie man sich da verhält oder verhalten sollte. Das Aufmerksammachen hat nicht die Strenge der Unterweisung, – es sei denn, bei den Eltern handelt es um professionelle Erzieher, die ihre erlernte Unterrichtskompetenz auch an ihrem eigenen Nachwuchs demonstrieren wollen und Museen und Gedenkstätten, alte Rathäuser und Kirchen zu den bevorzugten Zielen eines pädagogisch motivierten Ausflugs machen. Beim Aufmerksammachen wird ostensiv und direktiv gezeigt, ohne auf Wiederholung und Erfolgskontrolle zu bestehen.

Im Großen hat diese Erziehungsform in der Figur des Reisebegleiters und schließlich überhaupt des Lebensbegleiters eine erkennbare Gestalt gefunden. Auch wenn seine Aufgaben und Leistungen nicht ausdrücklich unter dem Titel der Erziehung erscheinen, lässt sich doch sehen, dass wesentliche Elemente des Zeigens in der Begleitung enthalten sind: Es wird etwas gezeigt und das Zeigen zumeist mit Wertungen verbunden: Das Erleben wird geordnet, und der Hofmeister früherer Zeiten greift als Begleiter auch vorbeugend, verhindernd oder helfend ein, wenn der junge Weltreisende in sittlich gefährdende Lagen gerät. So fungierte Herder als Reisebegleiter von Adelssprösslingen – bei der Gelegenheit kam es zur Begegnung mit Goethe in Strassburg; Campe gelangte auf diese Weise nach Paris –, und überhaupt war diese aus der Hauserziehung hervorgehende Aufgabe für viele unbemittelte Jungakademiker und Kanzelkandidaten eine Möglichkeit, selber etwas von der Welt kennen zu lernen. In der Reisebegleitung kommen Aufsicht, Aufmerksammachen und direktive Anleitung zwanglos zusammen.

In der älteren Literatur gehört die Figur des Begleiters als Gesprächspartner und freundschaftlicher Ratgeber auf der Lebensreise zur festen Ausstattung: Dante wird von Vergil durch Fegefeuer und Hölle geführt, im Himmel löst ihn Beatrice ab; Don Quijote hat seinen Sancho Pansa und Faust den allerdings nicht unbedenklichen Mephisto. Das Vorbild dieser Konstellation ist real, wenn man an das Meister-Jünger-Verhältnis denkt oder an das Verhältnis von Spiritual und Novize, wie es sich zum Beispiel in der pastoralen Fürsorge zeigt, mit der der ältere Ordensbruder Johann Staupitz auf den jüngeren Luther mäßigend und beruhigend einzuwirken sucht. Die Gewissenskrise des jungen Luther, seine Anfechtungen und maßlosen Skrupel finden bei dem Älteren Verständnis, so dass er sich ihm anvertrauen kann, aber er wird auch gewarnt, die Selbstbezichtigungen nicht zu übertreiben und Maß zu halten. Nicht gerade mit durchschlagendem Erfolg, wie man weiß, aber doch so, dass Luther für das Besondere seines Erlebens in der Auseinandersetzung mit seinem Spiritual und Mentor eine Sprache findet, in der dann andere wiederum ihr religiöses Erleben auszudrücken vermögen.

An die Stelle der Lebemeister und Spirituale, Mentoren und Reisebegleiter sind heute die Seelenheiler und Berater unterschiedlichster Orientierung getreten. Immer geht es darum, anderen bei der Verarbeitung ihrer Erlebnisse zu helfen, sie mit sich selbst bekannt zu machen und dabei zu unterstützen, sich selber besser kennen zu lernen. Das geschieht durch Vergleich mit anderen in ähnlicher Lage, durch Aufmerksammachen, durch die Bereitschaft, ein offenes Ohr zu haben und als Echowand zu dienen, aber auch durch handfest freundschaftlichen Rat und schließlich mit der resoluten und oft recht angebrachten Ermahnung, sich selber nicht gar so wichtig zu nehmen. In diesen Fällen ist das pädagogische Handeln eingebettet in den Strom des Erlebens, der wie eine Parallelaktion durch unser real wahrnehmbares Dasein geht.

Indem wir uns klarmachen, was eine Krise für das Lernen bedeuten kann, gewinnen wir aber auch die Möglichkeit, Krisen oder krisenhafte Lagen nicht bloß abzuwarten, sondern sie als Vorbereitung auf anders nur schwer vermittelbare Erfahrungen mit Absicht herbeizuführen. Und ebenso kann man versuchen, das Erlebnis der Gemeinschaft oder das Erlebnis von Verantwortung oder Macht, von moralischer Zuständigkeit oder des eigenen Könnens durch künstlich inszenierte Arrangements zu stimulieren.

Darum geht es in der so genannten Erlebnispädagogik. Ihre leitende Frage ist: Wie kann man das, was gezeigt werden soll, für die Lernenden auch erlebbar machen, so dass sie, bildlich gesprochen, nicht nur mit dem Kopf lernen und sich womöglich auch die nötigen Fertigkeiten aneignen, sondern dass ihnen auch zu Herzen geht, womit sie bekannt werden und was wir ihnen sagen. Ein Beispiel mag dies verdeutlichen. Zweifellos gehört die Erziehung zur Demokratie zu den selbstverständlichen Aufgaben einer zeitgemäßen Pädagogik. Als Zielformel ist das leicht formuliert. Aber wenn man sich fragt, wie all das, was nach allgemeiner Auffassung zu einer »demokratischen Einstellung« gehört, auch vermittelt wird, steht man vor einem Berg von Fragen. Wie verinnerlichen wir solche Gebote wie die Anerkennung Andersdenkender und vor allem: Andershandelnder? Wie werden wir mit der legitimen Opposition fertig und üben Toleranz? Wie organisieren wir Machtverhältnisse und wie machen wir davon Gebrauch? Wie entsteht das wünschenswerte Bewusstein der Verantwortlichkeit für sich selbst und für gemeinsame Aufgaben? Es wäre mehr als naiv, in all diesen Fällen auf eine natürliche Disposition zu setzen, als ob wir von Natur tolerant und geneigt wären, unseren Wünschen und Absichten Grenzen zu setzen. Das haben wir zu lernen, und lernen es ja auch erst, wenn wir Erfahrungen machen, die uns von dem Sinn dieser Gebote überzeugen.

Strukturell gesehen, gibt es drei Möglichkeiten: (1) Belehrung, (2) Einübung und (3) das Erlebnis von Situationen mit Aufforderungs- und Appellcharakter. Die beiden ersten Varianten kann man als notwendige Bedingungen ansehen; denn es ist klar, dass man die Gebote des rechten demokratischen Verhaltens kennen sollte und dass auch Gelegenheiten gegeben sein sollten, sie einzuüben. In der ersten Hinsicht lernt man, was z.B. die Grundrechtsartikel von uns verlangen oder was in der Erklärung der Menschenrechte steht, in der zweiten Hinsicht erweist sich im Gebrauch und in der Ausübung, wie diese Rechte sich auswirken und angewendet werden. Wenn wir aber wünschen, dass, etwas überhöht gesprochen, der Geist der Demokratie die Lernenden ergreift und auch unter erschwerten Bedingungen, z.B. im öffentlichen Widerstand gegen ungerechtfertigte Gewaltansprüche und im Engagement für die Rechte anderer, durchgehalten wird, dann ist mehr verlangt als Einsicht und soziale Fertigkeiten, dann kommt es auf das an, was herkömmlich als Gewissen oder als die Tugend der Tapferkeit oder Standhaftig-

keit bezeichnet worden ist, das heißt: die Bereitschaft, sich unbedingt und mit ganzem Risiko für das als recht Erkannte einzusetzen.

Beispielhaft für Wege, Situationen mit Aufforderungscharakter zu inszenieren, ist seit alters her und wieder in neuerer Zeit die Erziehung in Anstalten. Das Leben in Gemeinschaft gibt mannigfache Gelegenheit, Aufträge und Aufgaben zuzuteilen, Zuständigkeiten und Ämter, die innerhalb der Anstalt Ernstcharakter haben. Und die im Übrigen auch Macht verleihen, wie im angelsächsischen *prefect*-System. Die Älteren beaufsichtigen und kontrollieren die Jüngeren und können (und sollen) sich dabei in Führungsaufgaben bewähren oder versagen. Makarenko hat für seine Gorki-Kolonie eine ganze Hierarchie von Funktionen eingeführt, in der die politische Systematik des umgebenden Sozialsystems sich spiegelte. Ähnliches findet sich in Peter Petersens Schule nach dem »Jena-Plan« und natürlich in den Landerziehungsheimen. Bei allen Vorbehalten gegen die diesen Unternehmungen eigentümlichen Ideologien (davon mehr im nächsten Kapitel) kann man doch sehen, wie das pädagogische Handeln sich darauf richtet, den Heranwachsenden ernsthafte Aufgaben zu übertragen, durch die sie eine Erfahrung ihres eigenen Könnens und vor allem: ihres eigenen Wollens machen können.

Eine besondere Form hat innerhalb der Landerziehungsheimbewegung Kurt Hahn (1886–1976) kultiviert. Mit der Gründung Salem am Bodensee verband sich der Gedanke, einen Beitrag zur Bildung einer politisch-moralischen Führungselite zu erbringen: Charaktererziehung im Geiste der Verantwortung, und zwar nicht allein durch Belehrung und auch nicht nur durch die Einübung bestimmter Funktionsaufgaben im Internat, sondern durch Einsatz für öffentliche Zwecke. Was löst einen moralischen Impuls aus? Wann greifen wir ein, um zu helfen? Dann, wenn andere in Not sind, wenn Rettung geboten ist. Es gibt, so Hahn, einen tiefgelagerten Rettungsimpuls, der sich zeigt, wenn andere eindeutig auf uns angewiesen sind (vgl. Hahn 1958). Dann ist evident: Wir werden gebraucht. Es scheint eine tiefsitzende, offenbar bei vielen von uns ansprechbare Disposition zur Hilfeleistung zu geben. Das wissen wir aber erst, wenn wir es erleben und erfahren, nicht allein dadurch, dass wir es erzählt bekommen oder dass es wie hier behauptet wird. Also geht es darum, sich auf solche Lagen z.B. als Helfer beim Roten Kreuz oder bei der Freiwilligen Feuerwehr vorzubereiten; im wörtlichen Sinne: um bereit zu sein, wenn ein Notfall eintritt. Man kann ihn ja

nicht einfach provozieren und Häuser abfackeln, um Gelegenheit zu haben, andere zu retten. Die für die Salemer Institute kennzeichnenden Rettungsdienste sind das Ergebnis dieser Konzeption. Das braucht nicht im Einzelnen geschildert zu werden. Wichtig ist der Gedanke: Nur wenn wir den Heranwachsenden »echte« Aufgaben stellen, nicht bloße Schul- und Übungsaufgaben, sprechen wir sie auf Einstellungen und Bereitschaften an, die gleichsam schlummern. Nur wenn wir ihnen den Eindruck verschaffen, gebraucht zu werden und in einer bestimmten Lage und für eine besondere Leistung unersetzlich zu sein, besteht eine Chance, dass sie die oben erwähnten Tugenden für sich und in sich entdecken.

Insgesamt dürfte das Erlebnis als Grundlage pädagogischen Handelns eine Form sein, die sich wenig zur Schematisierung und Systematisierung eignet. Es ist abwegig, sich einen Lehrplan für Erlebnisse vorzustellen oder anzustreben. Das könnte erklären, weshalb immer dann, wenn in der Erziehung das Lehren nach Plan und Programm ein zu starkes Gewicht zu bekommen scheint, im Gegenzug die Bedeutung des Erlebens ins Spiel gebracht wird. Das Lernen, das dabei favorisiert wird, lässt sich als existenzielles Lernen oder Lernen in affektiver Betroffenheit bezeichnen. Dass es dieses Lernen gibt, kann nicht gut bestritten werden; aber es ist auch klar, dass es gerade in dieser Fokussierung auf den Einzelnen das pädagogische Handeln zur Zurückhaltung anhält. Insofern dürfte die dem erlebnisgebundenen Lernen angemessene Form pädagogischen Handelns vor allem in der Begleitung zu sehen sein: Sie wartet ab, was kommt und sich am Lernenden zeigt, springt ein, wenn Schwierigkeiten und Fragen auftreten, und mäßigt das direktive Zeigen zur mitgehenden Beratung.

5. Die Strafe

Es ist durchaus zu überlegen, ob man das Strafen überhaupt zu den pädagogischen Handlungsformen rechnen darf, auch wenn es von vielen, befragt nach einem Erziehungsmittel, oft als erstes Beispiel angeführt wird. Gleichwohl meldet sich ein gewisses Unbehagen: Helfen und Fördern, selbst Fordern und Kontrollieren – das sind ratsame und erträgliche Formen pädagogischen Handelns, aber Strafen? Es erscheint geradezu als Offenbarungseid der pädagogischen Bemühung. Man weiß nicht weiter oder die Nerven gehen einem durch, und was passiert? Die Hand rutscht aus, von schlimmeren Exzessen unbeherrschten Verhaltens einmal abgesehen. In der Regel weiß man dann auch: Das war eine Niederlage. Das Strafen, so sieht es aus, enthält das Eingeständnis des Scheiterns. Längst vergangen ist die ideologische Deckung fürs »Durchgreifen« und die fühlbare Strenge, wie sie sich in den Sprüchen Salomonis bezeugt findet: »Wer seinen Sohn liebt, schont die Rute nicht.« Im Gegenteil: wer straft, setzt sich, so sieht es aus, ins erzieherische Unrecht. Statt zum Stock zu greifen, wäre es zeitgemäßer, den Psychologen aufzusuchen.

Dennoch lässt sich nicht leugnen, dass auch beim Erziehen gestraft wird, nicht mehr so ruppig wie früher, aber dennoch eindeutig als Strafe erkennbar. Sie ist jedoch keine grundlegende Form des pädagogischen Handelns; sie setzt immer schon voraus, dass etwas gezeigt und verständlich gemacht worden ist, dass der Junge oder das Mädchen wissen, was sie tun oder lassen sollten, aber eben nicht tun oder lassen, so dass wir mit einem Strafakt reagieren, oder mit einer Handlung, die wir für Strafe halten, gewissermaßen im Gestus: »Merk dir das« oder mit Wilhelm Buch: »Siehst du, sowas kommt von das«. Auch wenn wir die körperliche Züchtigung aus dem Strafrepertoire gestrichen haben, gibt es gleichwohl immer noch eindeutige Strafmittel: Einsperrung und Ausgehverbot, Kürzung oder gänzliche Streichung des Taschengeldes, Fernsehverbot und überhaupt der Entzug von Vorteilen gehören zum Repertoire häuslicher Sanktionen. Die amtlich genehmigten Schul- und Disziplinarordnungen sehen eine Stufenleiter von prozedural einzuhaltenden Strafandrohungen vor: Rüge, Tadel im Klassenbuch, Benachrichtigung der Eltern, Androhung der Verweisung und schließlich die tatsächliche Relegation. Daneben gibt es nach wie vor und am Rande der Legalität die herkömmlichen Strafmittel, zwar nicht

mehr den Karzer für renitente Schüler und Studenten, aber noch immer wird der Sünder in die Ecke beordert, vor die Tür befohlen oder mit einer als »Übungsarbeit« kaschierten Strafarbeit bedacht. Auch das Nachsitzen kommt noch vor.

Schön ist das alles nicht, doch offenbar nicht zu vermeiden. Es ist aber auch nicht eindeutig und selbstverständlich, ob es sich bei alledem überhaupt um Strafen handelt und in welchem Sinne. Um das zu klären, wollen wir von einer Definition der Strafe ausgehen, die sich an das allgemeine Strafverständnis anlehnt, um darnach auf die Bedingungen einzugehen, unter denen sie auch in einer pädagogisch vertretbaren Weise angewendet werden kann. Als Strafe bezeichnen wir mit Heinrich Rombach »die Zufügung eines fühlbaren Nachteils um eines geschehenen Unrechts willen« (Rombach 1967, S. 3). Daraus geht als erstes hervor, dass nicht jeder Nachteil und jedes Unglück eine Strafe ist. Krankheit kann zwar als »Strafe« erlebt werden, aber das ist hier nicht gemeint, auch nicht das Sitzenbleiben in der Schule: Das ist Pech oder Versagen, Malheur; aber nicht Strafe in dem angegebenen Sinne, dass mit Absicht ein fühlbarer Nachteil zugefügt wird. Dabei ist vielmehr vorausgesetzt, dass jemand eine Anweisung oder eine Regel verletzt hat, an die er sich hätte halten können, wenn er oder sie es nur gewollt hätten. Insofern gilt auch in pädagogischen Verhältnissen: *nullum crimen sine lege*.

In ihren Ordnungen, Regeln und fixierten Normen formulieren eine Gruppe, ein Verband und natürlich zuletzt der Staat die Formen des Umgangs miteinander und anerkennen sich dadurch gegenseitig als deren Mitglieder. Wird dagegen verstoßen, greift die Strafe ein, sozusagen als Gegenstück zur Anerkennung. Sie ist, abstrakt gesprochen, Aberkennung der Anerkennung. Daraus ergibt sich folgerecht: das Mitglied einer Gruppe, eines sozialen Verbandes oder Vereins wird vorübergehend oder auf Dauer ausgeschlossen. Es wird exkommuniziert und kann sich bestenfalls den Wiedereintritt durch das Strafleiden verdienen. Darin liegt nach der Auffassung der klassischen Straftheorie der Sinn der Strafe. Sie trennt das schwarze Schaf von der Herde: Der schlechte Bürger wird ins Exil geschickt. Das war im Altertum außerhalb der Todesstrafe die schärfste Strafe; denn außerhalb der *polis* war kein Leben. Der missratene Sohn wird verstoßen, die Familie schließt ihn aus, und man kann sich vorstellen, dass unter den Bedingungen vormoderner und archaischer Gesellschaften damit das Todesurteil gesprochen war. Die Kirche sprach über Einzelne die Exkommunikation aus und be-

legte ganze Regionen mit dem Interdikt; die jüdische Gemeinde ruft über dem Abtrünnigen das große *Anathema* aus, wie es Spinoza durch die Amsterdamer Judengemeinde geschehen ist. Die Dramaturgie ist eindrucksvoll: Die Männer kommen in der Synagoge zusammen, die Lichter werden eines nach dem anderen gelöscht, der Name des Apostaten wird verflucht, jeder Verkehr mit ihm wird untersagt, keiner darf ihm helfen, keiner darf mehr mit ihm sprechen, ja er darf von jetzt an nicht einmal genannt und erwähnt werden, sein Name und sein Gedächtnis werden für alle Zeiten getilgt. Ihn trifft die *damnatio memoriae*. Die Erinnerung an ihn wird ausgelöscht; es gibt ihn nicht mehr als Person.

In all diesen Formen sieht man die Grundgeste des Strafens: Sie besteht darin, dass der Regelverletzer vor aller Augen ausgegrenzt und damit zugleich für alle anderen die Grenze eingeschärft wird, in der man sich bewegen darf. Die Mitgliedschaft wird aberkannt, auf Dauer oder auf Zeit, bis nämlich durch ein Äquivalent, zum Beispiel Geld, eine Gegenleistung erbracht ist und der Übeltäter sich wieder nähern darf und neuerlich aufgenommen wird. Abbruch der Kommunikation: das ist der Kern des Strafens, sei es in der starken Form der Exilierung, sei es durch Demütigungen und Schmerzzufügung wie dem Spießrutenlaufen, dem Kielholen bei den Seeleuten, der Entehrung durch Abrasieren der Haare, der Kränkung durch öffentliche Schaustellung am Pranger. Die Öffentlichkeit ist wichtig. Strafen werden herkömmlich, wie es in der Sprache festgehalten ist, *verhängt*, das heißt: vor aller Augen beschlossen und vollstreckt, nicht geheim und wie eine Privatangelegenheit, die man mit dem Scheckbuch oder einer Überweisung an die Staatskasse erledigt.

Mit dieser Rigidität des Strafens, um nicht zu sagen: mit dieser Gnadenlosigkeit, scheint es weitgehend vorbei zu sein. Das moderne, zeitgerechte Strafrecht zeigt in einem früher unbekannten Ausmaß »Verständnis« für den Rechtsbrecher, und Länder, in denen noch die Todesstrafe angewendet und Dieben die Hand abgehackt wird, erregen unseren Abscheu. Strafformen und Strafmaß sind, wie man sagt, »humaner« geworden und werden durch Maßnahmen teils ergänzt, teils sogar ersetzt, die von vornherein die Wiedereingliederung in die sozialen Verbände im Auge haben und insofern als pädagogisch bezeichnet werden können. Besserung – oder wie es jetzt heißt – Resozialisierung gehört mit zum Strafzweck, der sich nicht im Vollstrecken der Strafe selber erschöpft. Zugespitzt könnte man sagen: Die Häftlinge werden mit Erziehung bestraft, während die

erzieherische Bedeutung der Strafe selber als problematisch angesehen wird. Die Problematik besteht darin, dass mit dem Strafen allein eine Stigmatisierung und die Erzeugung devianter Karrieren einhergeht, die gerade das hervorbringen, was die Strafe zu heilen versucht (vgl. Becker 1963).

Es ist klar, dass diese Problematisierung des Straf- und Strafvollzugsrechts als Ergebnis einer gewachsenen sozialen Sensibilität nicht ohne Folgen für das pädagogische Handeln ist. Dem Strafen ist das gute Gewissen abhanden gekommen, so dass es geradezu als Alternative zum pädagogische Handeln erscheint, ausgedrückt in der Formel: Helfen statt Strafen (Zulliger 1976). Doch gegen diese Alternative lassen sich einige Gründe ins Feld führen, die sowohl die allgemeine Rechtspraxis wie die Erziehungspraxis betreffen. In beiden Fällen wird allen Bedenken zum Trotz auf gesetzlich und regelgebundenen Zwang offenkundig nicht verzichtet, so dass es nahe liegt, sich dessen Sinn ausdrücklich vor Augen zu führen, es sei denn, man nimmt an, dass hier pure Unvernunft und Willkür am Werk sind. Das ist aber nicht der Fall.

Im Gegenteil: es würde unserem Bewusstsein für Recht und gesetzliche Ordnung einen schweren Stoß versetzen, wenn wir sehen und als normal akzeptieren sollen, dass deren Verletzungen ohne fühlbare Folgen bleiben, dass z.B. der Dieb seine Beute ruhig behalten darf, ebenso der Hehler und der Betrüger, dass der Hochstapler ungeschoren davonkommt und der Verleumder ruhig seine Lügen verbreiten darf, weil das nun mal die Form seiner Selbstverwirklichung ist. Was die großen Verbrechen gegen die Menschlichkeit angeht, besteht durchaus Einverständnis, dass die Täter zu verfolgen sind, dass Kriegsverbrecher und Tyrannen vor Gericht gehören, sofern man ihrer habhaft wird, und dass es ein schweres Unrecht ist, wenn sie nicht zur Rechenschaft gezogen oder bloß einer Therapie zugeführt würden. Wer darin nur ein archaisches Sühne- oder dumpfes Rachebedürfnis sieht, sollte sich sagen lassen, dass zu einem verantwortlich geführten Leben gehört, für das geradezustehen, was man anrichtet, oder anders und herkömmlich gesprochen: dass es Schuld gibt, die auf uns als Person zurechenbar ist. Schuldfähigkeit ist ein Merkmal von Mündigkeit. Wer das bestreitet, hält alle anderen für unzurechnungsfähig, als ob sie dauerhaft kleine Kinder blieben oder debil seien, ausgenommen natürlich sich selber, sonst könnte er ja nicht zwischen zurechnungsfähigen und unzurechnungsfähigen Wesen unterscheiden. Diese Position ist

evident unsinnig, ein performativer Widerspruch, der sich selbst erledigt.

Daraus ergibt sich noch nicht, in welcher Weise und in welchen Grenzen Zwang anzuwenden, und auch nicht, wo er innerhalb des pädagogischen Handelns auszuüben ist. Was zeigen wir dem Lernenden, wenn wir ihn nicht nur auffordern, positiv dies oder jenes zu üben, sich klarzumachen und in Zukunft zu beachten, sondern ihn negativ traktieren, ihm Vorteile entziehen und Nachteile zufügen? Wir zeigen ihm, so paradox es klingen mag, dass wir ihn als Person anerkennen, der wir zutrauen, dass sie Regeln, die allerdings auch ausgesprochen und verstanden sein müssen, befolgen, Aufgaben wahrnehmen und Pflichten auch tatsächlich ausüben kann. Hier zeigt sich noch einmal der notwendige Zusammenhang des ostensiven und repräsentativen Zeigens mit dem direktiven und reaktiven Zeigen. Unter der Voraussetzung, dass es Regeln gibt, die den Heranwachsenden grundsätzlich einsichtig sein können und ausdrücklich bekannt sind, wäre der generelle Verzicht darauf, den Regelverstoß zu markieren und zu ahnden, in sich widersprüchlich. Dann kann man sich gleich davon verabschieden, Regeln aufzustellen und ihre Befolgung zu erwarten. Das wäre so, wie wenn man beim Fußball zwar Fouls verbietet, im Übrigen aber jedem anheim stellt, ob er oder sie sich an das Verbot hält, so dass jeder gewissermaßen sein eigener Schiedsrichter ist. Auch das ist evident unsinnig. Foulspieler müssen sich schon Freistöße, im erschwerten Fall gar einen »Straf«stoß der Gegenseite als Äquivalent eigener Verfehlungen gefallen lassen und schließlich als Wiederholungstäter die Höchststrafe gewärtigen, nämlich den Platzverweis und Ausschluss vom Mitspielen. Hier gilt, was Herbart im »Umriß pädagogischer Vorlesungen« über die Funktion von Sanktionen gesagt hat: »Den Übelwollenden lasse man allein, und er ist gestraft« (Sämtl. Werke, Bd. 5, S. 85).

Damit sind wir bei der Strafe in pädagogischen Verhältnissen. Es dürfte sich verstehen, dass sie nur in den allgemeinen Gesichtspunkten der hochgradig formalisierten Gerichtspraxis folgen und diese nicht einfach in Familie und Schule, in Freizeitgruppen und in sozialpädagogischen Einrichtungen abbilden kann. Schon der Jugendrichter hat Alter, Bildungsstand und Lernniveau der Angeklagten in besonderer Weise zu berücksichtigen und die Perspektive zukünftiger Möglichkeiten in Rechnung zu stellen. Fällt dieses direktive Moment heraus, bewegen wir uns nicht mehr im pädagogischen Zu-

sammenhang. Die Strafe soll vielmehr, um noch einmal Herbart anzuführen, den Heranwachsenden immer auch »witzigen«, das heißt: ihn lehren, welche Normen es gibt und dass sie nicht folgenlos missachtet werden dürfen (a.a.O., S. 128). Das geschieht nun aber nicht erst vor Gericht – das ist ein Grenzfall – und auch nicht erst in der Schule, wenn die Kinder sich in einem regelgeleiteten Sozialsystem befinden, sondern tatsächlich bieten sich schon im häuslichen Umgang mehr oder minder häufig Anlässe, reaktiv und direktiv in der Weise einzugreifen, dass sich der Zusammenhang von Norm und Sanktion zeigt und fühlbar wird.

So nehmen wir den Löffel weg, wenn er dazu benutzt wird, auf den Teller einzutrommeln, und alles »Nein«sagen nichts ausgerichtet hat; wir versuchen, mit einem »strafenden« Blick das Fehlverhalten zu korrigieren; wir halten etwas, das das Kind absolut haben will, zurück und verlangen, wenigstens wenn wir es noch an mitteleuropäische Sitten gewöhnen wollen: »Was sagt man da?«, bis das Kind das geforderte »Bitte« über die Lippen bringt; wir weisen zurecht und fordern das Kind auf, zurückzugeben, was es einem anderen Kind weggenommen hat, und sorgen überhaupt für Wiedergutmachung, wenn es möglich ist, oder sonst für andere Ersatzleistungen. Allgemein gesprochen: es werden Grenzen gesetzt und fühlbar gemacht, wenn sie übertreten worden sind. Es versteht sich, dass diese Formen des reaktiven Zeigens unter dem Gebot der Verhältnismäßigkeit stehen und voraussetzen, dass die besagten Grenzziehungen schon markiert und vom Kind als solche verstanden werden können, unabhängig davon, ob es ihnen zustimmt oder nicht.

Dieser letzte Punkt könnte den Einwand auf sich ziehen, dass diese Insistenz auf Regel- und Normbefolgung gerade die oben erwähnte unpädagogische Rigidität des Strafens ausmacht. Der Gedanke ist: Man darf anderen nur zumuten, was ihnen auch einsichtig ist. Das mag prinzipiell richtig sein – Normen ohne zureichende Begründung können keine Verbindlichkeit beanspruchen –, aber daraus ergibt sich nicht, dass die Normbefolgung von der faktischen Zustimmung im Einzelfall abhängig zu machen wäre. Dann werden Normen, sowohl im allgemeinen Rechtsverkehr wie in der Erziehung, zu bloßen Empfehlungen, die es jedem nach seiner Interessenlage erlauben, sich uneinsichtig zu stellen, um den Unbequemlichkeiten der Normerfüllung zu entgehen. Daraus folgt: In dem Maße, wie die Kinder und Heranwachsenden sich bewusst werden,

dass sie die Ursache dessen sind, was sie anrichten oder unterlassen, können sie auch zur Rechenschaft gezogen und haftbar gemacht werden.

Um diese in der Tat rigide Auffassung etwas zu relativieren und den Gesamtrahmen nicht aus dem Auge zu verlieren, in den die Strafe als pädagogisches Handeln gehört, nehmen wir einen Vorschlag auf, den Bertrand Russell gemacht hat, gegründet auf seine Erfahrungen als Leiter der Internatsschule »Beacon Hill«, die er zwischen 1927 und 1935 mit seiner Frau Dora betrieben hat. Einerseits wünschen wir, so Russell, dass die Kinder den Regeln folgen, die wir zu ihrem und zu unserem Schutz eingeführt und ihnen gezeigt haben, andererseits aber sind Kinder, die bloß folgsam sind und womöglich lebenslang gehorsame Diener ihrer Herren bleiben, auch nicht das Richtige. Brave, artige, pflegeleichte Kinder sind ja ganz schön, vor allem in Gaststätten, auf Reisen und beim Einkaufen; aber immer nur artig, das ist auch nichts. Was also tun? Da ist dem großen Logiker und Entdecker des nach ihm benannten Russell-Paradoxes etwas Witzig-Paradoxes eingefallen: »Jedes Kind möchte von Zeit zu Zeit ungezogen sein (*naughty* im Englischen)« (Russell 1982, S. 117). Wenn es nun »vernünftig erzogen wurde, kann es dem Trieb zur Unart nur durch eine wirklich schädliche Handlung nachgeben« (ebd.). Das ist nun aber alles andere als wünschenswert; denn wir möchten ja, dass die Kinder sich vernünftig verhalten. Also könnten bei gelingender Erziehung auf der Grundlage vernünftiger Regeln die Kinder eben nur immer artig und folgsam sein, doch das ist gegen die Natur. Die Lösung nach Russell: Es empfiehlt sich, den Kindern auch einige weniger vernünftige Regeln zu geben, die sie dann schadlos brechen können. Objektiv sind sie dann immer noch vernünftig, doch subjektiv haben sie das erwünschte und wohltätige Gefühl rebellischer Selbstbestimmung und Freiheit. Er gibt auch Beispiele aus seiner eigenen puritanisch-viktorianischen Kindheit: etwa die Vorschrift, freitags kein Fleisch zu essen oder am Sonntag nicht Karten zu spielen. Diese Regeln kann man guten Gewissens übertreten, und hat dann beides: den Genuss des Unerlaubten und zugleich das Bewusstsein, noch in der Abweichung nicht unvernünftig zu sein.

Auch wer sich zu dem pädagogischen Russell-Paradox nicht verstehen mag, wird zugeben, dass wir immer dann, wenn wir Anlass hätten, mit Sanktionen auf Normverletzungen zu reagieren, nicht nur gehalten sind, auch unsere Normen und Vorschriften zu über-

prüfen, sondern ebenso, sie großzügig anzuwenden und mit Rücksicht auf die Lernenden in einer Art von *benign neglect* nicht alles zu hören und zu sehen, was wir tatsächlich sehen und hören. Dennoch bleibt festzuhalten: Es gibt das pädagogische Handeln nicht ohne Sanktionen, auch wenn zweifellos richtig ist, dass Sanktionen allein noch keine Erziehung ergeben.

IV Die Methodisierung des pädagogischen Handelns

In diesem Kapitel geht es um das pädagogische Handeln in eigens dazu vorgesehenen Einrichtungen. Das betrifft, wie nicht schwer zu erraten ist, vor allem die Schule. Sie ist zusammen mit den Erziehungsanstalten vielleicht die einzige Institution, für die wir Pädagogen professionelle Alleinzuständigkeit in Anspruch nehmen dürfen und wo wir einigermaßen Herr im Hause sind, vergleichbar der Klinik für die ärztliche Behandlung oder dem Gefängnis für Straftäter, der Klausur für das fromme Gemüt und dem Gericht für die Rechtsfindung. In der Schule geht es ausdrücklich um Lernen, das weiß jedes Kind. Wenn es zur Schule kommt, fängt der Ernst des Lernens an. Das gibt dem Übergang Gewicht und erhöht die eigene Bedeutung. Im Kindergarten wird auch gelernt, und die Großen möchten heute, dass da schon möglichst viel gelernt wird, »spielerisch« versteht sich, und natürlich wird auch zu Hause gelernt, doch immer noch eingebettet in anderes, gewissermaßen ambulant, nicht klinisch: Familie ist auch ein Lernort, aber nicht ausdrücklich als Lernort gewollt und eingerichtet. Das ist mit der Schule anders, und für die Kinder wird jetzt das Lernen zur täglichen Pflicht, zur »Schul-Arbeit«, von der sie wie in der richtigen Arbeitswelt gelegentlich dann auch zur Erholung freigestellt und in Ferien geschickt werden.

An der Schule kann man sich insofern gut klarmachen, was es bedeutet, dass das Lernen in eigens dafür konstruierten Sozialräumen begleitet und unterstützt, gefördert und gefordert wird. Doch die Schule ist keineswegs die einzige, sondern nur die auffälligste Institution zu pädagogischen Zwecken; neben der Schule stehen das Heim, das Internat, früher für die angehenden Gottesmänner die Konvikte, daneben die Ritterakademien für die Herren von Stand und die Kadettenanstalten für die künftigen Offiziere. Und heute wird man alle Einrichtungen zu den pädagogischen Anstalten rechnen dürfen, die nach mehr oder minder freier Wahl und eigenem Geschmack aufgesucht werden, um sich fortzubilden, etwas dazuzulernen oder umzulernen. Diese drei Fälle sollen in diesem Kapitel

näher vorgestellt werden: erstens die Anstaltserziehung, zweitens die Schulerziehung und drittens die Nacherziehung als Reaktion auf eine mehr oder minder defizitäre Ersterziehung.

Die Anschlussfrage ist, wie sich die Sache aus der Sicht der Erziehenden darstellt. Was ändert sich für das pädagogische Handeln, wenn alles, was in einer Anstalt oder einer Schule oder einem Kurs der Volkshochschule geplant und veranstaltet wird, zuerst und zuletzt unter dem Gesichtspunkt steht, wie dadurch das Lernen bestimmt wird? Ändert sich überhaupt etwas? Oder ist es nicht vielmehr so, dass nur mit größerer Entschiedenheit und einer gewissen Einseitigkeit das getan wird, was auch anderwärts, in der Familie und in der Spielgruppe, auf der Reise oder bei der Arbeit geschieht? Auch zu Hause wird unterrichtet, auch im Sportverein wird im sozialen Verband gelernt und Sozialverhalten trainiert. Das ist sicher richtig; dennoch ändert sich mit der ausdrücklichen Organisation von Erziehung etwas, wodurch die ganze Situation sich ändert und das pädagogische Handeln in Hinsicht auf seine thematischen Schwerpunkte, seine soziale Inszenierung und seine zeitliche Organisation geprägt wird. Diese Änderung soll mit dem Begriff der »Methodisierung« angezeigt werden.

In dem Abschnitt zur Formengeschichte des pädagogischen Handelns (vgl. I, 2) ist schon ausgeführt worden, dass »Methode« einer der Schlüsselbegriffe für die moderne Welt ist. Methodisch verfahren die Wissenschaften in ihren zunehmenden Verzweigungen, methodisch geordnet soll aber auch regiert und verwaltet, die Wirtschaft betrieben und Recht gesprochen, Krankheit diagnostiziert und behandelt werden. Die große Tendenz geht dahin, an die Stelle quasi naturwüchsiger Ordnungen die formulierte Regel, die gewollte Organisation und die kritische Überprüfung ihrer Wirksamkeit zu setzen. Durch den Geist der Methode werden die verschiedenen Bereiche der Lebensführung rationalisiert und nach ihrer je eigenen Logik organisiert, ausgestattet mit einem besonderen Fachpersonal, mit gezielten und dadurch begrenzten Aufgaben, mit spezifischen Ressourcen und abgesonderten Einrichtungen. In der Schule wird gelehrt und gelernt, bei Gericht werden Rechtsfälle traktiert, im Krankenhaus wird diagnostiziert und therapiert, und auch die Allzuständigkeit der Kirche und der Geistlichen ist mittlerweile reduziert auf Fragen des Glaubens und der seelischen Betreuung.

Ob man diesen säkularen Übergang in die Welt von heute nun generell als Modernisierung oder systemtheoretisch als funktionale

Differenzierung, geistes- und ideengeschichtlich als progressive Aufklärung im Dienst der Emanzipation von traditionalen Bindungen oder auch als Relativierung und Auflösung alter Gewissheiten und Dekomposition ganzheitlicher Sinnfundamente deutet: der Übergang selber ist manifest gegeben und offenbar auch nicht umkehrbar.

Dass die Pädagogik in diesen Übergang aktiv und reaktiv verflochten ist, liegt auf der Hand. Man braucht Schulen als Stätten zur Schulung des Fachpersonals, die Wissenschaften brauchen Akademien und Hochschulen, die Mediziner bedürfen einer langen Ausbildung, und Jurist wird man durch ein Studium, nicht etwa durch die Besinnung auf das intuitiv schon vorhandene Gefühl für Gerechtigkeit. Tatsächlich nehmen die bewussten Lernanstrengungen enorm zu, verlängern und verzweigen sich die Ausbildungswege in einem Maße, dass auch die Pädagogik selber ein schwer überschaubares Gebiet des Lehrens, Lernens und Forschens geworden ist. Allein die Galaxie der Fachdidaktiken ist ein Hinweis darauf, dass sich die Vielfalt der Berufe und Fächer, der Disziplinen des Wissens und Techniken nicht mehr mit schlichten Maßregeln pädagogischer Vernunft bewältigen lässt. Die Ansprüche an das pädagogische Handeln sind in einem Maße gewachsen und scheinen noch weiter zu wachsen, dass es gar nicht vorstellbar ist, diesen Ansprüchen beiläufig und etwa allein durch Schärfung des allgemeinen Erziehungsethos entsprechen zu können. Das pädagogische Handeln hat sich mit den Prämissen und den Imperativen von Organisation auszugleichen: Es wird planmäßig organisiert, verwaltet und amtlich dirigiert, weil anders eine methodisch unterbaute Praxis nicht mehr vorzustellen ist.

Es wäre allerdings verfehlt, sich den Übergang zur Methodisierung abrupt vorzustellen, als ob er einmal beschlossen und dann umgesetzt worden wäre. Gerade was die Pädagogik und das pädagogische Handeln angeht, zeigen sich ja alte Formen unverändert neben neuen, und in den überlieferten Gestalten kündigt sich vielfach an, was dann einseitiger und organisatorisch strukturiert wiederkehrt. Dass Kinder gesondert belehrt und trainiert werden, ist alte Praxis, ebenso dass die jüngeren Erwachsenen in speziellen Arrangements erfasst und auf Aufgaben vorbereitet werden, die sie später im Beruf und als Erwachsene erfüllen sollen. Insofern sind die altersgemäßen Erziehungsanstalten und Schulen keine schlechthin beispiellosen Innovationen der Neuzeit. Neu ist ihre Verbreitung, Verzweigung

und zunehmende innere Strukturierung. Nach und nach tritt als Pendant zur sozialen Differenzierung ihre Funktion hervor und schafft sich mit einer formulierten Didaktik das Instrumentarium für organisiertes pädagogisches Handeln. Nach der thematischen Seite werden Lehrpläne aufgestellt und revidiert, entrümpelt und reformiert, erst für einzelne Schulen, dann für ganze Regionen und Staaten, demnächst wohl für die ganze Welt. Es werden Techniken des pädagogischen Handelns erprobt, variiert, der Kontrolle von Versuchen unterworfen und Regeln für das berufsförmige Handeln aufgestellt, deren Einhaltung selber wieder überwacht wird. Das gehört zur sozialen Seite der Methodisierung: Sie erlaubt durchgängig Kontrolle der Verfahren und Ergebnisse pädagogischen Handelns, und das Kontrollbedürfnis verstärkt die Tendenz zur Methodisierung.

Vorausgesetzt ist bei alledem, dass das pädagogische Handeln von der Art ist, dass es sich einigermaßen eindeutig formalisieren, strukturieren und wiederholbar erfassen lässt. Tatsächlich wird diese Voraussetzung durch Organisation eingelöst; was sich ihr nicht fügt, fällt als Rest oder Überschuss aus dem pädagogischen Arrangement heraus und wird zum Thema der Kritik. Sie ist die offenbar unvermeidliche Begleitmusik zur Methodisierung, so wie überhaupt Aufklärung und die Prozesse der Modernisierung von den Gegenstimmen der Tradition begleitet werden, die sich in pädagogischer Intonation auf »Natur« gegenüber dem Künstlichen, auf »Leben« gegenüber dem Verstand oder auf die Tiefe des Gemüts gegenüber der Mechanik des Intellekts berufen. Das paradoxe Ergebnis dieser Rückgriffe ist, dass unter dem Titel der »Reform« dann eben diese Alternativen zur methodisierten Erziehung ihrerseits in den Vorgang der Methodisierung integriert und alsbald zum Anlass weiterer Reformen werden. So gesehen ist die Methodisierung des pädagogischen Handelns gleichermaßen Ergebnis und Bedingung der fortgehenden Modernisierungsprozesse, auch wenn wir uns klarmachen, dass sich das pädagogische Handeln nicht in dem erschöpft, was sich organisieren lässt.

Die neu aufgekommene Rede vom »Erziehungssystem« ist ein Indikator dafür, dass es inzwischen über die Pflichtschule hinaus ein weit gefächertes Angebot von Erziehungseinrichtungen mit eigenen Methoden gibt, zu dem sowohl die Ergänzung als auch korrigierende Revision der bisher erfahrenen Erziehung gehört. In der Tat ist zu sehen, dass im Zuge der methodisch organisierten

Erziehung in Anstalten und Schulen selber wieder Einrichtungen und Methoden der Reaktion auf die damit verbundenen Defizite und Defekte entstanden sind und weiter entstehen, die wir unter dem Titel der »Nacherziehung« fassen wollen. Zusammen mit Anstalten und Schulen gehören sie zum Gesamtbild der Methodisierung des pädagogischen Handelns, so wie Rückversicherungen zum komplexen Angebot von Versicherungen gehören.

1. Anstaltserziehung

Dass in den Familien die kleineren Kinder beiseite genommen und die größeren dann auch in spezielle Anstalten gesteckt werden, um sie zu bestimmten Übungen und Belehrungen zu versammeln, ist eine naheliegende und altbewährte Praxis. Sie findet sich in allen Gesellschaften, sobald sie einen gewissen Grad der Arbeits- und Funktionsteilung erreicht haben. Erziehungsanstalten verdanken sich dem Interesse an der Ausbildung von Sozialkadern und Eliten, die dann Aufgaben wahrnehmen, für die die schlichte Haus- und Familienerziehung in der Regel nicht genügt. Der Übergang in die Erwachsenenwelt wird eigens organisiert, und zwar zumeist im Blick auf besondere Laufbahnen und spätere Aufgaben. So gibt es Kaderschmieden für künftige Geistliche, für die gelehrten Berufe und für den Offiziersnachwuchs, Ritterakademien für die Söhne der herrschenden Familien, Mädchenpensionate für die Töchter aus gutem Hause, um ihre Heiratschancen zu vermehren, Noviziate und Priesterseminare für angehende Priester, denen wiederum kirchliche Internate vorgeordnet sind, die eine Vorauslese treffen. Es gab die Fürstenschulen für die Rekrutierung von Beamten und öffentlichen Funktionsträgern, und schließlich Internate – vornehmlich in kirchlicher Regie –, in denen die fachliche Schulung und charakterliche Einstimmung auf und Prägung für Führungsaufgaben erfolgte. Im Zuge der Modernisierung und der ihr eingeschriebenen Tendenz zur Demokratisierung und der Berücksichtigung auch der unteren Volksschichten sind Waisenhäuser und schließlich Aufbewahrungsanstalten für gefährdete Kinder und Rettungshäuser für junge Leute hinzugekommen, die auf die schiefe Bahn geraten sind.

Damit ist ungefähr der Umkreis der Einrichtungen beschrieben, die hier unter dem Titel der Anstaltserziehung in Hinsicht auf die ihnen eigentümlichen Formen pädagogischen Handelns betrachtet werden sollen. Dabei soll es nicht darum gehen, eine umfassende Darstellung aller Varianten der Anstaltserziehung zu geben, sondern darum, das Verhältnis von Lernen und Erziehen unter den Bedingungen des gemeinschaftlichen Lebens unter einer ausdrücklich pädagogischen Zielstellung zu erfassen, und zwar unabhängig davon, ob diese auf eine bestimmte Funktion ausgerichtet ist wie in den Kadettenanstalten früherer Zeiten oder wie in den neueren Landerziehungsheimen in einer allgemeinen Weise auf »das« Leben vorbereiten soll.

Um näher zu erfassen, was die soziale Eigenart von Anstalten ausmacht, folgen wir einer Definition, die Erving Goffman an den Anfang seiner Schrift über »Asyle« gestellt hat (Goffman 1973): »Soziale Einrichtungen – in der Alltagssprache Anstalten (*institutions*) genannt – sind Räume, Wohnungen, Gebäude, in denen regelmäßig eine bestimmte Tätigkeit ausgeübt wird« (a.a.O., S. 15). Sie stellen »eine Art Welt für sich dar« und sind »tendenziell allumfassend« (ebd.). Dieser »umfassende und totale Charakter wird symbolisiert durch Beschränkungen des sozialen Verkehrs mit der Außenwelt sowie der Freizügigkeit, die häufig direkt in die dingliche Anlage eingebaut sind, wie verschlossene Tore, hohe Mauern, Stacheldraht, Felsen, Wasser, Wälder und Moore« (S. 15f.). Goffman nennt solche Anstalten auch »totale Institutionen« und erörtert dann vor allem psychiatrische Anstalten. Was jedoch ihre allgemeinen Merkmale angeht, treffen sie auch für pädagogische Institutionen zu und können als Leitfaden für das Verständnis der sozialräumlichen Bedingungen benutzt werden, durch die das pädagogische Handeln seine besondere Gestalt gewinnt. Als zentrales Merkmal wird angegeben, dass die übliche soziale Ordnung, nach der der Einzelne »an verschiedenen Orten schläft, spielt, arbeitet« (a.a.O., S. 17) – und wir fügen hinzu, wo er lernt – zusammengefasst und auf einen Ort konzentriert wird. Die »Schranken, die normalerweise diese Lebensbereiche voneinander trennen, (sind) aufgehoben: 1. Alle Angelegenheiten des Lebens finden an ein und derselben Stelle, unter ein und derselben Autorität statt. 2. Die Mitglieder der Institution führen alle Phasen ihrer täglichen Arbeit in unmittelbarer Gesellschaft einer großen Gruppe von Schicksalsgenossen aus (…). 3. Alle Phasen des Arbeitstages sind exakt geplant, eine geht zu einem vorher bestimmten Zeitpunkt in die nächste über, und die ganze Folge der Tätigkeiten wird von oben durch ein System expliziter formaler Regeln und durch einen Stab von Funktionären vorgeschrieben. 4. Die verschiedenen erzwungenen Tätigkeiten werden in einem rationalen Plan vereinigt, der angeblich dazu dient, die offiziellen Ziele der Institution zu erreichen« (a.a.O., S. 17).

In der Tat enthält dieser Katalog auch die Merkmale, die in pädagogischen Anstalten mit mehr oder minder scharfer Ausprägung anzutreffen sind. Um mit dem letzten Punkt zu beginnen: Anstalten haben jeweils ihr Programm, in dem sich ihre angestrebten Ziele angegeben finden. Die Mitglieder, ob Erzieher oder Zögling, sehen sich einer Gesetzgebung gegenüber, die ihre Aufgaben, Pflichten

und Rechte definiert. Als Grundlage dienen dabei weltanschauliche Konzeptionen, meist religiöser und konfessioneller oder politischer Prägung, oder auch die Schwierigkeiten der Problemgruppe, der die Anstalt gewidmet ist, oder ein gesellschaftliches Interesse wie die Förderung von Sporttalenten oder von Musikbegabungen. Aus diesen Programmen können die Eltern ersehen, was ihre Kinder erwartet, und in der Zuversicht, dass bestimmte Ziele auch erreicht werden, deren Erziehung an die Anstalt delegieren. Und die Anstalt hat eine Handhabe für den Fall, dass sich einzelne Zöglinge nicht in den etablierten Rahmen fügen, um sie disziplinarisch zu belangen und im Grenzfall aus der Anstalt zu verweisen. Insofern hat das erzieherische Verhältnis von vornherein einen anderen Charakter als das Verhältnis von Eltern zu ihren Kindern. Es ist deutlich rechtsförmig gestaltet, mit Ansprüchen und Rechten auf beiden Seiten.

Daraus ergibt sich der nächste Punkt: Das Verhalten in der Anstalt wird einer geplanten, programmgerechten Regulierung unterworfen, festgehalten in einer ausdrücklich formulierten Haus- und Anstaltsordnung. Sie regelt vor allem und verbindlich die Folge der Tätigkeiten, durch die der Tageslauf gegliedert und nach Möglichkeit lückenlos dem Anstaltszweck entsprechend gestaltet wird. Das betrifft nicht nur wie in der Schule die Themen und Lehrgegenstände, sondern vor allem die zeitliche Organisation. Der Tageslauf wird normiert: Aufstehen und Waschen, womöglich der kreislauffördernde Morgenlauf wie in den Landerziehungsheimen von Hermann Lietz, oder auch eine Morgenandacht zur Einstimmung des Gemüts auf den späteren Unterricht, die Zeiten des gemeinschaftlichen Essens und der Erholung. Gelegentlich gehören auch wie im Kloster Phasen des Redens und des Schweigens dazu, Zeiten der Arbeit und der Überprüfung usw. bis zur verordneten Nachtruhe. Das Ganze unter Aufsicht und stets im Blick des Erzieherstabes und seiner bestellten Helfer (Präfekten), die dafür sorgen, dass die Gewohnheiten des Hauses auch wirklich beachtet werden.

Der Anstaltszweck ist aber nicht nur maßgebend für die Zöglinge, er normiert auch das Verhalten der Erzieher und organisiert das pädagogische Handeln als funktionsgebundenes und selber wieder kontrolliertes Handeln. Die pädagogische Verantwortung liegt nicht mehr umstandslos bei den einzelnen Erzieherinnen und Erziehern, sondern sie wird kollegial wahrgenommen, wenn nicht das monar-

chische Regiment eines Oberhaupts und pädagogischen Prinzipals für Einheit und Konformität des pädagogischen Handelns sorgt. Wie man aus der Geschichte der Landerziehungsheime weiß (vgl. Lietz 1922), ist diese monarchische Struktur eine Quelle für erbitterte Auseinandersetzungen innerhalb des Kollegiums und mit dem Leiter gewesen und hat zu Abspaltungen und Neugründungen mit neuen Programmen und Planungen geführt.

Die Autonomie einer Anstalt gegenüber ihrem gesellschaftlichen Umfeld setzt sich insofern keineswegs in der Autonomie der Träger des pädagogischen Handelns fort; im Gegenteil verlangt die Selbständigkeit der Anstalt nach außen zugleich strukturell im Innenbereich die Heteronomie derer, die das pädagogische Handeln gewissermaßen als Auftragsarbeit vollziehen und sich den Beschlüssen des Trägervereins und/oder einer Mehrheit des Erzieherkollegiums und den Weisungen der Anstaltsleitung bequemen müssen. Herrmann Lietz sah seine Mitarbeiter gewissermaßen als Domestiken wie die Landarbeiter auf dem väterlichen Bauernhof. Dass sich eine solche Stellung nicht besonders gut mit dem pädagogischen Elan derjenigen verträgt, die sich gegen die Schule und für eine Tätigkeit an einem Internat entscheiden, ist gut zu verstehen.

Diese Identifikation im besseren Fall mit dem Anstaltsprogramm, im schlechteren mit den persönlichen Erziehungsideen ihres Leiters, zeigt sich auch darin, dass die individuelle Inanspruchnahme viel weiter geht als die des Fachlehrers an Schulen. Der kommt morgens und geht mittags, spätestens nachmittags. Die pädagogischen Anstalten verlangen nicht gerade die »Ganzhingabe«, wohl aber ständige Anwesenheit und Erreichbarkeit in »unmittelbarer Gesellschaft« . Nicht zufällig wird deshalb auch von »Internatserziehern« gesprochen, im Unterschied zu den Lehrern, die ihre Schüler nach dem Unterricht nach Hause entlassen. Eine Anstalt hat Zöglinge (auch wenn dieses Wort außer Gebrauch gekommen ist), nicht nur Schüler. Die Pädagogen wohnen in der Anstalt, im Blick der Zöglinge und mit dem Blick auf die Zöglinge, sie nehmen am Leben der Gemeinschaft teil, sind bei den Festen und Feiern dabei, teilen mit ihnen wie Eltern das Essen und kümmern sich um die Versorgung und Betreuung bei Krankheiten. So können sie durch Aufsicht und eigenes Beispiel auf die Zöglinge einwirken.

Bleibt als letzter Punkt die Abgrenzung der Anstalten nach außen. Das scheint nun eher für Gefängnisse und psychiatrische Anstalten zuzutreffen, die Goffman des Näheren untersucht hat. Doch dem ist

entgegenzuhalten, dass diese Eigenschaft überhaupt für geregelte und institutionalisierte Kommunikation kennzeichnend ist. Auch »offene« Gesellschaften sehen abgegrenzte Sozialräume für spezifische Funktionen vor, in die man nicht ohne weiteres eindringen darf: Gerichtsverfahren, Vorstandssitzungen und Parlamentsdebatten finden mehr oder minder exklusiv statt, auch wenn sie Zuschauer zulassen. Sie grenzen sich aus und regulieren mit Geschäfts- und Hausordnungen die Formen ihrer Praxis. Das ist also noch nichts Besonderes der hier gemeinten Anstalten. Die Frage ist vielmehr, welchen selbstgewählten Notwendigkeiten sie entsprechen, und das heißt: wie sie die Grenze zwischen drinnen und draußen markieren und wie sie ihr Eigenleben gegen die Umwelt sichern.

Bei den Landerziehungsheimen ist die Selbstausgrenzung schon in ihrer Selbstkennzeichnung enthalten: Sie ziehen aus den Städten hinaus in ländliche Regionen, ans Meer wie Martin Luserke mit der »Schule am Meer«, in die Einsamkeit unerschlossener Waldgegenden, wie es Lietz gemacht hat, oder in die idyllische Randlage am Bodensee, so Kurt Hahn. Damit werden die Einflüsse schädlicher Umwelt erschwert und die pädagogischen Handlungen verstärkt, gewissermaßen monopolisiert. Das lässt sich durch Besuchs- und Ausgangsregelungen noch steigern: Wer das Tübinger Stift verlassen wollte, brauchte eine Ausgangserlaubnis und auch der Zeitpunkt der Heimkehr vor »Toresschluss« war vorgeschrieben. Die Klöster traditioneller Art sahen vor, dass man nur zu zweit Freigang erhielt, der eine des anderen Wächter.

Solche Strenge lässt sich nur durchhalten, wenn drinnen dafür gesorgt wird, dass die vielfältigen Bedürfnisse der Insassen befriedigt werden, und zwar nicht nur die Grundversorgung mit allem, was man leiblich braucht, sondern dass auch ein gewisser »Geist« des Hauses spürbar gegenwärtig ist. Die pädagogischen Anstalten zeigen so eine Tendenz, ihre Exklusivität zu betonen, indem sie die Identität der Mitglieder mit Erkennungszeichen und Emblemen, mit internen Auszeichnungen und Aufstiegschancen ausrüsten, gestützt auf Anstaltshymnen und Gründungsmythen, zu denen auch die Erfolgsgeschichten der Ehemaligen, der *nostri*, gehören. Die Zugehörigkeit verleiht einen Status als »Stiftler« oder »Etonian«, ausgedrückt in Kleidung, Haltung und einem besonderen Stil. So soll ein gewisses Ehrgefühl und das Bewusstsein erzeugt werden, auf dem Weg zu einer Achtungsstellung in der Gesellschaft zu sein. Wer gegen den Kodex der Anstalt verstößt und sie

draußen blamiert, gehört nicht dazu, wird verwarnt und im Grenzfall relegiert.

In welchem Sinne handelt es sich bei alledem um pädagogisches Handeln? Und inwieweit lassen sich die Formen des Zeigens in den Maßnahmen, Gewohnheiten und Praktiken einer Anstalt aufweisen? Zunächst ist zu sagen, dass in den Anstalten zumeist auch Unterricht stattfindet, Schulung und Ausbildung, nicht anders als auch sonst in Schulen. Man könnte sagen: es kommt eben nur das Übernachten und die Versorgung hinzu. Aber da haben wir es eher mit Pensionen zu tun, so wie sie Herrmann Lietz als Bauernjunge vom Lande erlebte, der in der Stadt bei einer Familie untergebracht wird, ohne dass sie die ganze Verantwortung für ihn übernimmt. Um genau diesem Missstand abzuhelfen, ist Lietz auf die Idee verfallen, Erziehungsheime zu gründen. Sie bieten nicht nur Unterricht, das auch, sondern verbinden damit Arbeit, Spiel und ein »Erlebnisangebot«. Dadurch wird die Anstalt zu einer zweiten Heimat und einer Art Ersatzfamilie, durch die alle Gewohnheiten, Maßnahmen und Tätigkeiten die im Programm formulierte pädagogische Qualität gewinnen sollen. In einem gewissen Sinne kann man sagen: Das Subjekt des pädagogischen Handelns ist die Anstalt und das Lernen besteht darin, einen der Anstalt angemessenen sozialen Charakter auszubilden.

Worum es dabei geht, hat der Gründer der sowjetischen Gorki-Kolonie, Makarenko, in seinen Anschlussüberlegungen zur Darstellung der Geschichte der Kolonie im »Pädagogischen Poem« mit großer Klarheit ausgesprochen: »Wenn wir den Zögling in unsere Kommune aufnehmen, stellen wir ihm in erster Linie Forderungen, die unsere gemeinsame Wirtschaft betreffen. Von einer pädagogischen Pose, und sei sie noch so geringfügig, darf unseres Erachtens der Kolonist nichts merken (!). Jede pädagogische Absicht muß im Arbeitszimmer des Organisators verborgen bleiben. Im lebendigen Alltag der Kommune darf der Zögling nicht das Gefühl haben, Erziehungsobjekt zu sein; er soll sich nur von der exakten Logik unserer gemeinsamen Wirtschaft und den Forderungen des gesunden Menschenverstandes, die unsere Lebensweise an ihn stellt, angesprochen fühlen. Selbstredend kann die eigentliche erzieherische Rolle der Institution nicht völlig verborgen bleiben. Manchmal sagen die Kolonisten bei vertraulichen abendlichen Gesprächen: ›In der Kolonie ändern sich die Jungens mächtig, mag der Teufel wissen, woher das kommt…‹« (Makarenko 1962, S. 759).

Der Gedanke mutet paradox an: Die pädagogische Wirkung soll sich daraus ergeben, dass die Absicht zu erziehen versteckt wird. Vom Unterricht einmal abgesehen, geht es in der Anstalt um ganz verschiedenartige Tätigkeiten, die zu ihrem Betrieb gehören und denen nicht gleich anzusehen ist, dass sie dazu dienen, langfristige Fertigkeiten und Haltungen auszubilden. Man muss eben mit den anderen aufstehen, gemeinsam wohnen, essen und arbeiten, singen und feiern: es sind die Verhältnisse (Rousseau sagte: die Dinge) und die ihnen scheinbar unvermeidbar eingeschriebene Logik, die dazu führen, dass sich Gewohnheiten bilden, die dann auch außerhalb nicht aufgegeben werden. Das pädagogische Handeln erhöht seine Wirksamkeit, indem es sich als »natürlich« und nicht als ausdrücklich pädagogisch darstellt. Zugespitzt ausgedrückt: Die Anstalt erzieht als Sozialform. Sie ist ein geplantes, kontrolliertes und sich selbst kontrollierendes Arrangement; ihre bevorzugte pädagogische Handlungsform ist die Einübung in die Anstaltspraxis. Unter der Voraussetzung, dass diese Praxis ihr Gegenstück in einer sozialen Praxis draußen hat, dass aus den Zöglingen Offiziere oder Priester und Gelehrte, aus den Komsomolzen der Kolonie nützliche Genossinnen und Genossen für den Aufbau des Sozialismus oder auch nur in allgemeiner Weise leistungsbereite, sozialtaugliche Mitglieder der Gesellschaft draußen werden, dürfte diese Erziehung einigermaßen unproblematisch erscheinen.

Die entscheidende Frage unter dem Gesichtspunkt pädagogischer Handlungen ist demnach: Wie macht man aus den Kindern, die aus den Familien und womöglich recht unterschiedlichen Milieus kommen, Zöglinge einer Anstalt? Wie wird aus einem Beamten- oder Pastorensohn ein Stiftler, wie aus einem der »Gesetzlosen« ein Kolonist der Gorkikolonie, wie aus einem verwirrten Mittelschichtenkind ein Mitglied der Summerhill-Gemeinde oder des vornehmen Eton-Establisment? Zwang wie bei der Einweisung in ein Gefängnis oder eine Heilanstalt sind ersichtlich keine geeigneten Mittel. Aber der Form nach gibt es doch eine vergleichbare Eröffnungsstrategie, eine »Aufnahmeprozedur« (Goffman, a.a.O., S. 27), durch die der Abschied von der Herkunftsfamilie und der Eintritt in die neue Heimstatt markiert wird. Damit beginnt die pädagogische Dramaturgie der Anstalt: Der Zögling bekommt seinen Platz angewiesen, wird eingekleidet und mit den Gewohnheiten des Hauses bekannt gemacht, oft durch die älteren Zöglinge, er erhält einen Mentor und Begleiter, der ihn anleitet und zugleich kontrolliert, der ihm die ge-

schriebenen Regeln und die ungeschriebenen Bräuche erklärt (die *consuetudines* der traditionellen Konvente). In manchen Häusern war es üblich, über die erste Zeit eine Ausgangs- und Besuchssperre zu verhängen: Das signalisiert dem Neuankömmling, dass er unausweichlich der Anstalt ausgeliefert ist.

Mit der Aufnahme beginnt eine eigene Anstaltslaufbahn. Nach Verdienst und Eignung werden Aufgaben übertragen, Belobigungen und Rügen verteilt, Ämter vergeben, in denen man sich zu bewähren hat usw. Das alles im Blick des Stabes und der Mit-Zöglinge, gewissermaßen anstaltsöffentlich, auch mit dem Ergebnis, dass man sich nach Durchlaufen der Anstalt in den jeweiligen Schwächen und Stärken kennt, sich charakterlich einzuschätzen vermag, was einer leistet und erträgt, ob jemand gute oder schlechte Nerven hat, wie er mit denen umgeht, über die er das Sagen hat. Das *Old-Boy-Network* ist für die Berufskarriere mindestens ebenso wichtig wie akademische Zeugnisse: Erst dieselbe Anstalt, dann dasselbe Regiment oder College und schließlich die Führungsposten in der höheren Verwaltung oder im Generalstab. Die Bewährung in der Anstalt ist ein Karrierekriterium.

Natürlich gehört auch Unterricht dazu, vor allem in den Anstalten, die auf das Studium vorbereiten. Auf den ersten Blick gibt es hier nichts, was besonders hervorzuheben wäre. Schule ist eben Schule, und Unterricht Unterricht, nur dass er bequemerweise im Hause stattfindet, ohne kürzere oder längere Anmarschwege und oft mit zusätzlichen Angeboten und Übungsgelegenheiten, für die in der Vormittags- und Tagesschule nicht recht Zeit ist. Doch ansonsten gelten die üblichen Lehrpläne mit ihren Vorschriften für Fächer, Themen und Prozeduren. So sieht es aus, so ist es aber nicht. Denn Unterricht ist nicht gleich Unterricht. Anders als in der Familie, wo meist nur sporadisch unterrichtet wird, aber auch anders als in der Schule, wo der Unterricht neben und oft auch gegen den Familienumgang steht, ist der Anstaltsunterricht gewissermaßen eingebettet in die Anstaltspraxis. Nur wenn man der verfehlten Ansicht folgt, dass Erziehung eines und Unterricht etwas anderes sei, lässt sich die Ansicht vertreten, das eine werde durch den sozialen Umgang realisiert und das andere daneben als eine Art Kopfbewirtschaftung betrieben; mit dem entsprechenden Unterschied, dass in den Internaten eben alles unter einem Dach stattfindet und nicht verteilt auf Familie und Schule.

Diese Ansicht trifft weder den Anspruch der Schule als Ort repräsentativen Zeigens noch die Programmatik pädagogischer Anstal-

ten. Unterricht ist allemal eine Form des pädagogischen Handelns, die hier dadurch mit einer besonderen Bedeutung versehen wird, dass sie »an einer Stelle« und eben dort inszeniert wird, wo das Gesamtverhalten in direktive Regie genommen wird. Zur Gründungsidee der Landerziehungsheime gehörte die tatsächlich oder vermeintlich richtige Beobachtung, dass die Abtrennung des Unterrichts vom übrigen Leben ihn um seine erzieherische Wirksamkeit bringt. Er bleibt Kopfsache, während eine Anstalt die Möglichkeit bietet, das repräsentative Zeigen mit dem reaktiven und direktiven Zeigen fest zu verkoppeln. Was gelernt wird, hat sich auch zu beweisen: man kann es gleich sehen und einfordern. Die Themen besonders in den Fächern mit ideologischer Valenz, das heißt: der Unterricht in den herkömmlich als »Gesinnungsfächer« bezeichneten Disziplinen wie Deutsch, Religion und Geschichte vermittelt nicht nur Wissen, das nach Hause getragen, sondern das im Hause bewährt und gestützt wird.

Der Vorteil: man kann z.B. die Lektüre kontrollieren und vor allem das ausschließen, was als minderwertig oder gefährlich angesehen wird. Der Nachteil: die Zöglinge wenden sich mit besonderem Interesse dem Verbotenen zu. Schleiermacher las die damals neue Literatur, die im Unterricht nicht vorkam und sozusagen im Giftschrank verbannt blieb, abends und nachts unter der Bettdecke, die Tübinger Stiftler lasen neben dem offiziellen Programm die aufregenden Aufklärungsschriften, aufregend genau deshalb, weil sie den Reiz des Verbotenen mit dem Willen zur subversiven Selbstbehauptung verbanden. Kurz: Anstalten bieten die Chance der festen Koppelung von Darstellung und Übung, Aufforderung und Rückmeldung. Das ist gewollt, auch wenn es nicht durchgängig erreicht wird. Sie möchten, dass alles, was für Kopf und Herz schädlich sein könnte, ausgeschlossen und ferngehalten wird, und dass stattdessen die erwünschten Gedanken und Einstellungen nicht nur gelehrt, sondern auch ausgeübt werden. Darin zeigt sich der Vorrang der Übung als der für Anstalten maßgebenden Form des pädagogischen Handelns, verfestigt in Gewohnheiten, gestützt durch eine eigene Betriebsideologie und durchgeführt mit einem System von Verpflichtungen und Kontrollen.

Diese feste Koppelung von Lernen und Verhalten ist der Traum aller, die z.B. unter dem Titel »ganzheitlicher Erziehung« die Lernenden zuverlässig in das einbinden wollen, was sie ihnen zeigen. Insofern kann es auch nicht überraschen, dass ein starker Impuls zur

Gründung solcher Anstalten gerade in neuerer Zeit überall da anzutreffen ist, wo der schlechten Welt draußen die gute Welt drinnen gegenübergestellt und sie den Zöglingen als künftige Aufgabe für draußen aufgeladen wird. So wie in den Kollegien der Jesuiten die Avantgarde der Gegenreformation präpariert wurde, so sollen aus Luserkes »Schule am Meer« und aus Salem die Träger einer besseren Zukunft hervorgehen. Die Zöglinge sind zu großen Aufgaben berufen, das ist ihr wahres Privileg, nicht etwa nur der individuelle Vorzug besserer Bildungschancen und Aufstiegsmöglichkeiten. Sie haben eine Mission zu erfüllen – das war schon Fichtes Gedanke der Erziehungskolonien –, und dann ist es mehr als recht, dass sie auch eine besondere Ausstattung genießen.

Die Kehrseite solcher Erziehung ist nicht schwer zu ermitteln. Die feste Koppelung von Unterweisung und Erprobung, Übung und Aufsicht ist nur zu haben um den Preis einer resoluten Einseitigkeit, der Ausschließung von Wahlmöglichkeiten und günstiger oder weniger günstiger Zufälle: Über die Übung wird das Lernen reguliert; der Stil der Darstellung von Positionen, Ansichten und Lehren wird doktrinär. Es gibt approbierte Autoren und zugelassenes Lied- und Spruchgut, vorgeschriebene, gerade noch erlaubte und schlechthin verbotene Lektüre. Mit anderen Worten: die Tendenz zur totalen Institution impliziert die Indoktrination als einer Fehlform pädagogischen Handelns. Das Tröstliche dabei ist: das Lernen lässt sich nicht vollständig und umstandslos dirigieren. Es gibt »Grenzen der Indoktrination« (Tenorth 1995). Auch die Anstaltserziehung kann die pädagogische Differenz von Lernen und Erziehen nicht unterlaufen.

Die Tendenz zur Indoktrination und ideologischen Manipulation kann man sich auch an einer Nebenform der Anstaltserziehung, nämlich der Lagererziehung, vor Augen führen. Das Lager ist gewissermaßen »Anstalt auf Zeit«. Seine pädagogische Dramaturgie entspricht der von Erziehungsanstalten: Tagesordnung und Lagerordnung sind programmatisch geplant; der Tag wird feierlich mit einem Fahnenappell eröffnet und mit dem Einholen der Fahne beendet; es wird zusammen marschiert und gesungen, es gibt gemeinsame Unternehmungen und kollektive Aufgaben, Mutproben und Leistungserweise; und es gibt als kognitive Unterfütterung eine Schulungsstunde auf der Grundlage der approbierten Ideologie. Rhythmisierung: das ist das Rezept zur Herstellung einheitlicher Überzeugungen; denn es ist der Rhythmus, über den wir, wie es

Ernst Krieck, der Propagator der NS-Erziehung in seiner Schrift über die »Musische Erziehung« formuliert hat, die Menschen beherrschen (Krieck 1933). Noch die Selbstzeugnisse ehemaliger Napola-Schüler belegen (vgl. Leeb 1998), dass diese Formen des pädagogischen Arrangements durchaus nicht nur als Last und Qual erlebt wurden, das auch, denn anders lassen sich die Versuche nicht erklären, sich einer solchen Gemeinschaftserziehung zu entziehen, aus der Anstalt wegzulaufen und ihr nachträglich eine vernichtende Gegenrechnung aufzumachen, wie Herrmann Hesse mit dem Roman »Unterm Rad« (1903). Das ist indes nur die eine Seite, die andere besteht in dem Eingeständnis und der widerwilligen Anerkennung der prägenden Kraft einer solchen Erziehung, nämlich als Gewinn für den Aufbau lebenslanger Kompetenzen wie Durchhaltevermögen, Zuverlässigkeit und Einsatz für andere, die Bereitschaft, Verantwortung und Führungsaufgaben zu übernehmen. Das rechtfertigt diese Erziehung nicht, aber es zeigt ihre Ambivalenz: Sie fördert Tugenden und Haltungen, die sich für ganz unterschiedliche soziale Zwecke in Dienst nehmen lassen.

Wir fassen zusammen: Pädagogische Anstalten der beschriebenen Form bieten die Möglichkeit, das pädagogische Handeln durch die Einheit von Ort, Zeit und geplanten Aktivitäten zu optimieren. Die feste Koppelung von Darstellung und Rückmeldung unter dem Vorrang der Übung verleiht dem Lernen eine sonst nur schwer vorstellbare Geschlossenheit, mit dem Ziel der Erzeugung von Sozialcharakteren und einer unverwechselbaren Prägung, die sich dann auch außerhalb der Anstalten durchhält und die durch die soziale Prämie aussichtsreicher Laufbahnen belohnt wird. In dieser Möglichkeit liegt zugleich eine bedenkliche Zumutung: Das individuelle Lernen muss sich Engführungen gefallen lassen, die sowohl das soziale Verhalten wie die kognitive Ausrüstung betreffen und vollends disfunktional werden, wenn der Anschluss draußen nicht mehr gegeben ist oder wenn sich der Zögling von vornherein für den besonderen Zweck der Anstalt als ungeeignet erweist. Anstalten als Stätten der umfassend methodisierten Erziehung indizieren insofern beides: die Möglichkeiten und das dramatische Scheitern eines planmäßig betriebenen pädagogischen Handelns.

2. Schulerziehung

Was Schule ist, weiß heute so gut wie jeder aus eigenem Erleben, fast zu gut, könnte man hinzufügen. Jeder muss als Kind zur Schule und wird zum »Schulkind«, keiner kommt unter 10 Jahren davon, und immer mehr besuchen bis ins frühe Erwachsenenalter weiterführende Schulen: Berufs-, Fach- und Hochschulen. Das bedeutet: Alle haben heute Erfahrungen mit Unterricht und Schule, mit Schulmeistern und Lehrern aller Stufen und unterschiedlichster Fächer. Viele Kinder haben heute sogar schon Erfahrungen mit »Schule«, bevor sie in die öffentlich-rechtliche Schule gehen, denn sie besuchen die »Vorschule« im letzten Jahr des Kindergartens oder sie gehen zur musikalischen Früherziehung in die Musikschule oder zum besonderen sportlichen Training in eine Sportschule. Dieser Erlebnishintergrund gibt den Diskussionen um die richtige und »gute« Schule und über das, was von den Lehrern zu erwarten und zu fordern ist, was sie alles falsch, aber gelegentlich auch richtig machen, eine besondere, meist persönliche Färbung und kritische Schärfe, genährt aus der Gemengelage von Freud und Leid, Lob und Klage.

Die Ambivalenz der Schulerinnerungen hat eine eigene Gattung der Schul- und Schülergeschichten hervorgebracht, in der Schule im Wesentlichen als Pauk- und Prüfanstalt präsentiert wird, als ob das reaktive Zeigen ihre zentrale Funktion sei. Das Paradebeispiel hat Thomas Mann in den »Buddenbrooks« geliefert. Der sensibel-verträumte Hanno Buddenbrook erlebt die täglichen Unterrichtsstunden als Tortur des Geprüftwerdens, während die Themen und Fachinhalte geradezu nebensächlich erscheinen; denn »als es mit dem Prüfen, Verhören und Zeugnisgeben zu Ende war, war auch das Interesse an der Chemiestunde allerseits so gut wie erschöpft« (11. Teil, Kap. 2). Ähnlich der Schüler Gerber in Friedrich Torbergs gleichnamigen Roman aus dem Jahre 1930. Er leidet unter den sadistischen Kontroll- und Prüfungsexzessen der Lehrer, während Unterrichtsthemen keine Rolle spielen. Nur einmal fühlt sich Kurt Gerber von dem mathematischen Zeichen X angeregt, aber er kann es lediglich als Symbol für die »x-Beliebigkeit« aller schulischen Themen wahrnehmen: »X kann so vieles bedeuten! … X ist vielgestaltig … Alle Wege gehen über X. Ohne X kein Leben …« (Torberg 1979, S. 87f.). Das traurige Ende: der Schüler Gerber nimmt sich zermürbt und verzweifelt das Leben.

Pauken und Abfragen, Auswendiglernen und Aufsagen, Prüfungen und Notengeben: die »gefühlte Schule« ist vor allem ein Ort, wo Leistungen ermittelt und Plätze angewiesen werden. Im Übrigen nicht erst in neuerer Zeit, sondern seit eh und je. Ein Beispiel für die außerordentliche Bedeutung der Bewertungspraxis der Schule für das Erleben der Schüler findet sich bereits in der griechischen Antike: Ein Vasenbild zeigt Herakles, wie er seinen Musiklehrer Linos angeblich wegen eines Tadels erschlägt. Aber nicht minder lamentieren die Lehrer über ihre Schüler. So ein ägyptischer Schreib- und Leselehrer nach dem Papyrus »Lansing«: »Du kümmerst dich nicht um die Bücher, du sträubst dich gegen mich … Du bist übler als die Nilgans am Ufer…« (Katalog Schulmuseum Ichenhausen 1989).

Dieses offenbar unverwüstliche und in seinen Varianten unerschöpfliche Unbehagen an Unterricht und Schule lässt es verständlich erscheinen, dass sie seit ihren Anfängen von vielen Schülern, aber auch von Lehrern und selbst von denen, die theoretisch und konzeptionell mit ihnen befasst sind, als unbefriedigend und defizient dargestellt wird. Jedenfalls ist die schulpädagogische Literatur über weite Strecken eine Kritik an den Zuständen und der Art und Weise des schulischen Lehrens und Lernens. Sie hält das Programm der Schule für unzeitgemäß, lebensfern, ihre Organisation wird geradezu als »parapädagogisch« bezeichnet, weil sie kein freies, mündiges Lernen gewährleiste, sondern Kinder einsortiere in »besser-schlechter« und damit Leistungsdruck oder gar Notenterror erzeuge (Fischer 1978). Pädagogisches Handeln, das diesen Namen verdiente, komme nicht vor, sondern das Lernen würde im Wesentlichen über reaktives Zeigen traktiert zum Zwecke der Selektion. Auch wenn der Extremvorschlag, den z.B. Ivan Illich gemacht hat, die Schule abzuschaffen, keine praktischen Folgen gezeitigt hat (vgl. Illich 1973), so findet doch die seltsame Parole von der »Entschulung der Schule« (v. Hentig) einiges Gehör, ebenso die medienwirksame Forderung nach »neuen Lehrern« und einer »neuen Schule«, die das Land brauche (Struck 1994 u. 1997), wenn nicht überhaupt die »Humanisierung der Schule« postuliert wird. Sie wird vielfach wie eine Erkrankung unter dem Gesichtspunkt ihrer Gesundung behandelt, als ob das, was ist, eigentlich und besser nicht wäre und nur durch Reform zu retten ist (vgl. dazu kritisch Strobel-Eisele 2003). Eher selten begegnet man in der Schulpädagogik Positionen, die ohne Umschweife und ersichtlich provokant ein

»Lob der Schule« artikulieren und ihre Leistungen positiv herausstellen (vgl. Brinek/ Schirlbauer 2002).

Im Folgenden wollen wir versuchen, jenseits von Lob und Tadel auf die Aufgaben und Formen des pädagogischen Handelns im Kontext der Schule einzugehen, das heißt, ohne die Absicht oder den Anspruch, dessen erkennbare Grenzen durch neuerliche Reformvorschläge zu überbieten. Allerdings gehen wir davon aus, dass Schule und Unterricht aufs Ganze betrachtet eine außerordentlich wohltätige und erfolgreiche, keineswegs problematische und nur mit Schmerzen zu ertragende Einrichtung ist, bei allen Gefühlen des Unbehagens, die wir als Lernende oder Lehrende im Einzelnen mit ihr verbinden mögen.

Ferner wollen wir unsere Bemerkungen vor allem auf das pädagogische Handeln in der staatlich verordneten Pflichtschule konzentrieren und die sonstigen Sprach- und Reitschulen, die Tanz- und die überaus nützlichen Fahrschulen sowie die vielfältigen Übungsstätten für Sport und Musik, Schauspiel und Malerei usw. hier beiseite lassen. Ihre Bezeichnungen lassen erkennen, um welche besonderen Fertigkeiten und Kenntnisse es in diesen Einrichtungen geht, die in geordneter Form von fachkundigem Personal vermittelt werden. Was sie von den so genannten allgemein bildenden Schulen unterscheidet, ist die Freiwilligkeit der Teilnahme und die spezifische Ausrichtung auf wohlumschriebene Kompetenzen. Geschichtlich gesehen sind die Spezialschulen die ältere Form: Das antike Griechenland kennt Fachlehrer und schulförmige Einrichtungen für die gymnastische Ausbildung und für das Erlernen von Lesen, Schreiben und Rechnen, schließlich auch für die höhere Ausbildung in den »Schulen« der Sophisten und der großen Meisterdenker. Schon hier wird ein Bestimmungsmerkmal von Schulen überhaupt erkennbar: die Existenz einer Lehre, eines Lehrgebiets mit einigermaßen fest umschriebenen Wissensbeständen und zugehörigen Fertigkeiten, das heißt: einem Kanon und einer Methodik, die dafür sorgen soll, die Lehrinhalte lernbar zu machen und weitergeben zu können. »Schule entsteht immer dann, wenn ein umfassender, rational durchgebildeter Lehrgehalt existiert, der nur in methodisch geordneter Weise überliefert werden kann« (Geißler 1960, S. 275).

Welche Schulen aus welchen Gründen und Anlässen auf diese Weise im Laufe der Erziehungsgeschichte entstanden sind, sei es in der Nachfolge bedeutender Meisterlehrer, sei es aus institutionellen, teils staatlichen, teils kirchlichen und konfessionellen Interessen,

das alles braucht hier nicht näher erörtert zu werden. Für die Gegenwart entscheidend ist die Einführung der Schulpflicht oder wie es zuerst noch treffend hieß: des Schulzwangs im 18. Jahrhundert und seine faktische Durchsetzung im 19. Jahrhundert. Damit ist eine neue Epoche des Schulunterrichts und der Erziehung allgemein eröffnet worden. Es dürfte nicht übertrieben sein, hier von einer pädagogischen Revolution zu sprechen, vergleichbar und im Gleichschritt mit der industriellen Revolution, durch die die Lebensverhältnisse der großen Masse der Bevölkerung tiefgreifend verändert worden sind. Die Einführung der Schulpflicht bedeutet eine dramatische Veränderung für die faktischen Erziehungsverhältnisse, denn nun müssen alle Kinder pünktlich und regelmäßig zu einem bestimmten Zeitpunkt und für eine festgelegte Dauer in die Schule kommen; im Zweifel werden sie von der Polizei geholt. Sie lernen nicht mehr nach Bedarf und Gelegenheit, wie im Umgangslernen, sondern nach einem festen Plan, auch nicht mehr vorwiegend nach ihren spontanen Neigungen und Interessen, und ihr Lernen wird nach einem allgemeinen Maßstab bewertet und benotet. Daher auch die Rede vom »Ernst des Lebens«, der mit dem Besuch der allgemeinen, öffentlich-rechtlichen Schule beginnt. Die Bezeichnung »Schul*pflicht*« ist dabei in Wahrheit eine moralisierende Verklausulierung der Tatsache, dass es sich um eine gesetzliche Vorschrift und damit wie beim Steuerzahlen um ein »Zwangsverhältnis« handelt, eingerichtet, gestaltet und kontrolliert von staatlichen Organen. In seiner Pädagogik-Vorlesung stellt Kant deshalb auch richtig und schnörkellos fest: »Die Schule ist eine zwangsmäßige Kultur« (Kant, Werke, Bd.6, S. 731). Ihr maßgebender Operationsmodus ist der Unterricht. Schulen sind Unterrichtsanstalten. Unterricht ist gewissermaßen ihr Kerngeschäft, was auch immer noch an weiteren Aufgaben und Funktionen hinzutreten und ihnen aufgebürdet werden mag.

Nun gibt es Unterricht auch außerhalb der Schule, teils sporadisch, wenn wir z.B. jemandem auf seine Frage nach dem Polizeirevier den Weg dorthin erklären, teils in pädagogischer Voraussicht, wenn wir den Kindern zeigen, wie man sich im Straßenverkehr verhält. Das Üben und Darstellen allein machen insofern noch keine Schule. Dafür sorgt erst die planmäßige Organisation als das Verfahren, Lernende und Lehrende mit Themen über Zeit in einen langfristig geregelten Zusammenhang zu bringen. In der Operation des Zeigens begegnen sich Lehrer und Schüler, für die Themen steht der

Fächerkanon ein, und beides wird gewissermaßen dramaturgisch inszeniert und zusammengebracht durch die Methodik des Unterrichts. Was gelernt und wie gelehrt wird, steht in der Schule unter den Prämissen ihrer Organisation; das ambulante Zeigen und Lernen wird gewissermaßen klinifiziert, mit der Folge, dass als erzieherisch nicht nur die Wirkung und womöglich das Charisma der Lehrenden und auch nicht nur die Themen, sondern ebenso das institutionelle Arrangement und die Methodik des Unterrichts zu werten sind. Wir fassen das kurz so: Schule erzieht als Institution.

Dies vorausgeschickt, wollen wir jetzt drei wesentliche Funktionen der Schule herausstellen, in denen sich ihre pädagogische Bedeutung zeigt, nämlich (1) Instruktion, (2) Motivation und (3) Selektion. Zweifellos dürfte Instruktion als Vermittlung von Fertigkeiten und Kenntnissen die wichtigste Funktion sein. Schließlich haben wir Schulen, damit die Kinder und Jugendlichen da all das lernen, was ihnen der häusliche Umgang und die Alltagserfahrung, selbst das Fernsehen in dieser Konzentration und relativen Vollständigkeit nicht bieten können: Geschichte und Biologie, Mathematik und Geographie, Fremdsprachen und Musik, selbst Religion und Sport. Das heißt zugleich: Schulunterricht ist Unterricht in Fächern und folgt deren Wissensstruktur und Systematik. Mehr noch: »Das Lehrgut ist Methode«, so Alfred Petzelt, »wenn es im Hinblick auf den Prozess des Gelerntwerdens gesehen wird« (Petzelt 1963, S. 220). Schulunterricht verfährt methodisch als zusammenhängender, planmäßiger, nicht zufällig auftretender Unterricht über bestimmte, thematisch-inhaltliche Wissensgebiete und Erfahrungsbereiche.

Die Methodisierung folgt zunächst der Logik der jeweiligen Fachinhalte, ordnet sie über die ganze Schulzeit, indem sie den »Stoff« zu Lehrgängen sequenziert, ihn gewissermaßen linearisiert und die einzelnen Fächer untereinander zu verbinden sucht und mit unterschiedlichen Zeitbudgets ausstattet. Auch wenn es gefällt, darf nicht zuviel gesungen und gemalt werden, damit das Lesen und Rechnen nicht zu kurz kommen, aber diese Übungen sollten auch nicht ganz den Spaß und die Gesundheit verderben, also wird für Bewegung und Sport gesorgt. Weil das nicht reicht, gibt es zusätzlich mit den Ferien geregelte Erholungszeiten. Immer nur Schule, das wäre nicht auszuhalten. Auch ist es hilfreich, wenn Schüler und Lehrer sich eine Weile nicht sehen und so nach den Ferien wieder neu anfangen können.

Etwas abstrakter und summarisch ausgedrückt, lässt sich sagen: Schule ist zuerst der Ort, an dem das Kapital des gesellschaftlichen Wissens in die kleine Münze des individuellen Wissens umgewechselt wird. Darauf bezieht sich das pädagogische Handeln als Darstellung der Welt, wenngleich auch nur in ausgewählten Ausschnitten. Diese Sicht auf Schule formulierte bereits die Barockdidaktik in der Formel der »*repraesentatio mundi*«. Sie verweist auf die Darstellungsbedürftigkeit der Welt und weist diese Aufgabe den Schulen zu, um »die der kindlichen Erfahrung unzugänglichen Teile der gesellschaftlich-historischen Kultur in irgend einer Weise zur Kenntnis zu bringen« (Mollenhauer 1983, S. 20). Hinzuzufügen und zu präzisieren wäre: um die kulturelle Botschaft für alle und in einer methodisch erprobten Form zu vermitteln. »Alle alles zu lehren« (Comenius) mag eine überzogene Aspiration sein, doch sie bildet den Motivhintergrund für das moderne Projekt der Bildung für alle, damit sie nicht nur gleichberechtigt, sondern prinzipiell auch gleichbefähigt in die Aufgaben der Gegenwart eintreten können (vgl. Tenorth 1994). Instruktion ist, anders gewendet, einer Gesellschaft geschuldet, die ohne wissensbasiertes Handeln nicht existieren kann und auf eine gut trainierte und ausgebildete Nachkommenschaft angewiesen ist.

Wenn Darstellung der Welt das Hauptgeschäft des pädagogischen Handelns in der Schule ist, dann ist klar, dass im repräsentativen zusammen mit dem ostensiven Zeigen die maßgebende Kompetenz der Lehrer zu sehen ist. Worin vor allem die Eigenart und Leistung des repräsentativen Zeigen besteht, haben wir bereits erörtert und ziehen diese Resultate jetzt heran, um den schulischen Unterricht als Instruktion zu kennzeichnen. Schule ist möglich, weil wir unsere Welt- und Lebenskenntnis immer auch über die symbolisch-sprachliche Darstellung von Sachverhalten gewinnen, durch die wir eine Vorstellung von der wirklichen Welt entwickeln, auch wenn sie nicht direkt vor Augen liegt, wenn wir nicht dabei sind und eigene Erfahrungen machen. Mit anderen Worten: Was Schule kennzeichnet, ist ein zeichenbasiertes, sprachlich verfasstes Wissen, im weiten Sinne Texte, nicht das alltägliche Wissen, das man sich en passant im Umgang mit anderen übend aneignet. Die Gegenstände des Schulunterrichts sind genau aus diesem Grund nur selten unmittelbar verfügbar und brauchen im Prinzip auch gar nicht im »Leben der Kinder« schon präsent sein, weil es dann keinen Grund gäbe, eigens Lehranstalten dafür einzurichten. Schulisches Zeigen läuft über

sprachlich verfasste Repräsentationen von Weltausschnitten in Schrift und Zahl, über Bilder und neuerdings auch über Filme und Computeranimationen. Eine Schrift verstehen heißt, aus den Zeichen eine Vorstellung von realen Sachverhalten gewinnen, und dazu bedarf es des fachkundigen Interpreten, um die Botschaften richtig zu deuten und sowohl das Buch der Natur wie die Ausdruckssprachen der menschlichen Sinnverständigung sachgerecht zu lesen. Wie zentral die Lesekompetenz ist, darauf hat in letzter Zeit besonders die PISA-Studie hingewiesen. Unter dem Ausdruck »Literacy« macht sie deutlich, dass sie die Schlüsselkompetenz nicht nur für geisteswissenschaftliche, sondern auch für mathematische und naturwissenschaftliche Kompetenzen ist. Schule ist in einem weit gefassten Sinn wesentlich »Leseschule« (vgl. Prange 2003).

Dabei ist bedeutsam, dass die Schulfächer selbst unterschiedliche Zeichensysteme oder Darstellungsformen haben, in die die Schüler eingeführt werden. In der Musik sind es Notensysteme und Partituren, chemische Formeln sind wiederum anders als in der Mathematik und diese unterscheiden sich von Stilformen der Rhetorik oder grammatischen Systemen. Das trifft auf die elementaren Kulturtechniken wie Lesen, Schreiben, Rechnen bei den Grundschülern ebenso zu wie auf die elaborierten Techniken der Integralrechnung oder der Gedichtinterpretation bei den Oberstufenschülern. Durch den Schulunterricht lernen wir, in einer zweiten Welt zu leben neben unserer Lebenswelt, eben in der dargestellten Welt der Zeichen und Formeln, der Bücher und der Phantasie. Das Lesen eröffnet dabei z.B. die Möglichkeit, das eigene Leben an gelesenen Ideen oder Idealen auszurichten, oder auch einer fixen Ideen anheim zu fallen, wie es bei Don Quijote der Fall ist. Kurz gefasst: Das Lesen erlaubt es uns, unser Leben »ideologisch« im guten und im fragwürdigen Sinne zu führen.

Aus diesem Vorrang des repräsentativen Zeigens ergibt sich die Stellung des ostensiven Zeigens: das Üben folgt der Darstellung nach. Lesen, Schreiben, Rechnen, Singen, Fremdsprachenlernen, Grammatik, mündliches und schriftliches Argumentieren, Winkelberechnungen oder das Einmaleins: alles Können bedarf der Übung. Je anspruchsvoller die Aufgaben sind und je mehr Vorkenntnisse sie voraussetzen, desto mehr bedürfen sie des Übens, des richtigen, systematischen Anleitens und Beobachtens – wobei natürlich individuelle Begabung und Interesse den Bedarf an Übungszeit variieren. Gerade für den sicheren Erwerb anspruchsvoller Kompetenzen, bei

Begriffs-, Fakten-, Formel- und Problemlösungswissen, ist ein »Überlernen« sinnvoll, d.h. Schüler üben noch weiter, auch wenn die Inhalte bereits verstanden und schon abgerufen werden können (Wellenreuther 2004, S. 155ff.). Bei einem Überlerneffekt von etwa 50% vermindert sich die Fehlerhäufigkeit und die Zeit, die man braucht, um das Gelernte später wieder abrufen zu können. Diesen »Überlerneffekt« haben wir bereits bei kleinen Kindern beschrieben (vgl. II, 2) im Zusammenhang des Erwerbs von Bewegungskompetenz. Berücksichtigt man daher neben den theoretischen Überlegungen auch noch die empirischen Befunde für das schulische Lernen, so darf man die Übung durchaus als eine zu Unrecht vergessene Größe des Schulunterrichts resp. der Schulpädagogik bezeichnen. Es ist ein Mangel, wenn das Üben nicht geübt und auf die leidigen Hausaufgaben abgeschoben wird.

Insgesamt kann man sehen, dass unter dem Vorzeichen der Instruktion das schulische Lernen unter die Räder der Methodisierung des repräsentativen Zeigens gerät, weil nur auf diese Weise ein Fundament an Wissen und Können vermittelt werden kann, das die Mitglieder fortgeschrittener Gesellschaften instand setzt, kompetent und erfolgreich auf möglichst vielen Gebieten dieser Gesellschaft zu agieren. Kurz: Instruktion dient der Qualifizierung für sozial erforderliche und erwünschte Kompetenzen.

Aber Instruktion im Sinne der Qualifizierung und der Vermittlung von Sachkompetenz wird nicht als ausreichende Leistung der Schule angesehen, jedenfalls nicht der allgemeinbildenden. Sie mag für Spezialschulen genügen, nicht jedoch für Unterricht, der allen auferlegt wird und mehr sein soll als »Kopf- und Handbewirtschaftung«. Es geht auch um den Gebrauch der erworbenen Fertigkeiten und Kenntnisse, um die längerfristigen Motive und das, was heute vorzugsweise als »Sozialkompetenz« bezeichnet wird. Wir fassen diese Aufgabe unter dem Titel der Motivation. Die Schüler sollen zur Bildung existentiell bedeutsamer Haltungen und wertgerechter Einstellungen bewegt werden, zur Entwicklung lebenslanger Motive. Es geht hier also nicht um die Motivation im Unterricht und für die einzelnen Unterrichtsstunden, sondern um die Einlösung jener Zielformeln, die sich in der Regel in den Präambeln der Lehrpläne finden, sei es nun in früheren Tagen der sittlich-religiöse Charakter, sei es heute der friedlich-kritische, kommunikativ aufgeweckte und vernünftigem Rat zugängliche, teamfähige und wertbewusste Normalbürger.

Die Frage ist also, wie das pädagogische Handeln in der Schule die Motive, Einstellungen und Haltungen erreichen und zum Guten wenden kann. Die Antworten auf diese Frage sind in der kurzen Geschichte der öffentlichen Schule für alle durchaus unterschiedlich ausgefallen. Sie reichen von grundsätzlicher Skepsis gegenüber den motivationalen Chancen des Unterrichts bis zu dem Optimismus, durch die geeignete Themenwahl, die richtige Methodik und ein vorbildliches »Schulleben« nicht nur die »Köpfe zu wecken« (Herbart) und die Hände zu schulen, sondern auch die Herzen zu bewegen. Auf diese drei Grundvarianten wollen wir im Folgenden eingehen. Das gemeinsame Stichwort dazu lautet: Erziehender Unterricht oder auch Erziehungsunterricht. Es kommt in dem Maße auf, wie Erziehungsaufgaben aus der Familie an die Schule delegiert oder von ihr okkupiert werden, und macht sich in der populären Forderung geltend, Lehrer sollten nicht nur unterrichten, sondern auch erziehen. Die Frage ist demgemäß, wie sich die Aufgabe der Instruktion mit der Erwartung verbinden lässt, auch langfristige Motivationen und Haltungen zu erzeugen.

Die erste Antwort ist: Die Inhalte sind charakterbildend. Es ist im Kern die klassische, sokratisch-platonische Antwort auf die Frage, was das rechte Tun, die Tugend, wie es in dieser Tradition genannt wurde, hervorbringt: Tugend ist wissensfundiert. Vom Appellcharakter bestimmter Themen erhofft man sich die direktiven Wirkungen auf den Charakter. Wer die Bergpredigt richtig hört, so die Überzeugung der Christen, wird auch zur Nachfolge Christi bewegt. Entsprechend werden an Lessings »Nathan« im Deutschunterricht daher nicht nur stilistische, formengeschichtliche oder ideologiekritische Studien betrieben, sondern die Lektüre soll – am besten gestützt durch das entsprechende Lehrervorbild – in den Schülern den Impuls erzeugen, sich von nun an vor Vorurteilen und Intoleranz in ihrem eigenen Leben zu hüten. Einige Fächer erscheinen aus dieser Sicht besonders geeignet für diese Form der Motivansteckung, vorzugsweise das Fach Deutsch als Gesinnungsfach, aber auch Religion und Geschichte. Hier können sich die Lernenden zu Stellungnahmen herausgefordert fühlen über die »Botschaften«, die in den großen und schulwürdigen Themen enthalten sind. Die Pädagogik des Neuhumanismus hat diesen Gedanken oder sollten wir besser sagen: diesen Glauben noch einmal kraftvoll vertreten. Die Objektivationen des Geistes geben den Anstoß zur Bildung eines reflexiven Bewusstseins, über das der Mensch zu freier Menschlich-

keit gelangen kann. Gleiches erzeugt Gleiches. Die Didaktik der »kategorialen Bildung« hat dieses Konzept der Entsprechung und »wechselseitigen Erschlossenheit« von Thema und Lernen noch einmal erneuert (vgl. Klafki 1963, S. 44) und ihm die »didaktische Analyse« als die zugehörige Kunst des pädagogischen Handelns zugeordnet. Die Instruktion wird direktiv relevant, indem der formbildende Bildungsgehalt herausgestellt und der Motivkern entfaltet wird, den die Themen für die Schüler haben.

Die zweite teils ergänzende, teils alternativ gemeinte Antwort besteht darin, dass es die methodische Form des Unterrichts ist, und zwar jedweden Unterrichts und nicht nur in den so genannten Gesinnungsfächern, die dafür sorgt, übergreifende und relativ konstante Kompetenzen zu ermöglichen. Nicht allein das Thema hat eine direktive Qualität, sondern auch und für viele sogar vorrangig die Form des Lehrens und Lernens. Diese Auffassung kann sich auf zwei Gründe stützen: erstens bildet die Vielfalt und Verschiedenartigkeit der Fächer keine Einheit von der Art, das sich ihnen noch ein funktionierendes Welt- und Lebensverständnis entnehmen lässt; und zweitens ist weder das vermittelte Wissen selber noch seine Bewahrung im individuellen Gedächtnis so stabil, dass es als dauerhafter Fundus eines gesinnungsträchtigen Bildungswissens fungieren könnte. Das meiste von dem, was wir in Geographie und Chemie, in Geschichte und Physik lernen, vergessen wir wieder, oder es veraltet, und wir müssten immer weiterlernen, um auf einem einigermaßen aktuellen Stand zu bleiben.

Diese Einschätzung legt es nahe, den Schwerpunkt nicht allein auf die Schulthemen, sondern auf die methodische Form ihrer Vermittlung zu legen. Methoden sind weniger variabel als die Ergebnisse, zu denen sie uns führen. Bildung lässt sich dann als das verstehen, was bleibt, wenn das faktische Einzelwissen abgesunken, aber so etwas wie »geschichtliches Verstehen« oder »problemlösendes Verhalten« übriggeblieben ist. Ebenso kann man annehmen oder wenigstens hoffen, dass Arbeits- und Interpretationstechniken, die Verfahren empirischen Beobachtens und Experimentierens, aber auch Formen der argumentativen Problematisierung, wenn sie an geeigneten Themen geübt worden sind, gewissermaßen eine Moral und Gewohnheiten mitliefern, die auch außerhalb und nach der Schule wirksam bleiben. So gesehen hat sich das pädagogische Handeln auf die Formen zu beziehen, in denen etwas gelernt wird, in der Hoffnung, zum Beispiel durch »Arbeitsunterricht« zur Sach-

lichkeit anzuregen, durch Gruppenarbeit den Teamgeist zu fördern und durch »selbstorganisiertes Lernen« oder Projektarbeit zu eigener Initiative zu motivieren. Im Konzept der »Kultivierung der Lernfähigkeit« (Tenorth 1994, S. 168f.) erreicht diese Betonung des Methodenaspekts schließlich ihren unüberbietbaren Zielpunkt: In der Schule lernen wir, wie wir lernen, und zwar nicht beiläufig, sondern methodisch angeleitet.

Tatsächlich konvergieren die diversen »Didaktiken« und »Methodiken« für die Vorbereitung und Gestaltung von Unterricht in diesem Punkt: Das pädagogische Handeln soll das Lernen nicht nur vorübergehend aktivieren, um Kenntnisse und Fertigkeiten auf Vorrat bereitzustellen, sondern es ist auf das Lernen selber gerichtet, um es in eine Form zu bringen, die gewissermaßen lebenslang griffbereit zur Verfügung steht. In der älteren Fassung diente als Begründung das Konzept der »formalen Bildung«, in neueren Varianten begegnet dasselbe Motiv in den Konzepten des exemplarischen Lehrens und Lernens, des praktischen Lernens, des genetischen Lernens und vielen anderen mehr. Dabei ist es nicht zufällig, dass es zunächst das so genannte niedere Schulwesen war, für das diese Konzepte entworfen wurden: Das methodische Können kompensiert die Dürftigkeit der Themen, indem das Lernen selber zum Thema gemacht wird. Inzwischen haben allerdings auch die »großen« Themen ihren Nimbus verloren und die Einsicht vorangebracht, dass es die Methode und Form des Zeigens ist, die ihm zugleich eine direktive Qualität vermittelt.

Schließlich noch die dritte Antwort auf die Frage, wie über schulisch organisierte Instruktion für längerfristige Motivationen gesorgt wird. Sie zeigt sich zunächst in der Bemühung, mehr »Leben« in die Schule hineinzubringen, das Miteinander zu thematisieren und zu kultivieren, sei es im eigenen Hause durch Feiern und Gemeinschaftsveranstaltungen, sei es durch Wanderungen und Theaterbesuche, Klassenfahrten oder den Aufenthalt in Schullandheimen. Sie sollen für ein Gegengewicht zum unterrichtsförmigen Lernen sorgen. Anspruchsvoller sind Maßnahmen, die sich direkt auf Verhalten und Haltungen der Schüler beziehen, wie z.B. Programme des Sozialtrainings und der Streitschlichtung, aber auch Praktika in sozialen Einrichtungen, in denen nicht nur beobachtet und zugesehen, sondern eingreifend-einübend gelernt wird, was es heißt, sich um Behinderte zu kümmern oder in der Altenpflege tätig zu sein.

Noch viel entschiedener sind die motivationalen Effekte des schulischen Lernens aus soziologischer Perspektive in den Blick gebracht worden. Nicht nur die Themen und die Methoden des Unterrichts haben eine Bedeutung für die Entstehung und Verfestigung von Motiven und Haltungen, Einstellungen und Selbstbewertungen, sondern ebenso, wenn nicht mehr, das soziale Arrangement. So hat Talcott Parsons die Schulklasse als *paedagocicum* identifiziert (Parsons 1968) und Robert Dreeben uns belehrt, was wir in Wahrheit »in der Schule lernen« (Dreeben 1980). Während der offizielle Lehrplan von Themen, Methoden und moralischen Werten spricht, gibt es tatsächlich einen verborgenen, »heimlichen Lehrplan« der Schule (vgl. dazu auch Zinnecker 1973). Die Schüler lernen zum Beispiel, Leistungsanforderungen zu entsprechen und sich nach allgemeinen Kriterien der Leistung bewerten zu lassen, sich in Konkurrenz und Wettbewerb einzuüben und Rangordnungen zu akzeptieren. Sie lernen, dass es soziale Rollen gibt, an die unterschiedliche Erwartungen geknüpft sind und die man nun ohne elterliche Unterstützung erfüllen muss, wenn man Nachteile vermeiden möchte. Der Gewinn für die Kinder besteht darin, dass sie dadurch unabhängig von den Eltern werden und ihre partikularen oder spezifischen, von der Herkunftsfamilie bestimmten Wert- und Handlungsmuster Schritt für Schritt relativieren und durch universalistische ersetzen; der soziale Gewinn besteht in der Akzeptanz von Ungleichheit in Hinsicht auf Lernen und in der faktischen Anerkennung von Selektion.

Anzufügen ist hier, dass der »heimliche Lehrplan«, einmal aufgedeckt und bewusst gemacht, ganz und gar nicht geheim und verborgen ist, sondern eine Stellungnahme vor allem zu der Frage der Selektion herausfordert. Das pädagogische Handeln hat darauf zu reagieren, wie das Lernen auf den Unterricht in Klassen unter der Vorgabe verbindlicher Themen und nach vereinbarten Methoden reagiert. Die Anschlussfrage ist dann, ob Selektion positiv als Leistung der Schule angesehen und nicht nur als missliche Nebenwirkung ertragen wird, oder ob sie als schädlich beurteilt und nach Auswegen gesucht wird, Selektion zu vermeiden, damit unbelastet und frei von »sozialen Zwängen« gelehrt und gelernt werden kann (vgl. dazu Strobel-Eisele 2004). Es scheint nicht übertrieben, das Problem der Selektion als dasjenige anzusehen, an dem sich die pädagogischen Geister scheiden. Darauf ist zuletzt in der Reihe der drei angegebenen Funktionen der Schulerziehung einzugehen.

Die Grundlage dafür, dass das schulische Lernen als Mittel sozialer Selektion genutzt werden kann, besteht darin, dass zum pädagogischen Handeln auch das reaktive Zeigen gehört. Nicht nur wird das Gezeigte jeweils besser und schlechter gelernt, sondern das Lernen im sozialen Verband unter Vorgabe definierter Ziele macht es relativ einfach, nicht nur die Schüler einer Klasse miteinander, sondern auch alle Schüler einer Region, eines Landes oder heute sogar weltweit zu vergleichen. Die organisierte Erziehung kennt seit je her die Beurteilungen ihrer Schüler. Wie das erlebt wird, haben wir eingangs unter dem Titel der »gefühlten« Schule schon angesprochen. Aber erst in der Moderne gewinnen Beurteilungen und Notengebung eine weitergehende Bedeutung, indem sie genutzt werden, um auf der Grundlage von Lernleistungen intern Schulkarrieren zu eröffnen oder zu blockieren und dadurch überhaupt über Lebenschancen zu entscheiden. Schule ist zum Ernstfall geworden. Die Rückmeldung der Lernergebnisse wird zur sozialen Selektion benutzt, mit der Folge, dass die Schulnoten darüber entscheiden, wer auf welche weiterführende Schule gehen, wer weiterlernen und schließlich noch studieren darf und wer nicht. In vormodernen Gesellschaften haben vornehmlich Herkunft und Familienstatus über die Lebensstellung eines Menschen bestimmt; jetzt wird Lernen zum Schicksal, und zwar dasjenige, das thematisch und methodisch von der Schule ermöglicht und kontrolliert wird.

In diesen Zusammenhang gehört auch die zunehmende Standardisierung dessen, was Lernthema wird und was nicht . Diese Selektion des für Schulleistungen maßgebenden sozialen Wissens erfolgt über den Lehrplan. Er ist das Gelenk zwischen dem Bedarf an gesellschaftlich erforderlichen Kompetenzen und dem, was tatsächlich unterrichtet wird. Es mag methodische Freiheit für die Lehrer geben, aber ansonsten unterrichten sie nach Plan und Vorschrift; sie handeln nicht anders als Verwaltungsbeamte auf Weisung, sicherlich mit einem gewissen Spielraum individuellen Ermessens, aber insgesamt dienstlich gebunden. Das lässt sich ablesen an der Lehrplan-Definition, die Herwig Blankertz gegeben hat: »Der Lehrplan ist die geordnete Zusammenfassung von Lehrinhalten, die während eines vom Plan angegebenen Zeitraumes über Unterricht, Schulung oder Ausbildung vom Lernenden angeeignet und verarbeitet werden sollen« (Blankertz 1973, S. 114). Formal gesehen stellt der Lehrplan eine Art Ermächtigung und Dienstverpflichtung dar. Er bindet beide Seiten, das Erziehen wie das Lernen, wenn auch in unter-

schiedlicher Weise. Das pädagogische Handeln wird kalkulierbar und kann im Grenzfall eingeklagt werden.

Tatsächlich gibt es natürlich nicht »den« Lehrplan, sondern Lehrpläne für die verschiedenen Schulstufen und Schularten, für einzelne Fächer und Sonderprogramme, inzwischen auch für die unterschiedlichsten Studiengänge der Hochschulen. Sie bestimmen das pädagogische Handeln planmäßig hinsichtlich der Zielvorgaben, der Lehrinhalte und der zeitlichen Organisation und bilden insofern auch die Grundlage für die Zulassung der Lehrbücher, nach denen unterrichtet wird, regeln Umfang und Abfolge der einzelnen Fächer und legen fest, was überhaupt in der Schule zu lehren und lernen ist: Englisch oder Suaheli, Ernährungskunde oder Rechtskunde, Astronomie oder Psychologie, Fechten oder Stricken. Da das kulturell akkumulierte Wissen moderner Gesellschaften weitaus mehr lehrbares Wissen bietet, als im Rahmen der begrenzten Schulzeit gelernt werden kann, legitimiert der Lehrplan nicht nur die Selektion in Hinsicht darauf, was die Schüler wissen und können sollen, sondern trifft Selektionsentscheidungen darüber, woran sich Eignungen zeigen und Neigungen ausbilden können. Man könnte sagen, dass es hier um ein pädagogisches Handeln zweiter Ordnung geht, und zwar unter dem Vorrang gesellschaftlicher Interessen. Insofern sind Lehrplanfragen immer auch ein Politikum: Der »Kampf um den Lehrplan« (Weniger 1930/1952) ist ein Spiegelbild der in einer Gesellschaft anzutreffenden Interessen und Machtverhältnisse, oft auch in Stellvertretung ideologischer Auseinandersetzungen über gesellschaftlich relevante Streitfragen. Nicht zuletzt die Frage, ob und in welcher Weise Schule geeignet ist, als Mechanismus der Chancenverteilung zu dienen, oder ob dies nicht vielmehr ihren pädagogischen Zweck beeinträchtigt oder außer Kraft setzt, wird politisch und nicht in der Pädagogik entschieden.

Zusammenfassend halten wir fest: Die drei maßgebenden Funktionen, die das pädagogische Handeln in der Schule kennzeichnen – Instruktion, Motivation und Selektion –, markieren eine klare Differenz zum pädagogischen Handeln in der Familie und im außerschulischen Umgang. Das Lernen wird durch die methodisch regulierte Organisation des Zeigens unter dem Primat des repräsentativen Zeigens gewissermaßen in die Mache genommen und so eine Praxis begründet, die die Erzieher, krass gesprochen, zu pädagogischen Vollzugsbeamten macht und von den Schülern eine spezifische Schulaufmerksamkeit und eine tendenziell theoretische Ein-

stellung verlangt, ohne die sie zum Nachteil ihrer Lebenschancen nicht erfolgreich sein können. Der Gewinn dieses organisatorisch dichten Netzwerks pädagogischen Handelns für die Gesellschaft liegt auf der Hand; für die Lernenden geht es eher darum, ihre Chancen variabel zu nutzen und mit dem auszugleichen, was sie sonst noch lernen möchten und was ihnen für sich selber wichtig ist. Es erscheint deshalb nicht abwegig, sich gegen die wachsende staatspädagogische Besitzergreifung und Verschulung insbesondere des Jugendalters zu wenden und den Individuen nicht mehr Schule zuzumuten als unbedingt nötig, und zwar gerade dann, wenn man von ihrem Nutzen und ihrer Unvermeidlichkeit überzeugt ist.

3. Nacherziehung

Der Ausdruck »Nacherziehung« gehört nicht gerade zum Standardvokabular der Pädagogik. Er wird gelegentlich benutzt, ohne sich doch nach der üblichen Fachgliederung einem der bekannten Gebiete, etwa der Sozialpädagogik oder der Schulpädagogik, der Erwachsenen- oder der Berufsfortbildung zuordnen und von daher explizieren zu lassen. Wir verwenden ihn vielmehr, um eine Reihe von pädagogischen Phänomenen zu kennzeichnen, die sich durch eine gewisse Familienähnlichkeit auszeichnen. Es geht um die zunehmend wichtige Reaktion der Erziehung auf vorangehende Erziehung, nicht nur als »Nacherziehung und Subjektbildung in ›besonderen Bildungsgängen‹« (Rießland 2003), sondern generell als pädagogisches Handeln im Blick auf die jeweilige Vorgeschichte des Lernenden.

Was genauer mit »Nacherziehung« gemeint ist, entnehmen wir zunächst einigen Bemerkungen von Sigmund Freud, der gelegentlich von Nacherziehung spricht, um das besondere Verhältnis des Analysanden zu seiner Vorgeschichte und den Wirrungen seiner Kindheit zu beschreiben. So in dem Kapitel über die »analytische Therapie« in den »Vorlesungen zur Einführung in die Psychoanalyse« (1916/1917). Da wird die »psychoanalytische Behandlung« als eine »Art von Nacherziehung« bezeichnet (Freud, GW XI, S. 469). Die Formulierung lässt erkennen, dass Freud zwar eine gewisse Gemeinsamkeit von Therapie und Erziehung im Auge hat, aber doch so, dass es sich eben nur um eine *Art* von Nacherziehung handelt und nicht wesentlich um eine Form der Erziehung. Das Gemeinsame besteht darin, dass es sich in der therapeutischen wie in der pädagogischen Situation darum handelt, auf die Ergebnisse und Folgen der bisherigen Erziehung zurückzukommen, gewissermaßen um eine »Korrektur der Erziehung« (Freud, GW XIV, S. 305), ohne doch den grundlegenden Unterschied von Erziehung und Therapie aufzuheben. In seinem Geleitwort zu dem Buch über die »Verwahrloste Jugend« von August Aichhorn (1925) hat Freud deshalb auch festgehalten, »dass die Erziehungsarbeit etwas *sui generis* ist, das nicht mit psychoanalytischer Beeinflussung verwechselt und durch sie ersetzt werden kann. Die Psychoanalyse des Kindes kann von der Erziehung als Hilfsmittel herangezogen werden. Aber sie ist nicht dazu geeignet, an ihre Stelle zu treten« (Freud, GW XIV, S. 566).

Der eingeschränkte und im Übrigen auch nur beiläufige Gebrauch, den Freud von dem Ausdruck »Nacherziehung« macht, mag es erlauben, einen ausdrücklich pädagogischen Begriff der Nacherziehung einzuführen, um damit eine besondere Form pädagogischen Handelns zu erfassen. Sie findet ihre Grundlage darin, dass die Erziehung im Ganzen nicht mehr als abgeschlossen und abschließbar vorzustellen ist. Das ist fast durchgängig in der Tradition die gängige Auffassung gewesen: Erziehung hat nicht nur einen Anfang, sondern in der Mündigsprechung auch ein definitives Ende. Was bis dahin nicht erreicht ist, kann zwar immer noch gelernt werden, aber es ist nicht mehr Sache des Erziehens und Erzogenwerdens, sondern lässt sich besser als Selbstbildung oder als Lernen im Gang der Lebenserfahrung beschreiben. In dem Maße indes, in dem das lebenslange Lernen zum Thema der Pädagogik geworden ist, stellt sich auch die Frage nach der über den Mündigkeitstermin hinaus verlängerten Erziehung, gewissermaßen *nach* der Ersterziehung. Dass lebenslang gelernt wird, ist keine Neuigkeit, wohl aber dessen Bedeutung und damit auch die Einrichtung der *éducation permanente*. Sie verdankt sich nicht dem Überschwang einer noch das Erwachsenenalter ergreifenden Pädagogik; sie verdankt sich vielmehr dem Tatbestand, dass uns die modernen Lebensumstände zunehmend zum Nachlernen, zum Weiter- und Umlernen nötigen. Die lebenslange Pädagogik kann man insofern zu den Modernisierungsfolgen rechnen ebenso wie die Verstädterung und die Industrialisierung, die tendenzielle Angleichung der Geschlechter und die Egalisierung der äußeren Lebensverhältnisse weltweit, das Fernsehen und das Internet und vieles andere mehr.

Erziehung nach der Erziehung: um diesen Sachverhalt geht es im Folgenden, um die weitere Erziehung als Reaktion auf die Ersterziehung. Was mit »Ersterziehung« gemeint ist, erklärt sich von selbst, ebenso wie der Bezug auf die Nacherziehung. Zuerst einmal muss etwas gezeigt und vermittelt sein, damit wir darauf zurückkommen und daran anschließen können. Denn wie man weiß, gelingt nicht alles auf Anhieb, und manches, was sicher gelernt erscheint, geht wieder verloren. Auch werden Anschlüsse verpasst oder eigentlich erforderliche Zwischenschritte übersprungen, die sich später als Defizite herausstellen. Schon der Nachhilfeunterricht, mit dem am Nachmittag die Unterrichtsbemühungen des schulischen Vormittags nachgebessert und aufgeholt werden, ist eine einfache Form der Nacherziehung. Sie bezieht sich auf die

Lücken und Defizite, die zum Teil das pädagogische Handeln selbst erzeugt. In dem Maße, wie das Erziehen sich verzweigt und anspruchsvoller wird, nehmen auch die Lücken zu und wachsen die Defizite. Die Schule kennt, nicht überall, aber vor allem auch in Deutschland, die Einrichtung des »Sitzenbleibens«: Wer nach dem Urteil der Lehrer nicht mitgekommen ist, erhält eine neue Chance, um in der zweiten Runde das zu lernen, was er beim ersten Mal nicht verstanden, nicht erfolgreich geübt und sich zu eigen gemacht hat.

Vom pädagogischen Handeln her gesehen kann man deshalb sagen: Das Erziehungssystem reagiert darauf, dass seine Leistungen für das Lernen unvollständig und im Grenzfall vergeblich sind, indem es eine besondere Leistung vorhält, um den Schaden zu heilen, ähnlich wie Versicherungen selber wieder rückversichert sind und überhaupt die etablierten Systeme sozialer Organisation Vorkehrungen treffen, um z.B. Strafverfahren wieder in Gang zu setzen, Urteile zu revidieren, Gesetze zu novellieren und nachzubessern, Behandlungsfolgen durch Rehabilitationsmaßnahmen auszugleichen und technische Fehler durch Rückrufaktionen zu korrigieren. Die sozialen Systeme steigern ihre Funktionstüchtigkeit, indem sie Prozeduren der Korrektur ihrer eigenen Entscheidungen vorsehen und Maßnahmen der Selbstkontrolle treffen, mit denen sie auf ihre disfunktionalen Effekte reagieren. Kurz: *Nacherziehung ist die Reaktion der Erziehung auf ihre prinzipielle Unvollständigkeit und darüber hinaus auf ihr manifestes Misslingen.*

Aus dieser Beziehung der Nacherziehung auf die Ersterziehung und dann überhaupt auf die jeweils vorangehende Erziehung ergeben sich deren besondere Aufgaben und Formen. Schon in der Ersterziehung geht es immer darum, den Anschluss an das vorherige Lernen zu finden; mit der Nacherziehung verschärft sich diese Aufgabe. Wer einen Kurs in einer Volkshochschule durchführt oder ein Meditationswochenende inszeniert, hat mit einer viel größeren Bandbreite der Voraussetzungen zu rechnen als der Lehrer im üblichen Schulunterricht. Die Lehr- und Verlaufsplanung erfolgt in stärkerer Abhängigkeit von der Nachfrage der Teilnehmer. Das Stichwort für diesen Teil der Erwachsenenbildung lautet Teilnehmerorientierung und gilt als deren Spezifikum. Das zeigt sich in der Breite des Angebots, wie es schon eine Volkshochschule mittlerer Größe vorhält. Neben den schulförmig angelegten Themen zur politischen Bildung oder zur ästhetischen Nachbesserung gibt es Mal- und Zeichenkurse, Kurse zur Einübung in die Kunst des Ike-

bana und zur Gestaltung von Wohnräumen nach den Regeln des *Feng-shui*, Einführungen in die Rhetorik mit praktischen Übungen und Kurse zum Gebrauch des PC oder zur Technik des Yoga, manchmal sogar ein so lebensnahes Thema wie die Reinkarnationstherapie. Der themenerzeugende Gesichtspunkt ist ersichtlich die Nachfrage eines interessierten Publikums, das etwas für seine »Bildung« und den Kompetenzerwerb auf vernachlässigten oder auch gänzlich neuen Gebieten tun möchte. Das pädagogische Handeln orientiert sich dabei an den Mustern der gängigen Schuldidaktik unter Berücksichtigung des Alters und der Zusammensetzung der Lerngruppen, teils entlastet von den Aufgaben der Kontrolle und Evaluation, teils mit Zertifikaten als Leistungsnachweis bei Bewerbungen oder Anträgen auf Gehaltserhöhungen.

In ähnlicher Weise sorgen die Großbetriebe und die Berufsverbände ebenso wie die privaten und staatlichen Verwaltungen dafür, das Können und Wissen ihrer Mitarbeiter auf dem jeweiligen Stand zu halten. Sie betreiben Fachschulung und setzen dazu Lehrer, Übungsleiter und Verhaltenstrainer ein. In diesen Zusammenhang gehört auch die Lehrerfortbildung, teils wahlweise, teils obligatorisch und mit Prüfungen verbunden. Diese Bemühungen betreffen keineswegs nur die unteren Chargen des Betriebs, sondern gleichermaßen prospektives Führungspersonal, denen mit Tanz- und Benimmkursen dazu verholfen wird, sich mit größerer Sicherheit in einem Milieu zu bewegen, das sie in Kindheit und Jugend nicht kennen gelernt haben. Tatsächlich haben das Weiterlernen und die Nacherziehung einen Umfang und damit verbunden eine Selbstverständlichkeit erlangt, die sich in der pädagogischen Begriffsbildung in den Formeln vom »lebenslangen Lernen«, vom »Lernen des Lernens« oder der »Kultivierung der Lernfähigkeit« wiederfindet. Nicht nur hat die Nacherziehung den Makel verloren, in der Schule und in jungen Jahren nicht richtig aufgepasst zu haben, sie tritt vielmehr als leitender Gesichtspunkt schon in der Hauserziehung und mehr noch in der Schulerziehung auf. Die erste Erziehung hat nicht einfach auf das »Leben« vorzubereiten, sondern maßgebend auch darauf, später und wiederkehrend in Lernprozesse einzutreten, sich etwas zeigen zu lassen und auf andere Aufgaben neu einzustellen.

Was das bedeutet, haben Luhmann und Schorr als »Konzept des zu lernenden Lernenkönnens« formuliert (Luhmann/Schorr 1979, S. 87). Es ergibt sich aus den Erfordernissen unserer sozialen Existenz in einer »funktional differenzierten Gesellschaftsordnung«

(ebd.). Sie verlangt »Umstellfähigkeit auf der Ebene sozialer wie auf der Ebene personaler Systeme«, die ohne eine dauerhaft vorhandene, anerzogene Lernbereitschaft nicht zu haben ist. Dass das Lernen keine Ende hat und wir nicht auslernen, stellt das pädagogische Handeln vor allem in den dafür geschaffenen Einrichtungen vor die Aufgabe, schon im Blick auf Nacherziehung zu operieren. Das heißt, in unsere Sprache übersetzt: nicht nur etwas verbindlich zeigen im Gestus endgültiger Antworten, sondern so, dass in den Antworten die Fragen sichtbar werden, durch deren Weiterentwicklung dann wieder neue Antworten möglich werden. Die Unfertigkeit des Lernens wird transformiert in die Unabgeschlossenheit des Erziehens, so dass mögliche Anschlüsse wichtiger werden als Abschlüsse und diese den Charakter von Zwischenstationen auf dem Weg des lebenslangen Lernens erhalten.

Soweit dieses Konzept der Erzeugung einer elaborierten Lernfähigkeit das ostensive und das repräsentative Zeigen betrifft, mag es unproblematisch erscheinen. Es fördert ein Lernen im Bewusstsein seiner Vorläufigkeit, so wie wir in der Wissenschaft wissen, dass wir an kein Ende kommen und unser Wissen heute mutmaßlich revidiert, verbessert und womöglich überholt wird. Hier ist Lernfähigkeit sozusagen eine Betriebsprämisse, nämlich derart, dass »kognitiv und nicht normativ, änderungsbereit und nicht kontrafaktisch-durchsetzungsbereit erwartet wird« (ebd.). Tatsächlich war schon das ältere Konzept der »formalen Bildung« eine Reaktion auf den Tatbestand, dass das, was wir objektiv wissen könnten, von den Einzelnen faktisch gar nicht einholbar ist, so dass es sich nahe legte, auf die Strukturen des Wissens, auf Paradigmen und Grundideen zurückzugehen, die dann im Einzelfall aktiviert und konkretisiert werden. Doch wie steht es mit dem direktiven Zeigen, durch das wir Haltungen und dauerhafte Einstellungen, sozusagen das existenzielle Engagement, evozieren möchten? Es ist schwer vorstellbar, dass wir die Maßstäbe und Verbindlichkeiten unserer Lebensführung, eben das, was heute meist unter dem Begriff der Identität gefasst wird, in der gleichen Weise unter einen nicht nur prinzipiellen, sondern faktischen Änderungsvorbehalt stellen wie unsere Kenntnisse und Fertigkeiten.

Dieses Problem zeigt sich ausdrücklich und betrifft das pädagogische Handeln in direktiver Hinsicht, wenn sich die Nachfrage nicht nur auf Ergänzung und Erweiterung des bisher Gelernten bezieht, sondern die Erwartung dahin geht, selber gleichsam neu zu

werden, das heißt, wenn die erlebten Defizite im Bereich der affektiven Einstellungen und womöglich der weltanschaulichen Neuorientierung liegen. Da geht es nicht mehr nur um Dazulernen und Weiterlernen, sondern um Umlernen und Verlernen. Dieser Frage hat die Pädagogik in der Regel wenig Aufmerksamkeit geschenkt. Zwar kennt sie das Phänomen, dass bereits Erlerntes wieder verlernt wird; dann muss eben wieder geübt und das alte Können reaktiviert werden. Doch das Verlernen in dem zugespitzten Sinn, sich darauf vorzubereiten, andere Interessen, Einstellungen und Reaktionsweisen zu kultivieren, ist nur gelegentlich als Thema aufgegriffen worden. So von Adolph Diesterweg in seinem »Wegweiser zur Bildung für deutsche Lehrer« (zuerst 1837). Er spricht da von der »schweren Kunst des Verlernens« (Diesterweg 1958, S. 31) und fährt fort: »Keiner wird sie ganz entbehren können. Denn jeder bringt mehr oder weniger falsche Ansichten, schiefe Meinungen und Vorurteile mancherlei Art aus der unreifen Jugendzeit mit in die Zeit des männlichen Alters. Also gilt für uns alle die Aufgabe, die Kunst des Verlernens zu lernen« (ebd.).

Leicht gesagt, aber wie macht man das? Und wie hilft man einem anderen dabei, sich von falschen Ansichten, schiefen Meinungen und Vorurteilen zu befreien? Denn »etwas zu verlernen ist aber weit schwerer, als etwas zu lernen. In diesem Falle gleicht der Geist einem ganz leeren Boden, der jederzeit empfänglich ist für die Saat; in jenem aber ist der Geist einem Acker gleich, auf welchem Dornen und Disteln und Unkraut aller Art wächst, das, ehe man an die Ausstreuung des Samens denken kann, mit Mühe und Fleiß ausgerottet werden muß« (ebd.).

Das ist allerdings nur bildlich gesprochen, so dass offen bleibt, worin denn nun das Ausrotten des Unkrauts besteht. Man kann zunächst an das Berichtigen und Aufklären über Irrtümer denken, wie sie innerhalb des repräsentativen Zeigens gang und gäbe sind. Es bleibt aber fraglich, ob damit tiefsitzende Vorurteile, Meinungen und charakterliche Prägungen erreicht werden, die wir in der frühen Kindheit und in der Jugend erworben haben. Von dem großen Sozialtheoretiker George Herbert Mead wird die Bemerkung überliefert: »He once said it took him twenty years to unlearn what he had been taught the first twenty years of his life« (Miller 1973, S. xii). Was hier in Frage steht, ist die »Ich-Identität«, ein Thema, dem sich Mead vielleicht gerade deshalb mit solcher Intensität zugewandt hat, weil er den Übergang von einer primären, durch Er-

ziehung vermittelten Identität zu einer neuen, mühsam erworbenen Identität an sich selber erlebt hat. In der Tat bietet die autobiographische Literatur eine Fülle von Beispielen für einen solchen Übergang und Umbau, für Umschwünge und Neuanfänge, Bekehrungen und »Revolutionen der Denkungsart«, um einen kantischen Ausdruck zu benutzen. Dass wir anders werden, nicht Kinder und auch nicht jugendbewegt bleiben, ist das Übliche, aber das Streben nach einem völligen Neuanfang, in dem man sich gleichsam neu erfindet, ist eher selten, und es ist sehr die Frage, ob wir uns überhaupt in der Weise aufbauen und konstruieren können, wie eine Firma oder wie ein Staat gegründet werden. Die neuere Rede vom »Ich-Management« lässt das möglich erscheinen, aber das ist eben nur dem modisch-betriebswirtschaftlichen Jargon nachgeredet, ohne zu prüfen, wie das vor sich geht und ob es überhaupt möglich ist, sich selbst wie eine Firma zu betreiben.

Für die enger gefasste Frage des pädagogischen Handelns stellt sich darüber hinaus die Frage, ob sich ein solcher Sinnes- und Einstellungswandel grundlegender Art inszenieren lässt und ob es dafür eine Form gibt. Diese Frage ist uns schon im Zusammenhang der Erlebnispädagogik begegnet; hier kehrt sie noch einmal zugespitzt wieder. Schon der Aufbau langfristiger und als verbindlich erlebter Haltungen bringt das Erziehen an die Grenze seiner Möglichkeiten; um wie viel mehr muss das für den Versuch gelten, den alten Adam abzutun und den neuen Adam hervorzubringen. Die religiöse Erziehung hat das immer wieder unternommen, um ihre Adressaten vor allem durch die Predigt zu bekehren. Es gibt aber auch außerhalb dieser Praxis des religiös motivierten Weckrufs ein pädagogisches Modell aus der Erziehungsgeschichte, auf das immer dann zurückgekommen wird, wenn es um diese Neuformierung des Selbst gehen sollte: Das ist das Modell der sokratischen Form der Selbstprüfung und kritischer Infragestellung dessen, was bisher gelernt und ausgeübt worden ist. Es bietet einen Anhalt, die Nacherziehung nicht nur als Erweiterung und Nachbesserung, sondern als Methode zur radikalen Umformung des Charakters zu erfassen.

Die viel berufene Methode des Sokrates besteht zu einem Gutteil darin, erst in Sackgassen zu führen und den Gesprächspartner seines Nichtwissens und bloß vermeintlichen Wissens zu überführen. So bringt er den ja schon recht gebildeten und wohlerzogenen Menon in dem gleichnamigen Dialog recht zur Verzweiflung, indem er alle seine Ansichten darüber, was das rechte Verhalten (die Tugend) sei,

als leer, widersprüchlich und unbegründet erweist. Die provokative Irritation geht der Belehrung voran. Insofern haben wir es bei der sokratischen Methode mit einer Form der Nacherziehung zu tun. Sie setzt immer schon Wissen und Meinungen voraus, Kenntnisse und auch Fertigkeiten, die jetzt rückläufig geprüft und neu arrangiert werden. Sokrates hat es ja auch nicht mit Kindern und ebensowenig mit Schülern zu tun, die etwas lernen, was für sie neu ist, sondern mit geübten und reichlich belehrten jungen Erwachsenen, denen Sokrates zeigt, dass ihr Wissen schlecht oder gar nicht begründet ist und dass sie deshalb erst einmal zu verlernen haben, was sie für ihren festen Lernbesitz halten, um noch einmal neu anzusetzen. Für genau diesen Fall der Nacherziehung taugt die sokratische Methode, wie sie insbesondere aus den frühen Dialogen des platonischen Sokrates erkennbar ist; sie taugt nicht für Anfänger und sollte auch nicht mit der katechetischen Methode verwechselt werden, die nach dem Frage-Antwort-Schema verfährt. Die sokratische Frage ist destruktiv in Hinsicht auf das bisherige Wissen, um den Boden für das nachfolgende Zeigen zu bereiten.

Zweifel und Irritationen, Paradoxien und Provokationen: das sind probate Mittel, Lernprozesse in Gang zu setzen, aber sie setzen doch schon die Bereitschaft voraus, sich auf das Risiko einzulassen, etwas dazuzulernen, Ansichten aufzugeben, Vorurteile abzubauen und bessere Gewohnheiten anzunehmen. Dramatischer, aber deshalb auch problematischer ist das Mittel des Schocks oder der Alarmierung, um den Adressaten unserer pädagogischen Bemühungen in einer Weise zu verunsichern, aus seinen Gewohnheiten und Vorurteilen herauszureißen, dass ihm nichts anderes bleibt, als zum Rettungsring neuer Verhaltensweisen und Auffassungen zu greifen.

Insgesamt wird man sagen dürfen, dass die Nacherziehung, wie sie hier in einigen Varianten in den Blick gebracht worden ist, zwar als Aufgabe erkennbar, doch noch nicht so bearbeitet ist, dass von einer Didaktik des Nacherziehens die Rede sein kann. In dem Maße indes, in dem die Nachfrage nach Hilfen für das Verlernen und Umlernen angesichts einer Umwelt wächst, die uns in einem früher unbekannten Ausmaß mit Änderungen und Innovationen, mit dem Wegfall geläufiger Gewissheiten und Gewohnheiten konfrontiert, dürfte auch die Dringlichkeit einer solchen Didaktik der Nacherziehung zunehmen, die diesen Verhältnissen entspricht.

Exkurs II: Die Erziehung zum Erziehen

Seitdem das pädagogische Handeln nicht mehr vorwiegend und schon gar nicht allein Sache der Familien ist und sich gleichsam naturwüchsig vollzieht, ist es selber ausdrücklich zum Thema für pädagogische Absichten und Methoden geworden. Die Ausbildung der Erzieherinnen und Erzieher von Beruf erfolgt in besonderen Einrichtungen, nicht anders wie die Ausbildung der Hebammen oder Ärzte, Fußballtrainer oder Balletttänzerinnen. Tatsächlich ist vor allem der Aufbau des modernen Schulwesens mit der Frage nach der richtigen Form der Lehrerbildung eng verbunden. Mit der Schule für alle entstehen auch Schulen, in denen das pädagogische Handeln gelehrt und gelernt wird.

Man sollte nun meinen, dass es die Pädagogen von Profession in eigener Sache besonders gut verstünden, für die Qualifikation ihres Nachwuchses zu sorgen und dabei die Gesichtspunkte anzuwenden, die für die Vermittlung von Kompetenzen von Bedeutung sind und so zu einer allseits befriedigenden Form führen. Davon kann aber kaum die Rede sein. Das Thema »Lehrerbildung« kommt nicht zur Ruhe. Das dürfte sich daraus erklären, dass die unterschiedlichen Auffassungen, die über die Erziehung generell und über die Aufgabenstellung der verschiedenen Lehrämter bestehen, auf die Formen durchschlagen, in denen die Kunst des pädagogischen Handelns kultiviert und weitergegeben wird. Die einzelnen Pädagogiken schaffen sich auch ihre eigenen Ausbildungsgänge. Wie man früher Volksschullehrer wurde und heute Haupt- oder Grundschullehrer wird, sah und sieht anders aus als die Qualifikation zum Gymnasial- oder Berufschullehrer, und diese wiederum anders als die zum Sonderschul- oder Hochschullehrer, ganz zu schweigen von den Formen, mit denen Privatschulen, Internate und Erziehungsheime ihren Nachwuchs rekrutieren und berufsfertig machen. Der Ausdruck »Lehrer« deckt viele und sehr unterschiedliche Aufgaben und Tätigkeitsbereiche, differenziert nicht nur nach Schulformen und Lehrämtern, sondern auch nach den jeweiligen Fächern und jeweiligen Bezugsdisziplinen.

Diese Divergenzen allein schon innerhalb der Schulpädagogik werden noch vermehrt, wenn man die pädagogischen Berufe in Betracht zieht, die mit dem Aufkommen und der institutionellen Akkreditierung der differenziellen Pädagogiken entstanden sind. Was ein Sozialpädagoge oder ein Erwachsenenbildner, ein Frei-

zeit-, Umwelt- oder Museumspädagoge zu können hat, von den Sozialarbeitern nicht zu reden, deren Ausbildung sich in Deutschland die Erziehungswissenschaft und nicht die Soziologie angelegen sein lässt, scheint wenig mit dem zu tun zu haben, was ein Deutsch- und Mathematiklehrer oder eine künftige Kindergärtnerin zu lernen hat.

Dieser Zustand sowohl der Disziplin wie der Arbeitsfelder, auf denen professionelle Pädagogen tätig sind, dürfte dafür verantwortlich sein, dass gegenwärtig eine befriedigende und hinreichend akzeptierte Didaktik der Pädagogik nicht zu erkennen ist, die als gemeinsame Grundlage für die Ordnung der pädagogischen Ausbildungsgänge dienen und nach einheitlichen Gesichtspunkten beschrieben werden könnte. Auf diesen Zustand – oder vielleicht genauer: auf diesen Notstand – reagieren die Pädagogenzunft und die für die Lehrerbildung maßgebende Amtspädagogik zumeist mit Zielvorgaben und neuerdings mit hochdifferenzierten Kompetenzkatalogen, die sich auf die »Fähigkeiten, Fertigkeiten und Einstellungen« beziehen, »über die eine Lehrkraft zur Bewältigung der beruflichen Anforderungen verfügt« (Sekretariat der Ständigen Konferenz der Kultusminister 2005, S. 281). Im Einzelnen werden dazu vier zentrale Kompetenzbereiche angegeben: Unterrichten, Erziehen, Beurteilen und Innovieren, die dann weiter in insgesamt 11 Einzelkompetenzen zerlegt werden. Jede Kompetenz erscheint noch einmal geteilt nach »Standards für die theoretischen Ausbildungsabschnitte« und »Standards für die praktischen Ausbildungsabschnitte«. Als Beispiel die Kompetenz Nr. 10: Sie besteht zuerst einmal darin, den »Beruf als ständige Lernaufgabe zu verstehen« (a.a.O., S. 289), und weiter: Die »Absolventinnen und Absolventen kennen Methoden der Selbst- und Fremdevaluation«, und sie »reflektieren die eigenen beruflichen Erfahrungen und Kompetenzen und deren Entwicklung und können hieraus Konsequenzen ziehen« (ebd.). Kenntnisse und Wissen einerseits, Nutzung und Anwendung andererseits, zusammengehalten durch eine Art pädagogischer Dauerreflexion: das ist das durchgängig duale Schema für die Gesamtausbildung. Sie ist dementsprechend in »zwei Phasen gegliedert (...), die universitäre Ausbildung und den Vorbereitungsdienst« (a.a.O., S. 282).

Ersichtlich ist hier die Kompetenzbeschreibung der Sprache von Organisationsexperten und Stellenbeschreibungen für Führungspositionen in der Wirtschaft nachempfunden. Fragt sich eben nur,

auf welche Weise und wo all die Kompetenzen erworben werden können, die den Pädagogen von Beruf ausmachen. Als Aushilfe dient der Dual von Theorie und Praxis; erst das »theoretische« Studium der Erziehungswissenschaft mit Einsprengseln von Hospitationsausflügen in die so genannte Praxis, dann die praktische Vorbereitung vor Ort in Fachseminaren oder gleich ins brodelnde Sozialleben und *training on the job.* Diese duale Organisation entlang der Unterscheidung: erst Theorie, dann Praxis, kommt der progressiven Marginalisierung dessen entgegen, was für »pädagogisch« angesehen wird. Es wird reduziert auf das Formalmethodische (Stichwort: Methodenkompetenz), das man immer noch lernen kann, wenn man dann wirklich mit Schulklassen, Klienten und Kursteilnehmern zu tun hat. Für etliche pädagogische Berufe wird sowieso auf eine besondere didaktisch-methodische Ausbildung verzichtet, zum Beispiel für die Fachdozenten in der beruflichen Weiterbildung und insbesondere auch für die Hochschullehrer, und zwar in der Annahme, dass das in Prüfungen und Schriften nachgewiesene Themenverständnis (Stichwort: Sachkompetenz) für den sach- und formgerechten Unterricht ausreicht und sich der Rest mit der eigenen Erfahrung und im Zuge der Selbstausbildung schon ergeben wird. Auch wenn neuerdings für angehende Hochschullehrer ein Nachweis der »pädagogischen Eignung« verlangt wird, lässt sich nicht erkennen, dass da mehr als eine gewisse Umgänglichkeit mit Studierenden (Stichwort: Sozialkompetenz) erwartet wird, lobenswert ergänzt durch den »kompetenten« Gebrauch der neueren Demonstrationstechniken, die sich mit den technischen Medien anbieten.

Im Allgemeinen wird man sagen dürfen, dass in dem Maße, wie der Schwerpunkt des pädagogischen Handelns sich auf den Themenpol des Zeigens bezieht, der Erwerb pädagogischer Kenntnisse und Fertigkeiten der Selbstausbildung anheim gestellt bleibt, wie auch umgekehrt die Sozial- und die Methodenkompetenz ins Zentrum rücken, je jünger die Lernenden sind und besonderer, auf sie abgestimmter Hilfestellungen bedürfen. Das zeigt sich im Übrigen auch daran, welcher Stellenwert und welcher Umfang den so genannten pädagogischen Anteilen in den Studiengängen für die verschiedenen Lehrämter zugemessen wird. Mehr Pädagogik für die Grundschullehrer als für die Gymnasiallehrer, faktisch keine für die Hochschullehrer.

Angesichts dieser Lage erscheint es nicht abwegig, die Frage nach der Organisation einmal auf sich beruhen lassen oder wenigstens aufzuschieben, um Klarheit darüber zu gewinnen, wie das jeweils erforderliche Berufskönnen erworben werden kann. Vermutlich verdient die Organisationsfrage auch gar nicht das Gewicht, das ihr von den Ausbildungsadministratoren zugemessen wird. Die Tatsache, dass sich allein schon innerhalb Deutschlands in den einzelnen Ländern eine Vielfalt von Ausbildungsvarianten und organisatorischen Kombinationen findet, legt den Gedanken nahe, dass es gar nicht so sehr auf Organisation ankommt. Es ist ziemlich egal, wo die nötigen Berufsfähigkeiten erworben werden, ob im akademischen Unterricht oder im Fachseminar, an einer Schule unter Anleitung erfahrener Kollegen oder im Selbststudium, wenn sie nur überhaupt erworben werden. Die Erwartung, unter dem Titel der »Reform« über immer neue organisatorische Arrangements zu wesentlichen Fortschritten zu gelangen, dürfte sich kaum erfüllen, solange nicht beherzigt wird, was Humboldt über das akademische Studium gesagt hat. Die »ganze äußere Organisation der Universitäten« habe aus dem zu »fließen«, was die Eigenart der Wissenschaft ausmacht (Humboldt, Werke, Bd. 4, S. 191). Für die Erziehung zum pädagogischen Handeln ergibt sich aus diesem Gedanken, dass die Eigenart des pädagogischen Handelns die entscheidende Maßgabe für ihre Organisation zu sein hat.

Das bedeutet: Um einen pädagogischen Beruf ausüben zu können, ist es erforderlich, dass einem gezeigt wird, wie man anderen etwas zeigt, und zwar in den verschiedenen Hinsichten, die wir im zweiten Kapitel ausgeführt haben. Das pädagogische Handeln muss erstens erkannt und geübt werden, des Weiteren bedarf es gerade dann, wenn es als Beruf ausgeübt wird, direktiver Vorgaben, und es sollte schließlich auch geprüft werden, ob die Aspiranten für pädagogische Aufgaben den gewünschten Anforderungen genügen. Zu alledem braucht man Fachleute ebenso wie für die Vermittlung medizinischer oder juristischer oder sonstiger Berufsfertigkeiten. Auf die Pädagogik bezogen sollte das bedeuten: Die Lehrer der Pädagogik sind auf keine andere Weise Lehrer wie auch die Lehrer des Lesens und Schreibens, der Geographie und der Sprachen, der Differentialgeometrie oder der Neurochirurgie: Man muss selber können, was man anderen beibringen will.

Das hört sich sehr einfach an; doch darin liegt die ganze Crux der Pädagogenausbildung, und zwar umso mehr, je »akademischer« sie

geworden ist und je entschiedener sie jetzt von einer Erziehungswissenschaft getragen werden soll, die sich zunehmend von der Praxis des pädagogischen Handelns abgekoppelt und eine eigene Praxis der Beobachtung und Beschreibung, Erklärung und Begründung von Erziehungsprozessen etabliert hat, und zwar weithin unter Gesichtspunkten und nach Maßstäben, die sich anderen Disziplinen verdanken, vorzugsweise der Psychologie, den Sozial- und neuerlich den Biowissenschaften. Die Folge ist, dass die Lehrer der wissenschaftlichen Pädagogik selber keine Lehrer im üblichen Sinne mehr sind, an keiner Schule unterrichten oder sonst in einer Erziehungseinrichtung tätig sind. Sie können weder zeigen und vormachen, wie man anderen etwas zeigt (außer im eigenen akademischen Unterricht), noch können sie die Einübung in das pädagogische Handeln anleiten, vielmehr betrachten und analysieren sie das Erziehen wie ein Germanist die vorfindlichen Romane und Gedichte oder ein Musikwissenschaftler die Partituren von Beethoven und Ligeti.

Allgemeiner gesprochen: Die Praxis der Theorie bezieht sich auf eine andere Praxis, die sie selber nicht betreibt und nur als Objekt der Beobachtung kennt. Darin ist das didaktische Problem der Pädagogenausbildung enthalten als Problem des Verhältnisses zweier Praxen. Sie haben zwar dasselbe Thema, aber operieren nach unterschiedlichen Gesichtspunkten und mit anderen Maßstäben. Beide sind für die Ausbildung unerlässlich, doch wie sie zu verbinden und aufeinander zu beziehen sind, darüber besteht keine Einigkeit, noch gibt es altersfeste Traditionen, die unbefragt übernommen und fortgesetzt werden könnten. Was der Pädagogik fehlt, ist eine der medizinischen Forschung und Lehre vergleichbare »klinische Praxis«. Statt dessen lässt sich im pädagogischen Studium eine Art *patchwork*-Erziehung der Erzieher antreffen, bestehend aus örtlich variierenden Anteilen von Soziologie und Psychologie, manchmal auch noch von Philosophie, aber jetzt auch von Bildungsökonomie und Evolutionsbiologie, daneben für die Lehrer der verschiedenen Schularten das so genannte Fachstudium und als Praxisbezug Ausflüge ins pädagogische Leben und bestenfalls Hospitationsprojekte. Die anstehende Modularisierung der Studien- und Ausbildungsgänge dürfte ein Übriges tun, den Stückwerkscharakter der Erziehung zum Erzieher zu verstärken.

Was fehlt, auch wenn es von den Lehrern der pädagogischen Wissenschaft nicht als Mangel gesehen wird, ist gewissermaßen der

pädagogische Raum, in dem die dabei erworbenen Kenntnisse und Fertigkeiten zusammengeführt und verantwortlich durch kontrollierte Ausübung eingeübt werden. Es hat dafür zwar immer wieder Ansätze und Modelle gegeben: die Übungsschulen in Jena und Leipzig von Karl Volkmar Stoy und Tuiskon Ziller, die Universitätsschule in Jena, erst unter Wilhelm Rein, dann unter Peter Petersen, die Akademieschulen als Einrichtungen der Pädagogischen Akademien und später der Pädagogischen Hochschulen, die Laborschule in Bielefeld, doch zu einer dauerhaften Verbindung von pädagogischer Wissenschaft und Erziehungs- oder mindestens Schulpraxis ist es nicht gekommen.

Absprachen und Zielvereinbarungen zwischen den verschiedenen Stationen der pädagogischen Ausbildung sind nur ein Notbehelf; sie können die klinische Erfahrung vor Ort nicht ersetzen, die der gemeinsame pädagogische Raum für die Lehrenden und Lernenden zu bieten hätte.

Dieses Defizit wirkt sich besonders in einer Hinsicht aus, die eigentlich für die Erziehung der Erzieher unverzichtbar sein sollte und durch Praktika nur unvollkommen zur Geltung kommt: Beim Erziehen haben wir immer auch damit zu tun, wie wir selbst erzogen worden sind. Auf die Bedeutung des »pädagogischen Selbst« (Kraft 1996) ist schon im Zusammenhang mit dem reaktiven Zeigen und vor allem mit der Aufgabe des Prüfens hingewiesen worden. Es ist nicht nur wichtig, vor Ort zu erfahren, ob einem überhaupt der Umgang mit Heranwachenden zusagt, es bedarf vielmehr auch einer aufklärenden Analyse der eigenen Motive und Hoffnungen, die uns in einen pädagogischen Beruf führen. In der Reaktion auf das Lernen anderer ist auch präsent und wird womöglich nachgeholt, wie wir gelernt haben und pädagogisch traktiert worden sind. Was das ostensive und repräsentative Zeigen angeht, mag diese Selbstbetroffenheit noch einigermaßen neutralisierbar sein, doch im direktiven und reaktiven Zeigen meldet sich geradezu unvermeidlich, gelegentlich zwanghaft das Kind, das wir waren (vgl. Prange 1988 u. 1989), und zwar als die biographisch vermittelte Erfahrung des Erzogenseins, über die wir uns und denen, die wir unterrichten und betreuen, anweisen und beurteilen, eine hinreichende Klarheit schulden. Wenn von »Reflexion« als einer maßgebenden Kompetenz der pädagogischen Profession die Rede ist, dann gehört diese lernbiographische Selbstreflexion unbedingt dazu. Sie kann sich weder in einsamer Besinnung noch in theoretischer Allgemeinheit

erschöpfen; sie entsteht vor Ort und im beratenden Gespräch zwischen denen, die den Beruf erlernen, und denen, die ihn ausüben. Dafür eine geeignete Form zu finden, steht der Pädagogik noch bevor. Solange sie fehlt, dürfte es dabei bleiben, dass Technologie und Reflexion gegeneinander ausgespielt und nur in Varianten dualer Organisation zusammengestückt werden.

V Großformen

Mit dem Schlusskapitel wenden wir uns einem Grenzfall pädagogischen Handelns zu. Bisher sind wir davon ausgegangen, dass als Adressat des Zeigens der Einzelne in Frage kommt. Das ergibt sich daraus, dass das Lernen individuell ist, auch wenn es im sozialen Zusammenhang erfolgt und auf solche Zusammenhänge angewiesen ist. Aber man kann nicht lernen lassen, so wie man sich fahren oder vor Gericht vertreten lassen kann. Auch das Lernen in der Gruppe, in einer Klasse oder in einem Kurs bleibt unvertretbar-individuell. Es mag wie das Singen im Chor von den anderen mitgetragen sein und befördert werden, zuletzt geht es darum, selber die gewünschten Kenntnisse und Fertigkeiten zu erwerben. Alle mögen einer Erklärung zuhören, aber nur einige werden sie richtig verstehen, andere nicht ganz richtig oder gänzlich falsch und an manchen rauschen die Worte unverstanden vorbei. Nicht anders verhält es sich mit Übungen: Am Ende können die einen, was ihnen gezeigt worden ist, die anderen nur zum Teil und einige gar nicht. Und wie unsicher das Ermahnen und Vergattern von Gruppen und Klassen, das Appellieren an die guten Sitten ist, braucht nicht mehr eigens hervorgehoben zu werden.

An diesen Grundverhältnissen ändert sich zwar nichts bei den Großformen des pädagogischen Handelns, wohl aber an der praktischen Inszenierung. Es sind nicht mehr nur die Eltern und die Lehrer, die sich an die Lernenden wenden, sei es individuell, sei es in Gruppen und Klassen, sondern die sozialen Formationen treten selber unmittelbar als Träger des pädagogischen Handelns auf, früher vor allem die Kirche, heute der Staat als rechtlich verfasste Gemeinschaft, aber auch wirtschaftliche Interessenvertretungen und politische Verbände. Sie appellieren an das Gewissen der »Nation« oder an die Gesinnungsgenossen einer Weltanschauung, an das Bewusstsein einer sozialen Klasse oder an so genannte Zielgruppen; sie versuchen sie zu belehren und womöglich zu begeistern, sie bewegen sie zu kollektiven Aktivitäten und stellen sie auf neue Gegebenheiten und Verhaltensziele um. Dazu bedienen sie sich der Methoden, die dem Repertoire des pädagogischen Handelns entnommen sind, als ob sie es mit Lernindividuen zu tun hätten. Denn darum geht es bei den Großformen der Erziehung: Die Mitglieder einer Zielgruppe, eines

Volkes, eines Stammes, einer gesellschaftlichen Formation werden pädagogisch traktiert, nicht nur, um ihr manifestes Verhalten in besonderen Einzelfällen zu ändern, sondern auch, um neue Auffassungen von sich, der Gesellschaft und den allgemeinen Zielstellungen im Leben zu gewinnen. Das ist der Sinn von einzelnen öffentlichen Erziehungskampagnen, von pädagogischer Agitation und Missionierung, von Volks- und Massenerziehung ebenso wie der Umerziehung ganzer Bevölkerungen und Gesellschaftsklassen.

Neu ist dieses Phänomen nicht. Die europäische Geschichte hält ein hervorragendes Beispiel bereit, an dem man sich klarmachen kann, was mit einer Großform des pädagogischen Handelns gemeint ist. Die Christianisierung der Bürger des römischen Reiches nach der konstantinischen Wende und dann noch einmal die Christianisierung der neu in den römischen Umkreis eintretenden Völker, der Franken und Sachsen, schließlich sogar der Friesen und der Slawen, bieten eindrucksvolle historische Belege für eine Erziehung im großen Stil. Im Falle der Germanenmission sind es die Herrscher, die den Anfang machen; es folgt der förmliche, zunächst äußerliche und oft genug mit Waffengewalt erzwungene Übertritt eines Stammes oder Volkes zum Christentum, um schließlich über die Unterdrückung und Verketzerung der alten religiösen Anhänglichkeiten zur wirksamen und anhaltenden Durchdringung mit den Gehalten, Forderungen und Sitten einer christlichen Lebensführung zu gelangen. Missionierung ist ein Musterfall für eine Großform pädagogischen Handelns. Er zeigt, wie erfolgreich eine langfristig angelegte und beharrlich verfolgte Erziehung von Völkern sein kann. Das gilt *mutatis mutandis* ebenso für die Umerziehung im Zuge der Modernisierung vormoderner Gesellschaften. Peter der Große für Russland und Kemal Atatürk für die Türkei, Mao für China und die Meiji-Kaiser für Japan geben Beispiele dafür, wie ein Land zum Adressaten für pädagogisches Handeln werden kann.

Diese Beispiele zeigen aber auch, in welchem Maße das pädagogische Handeln nicht nur auf Macht und auf »Regierung« im Sinne Herbarts angewiesen ist, vielmehr dient es seinerseits der Machtsicherung und Machtentfaltung, um die politische Herrschaft nicht allein auf Unterdrückung und blanke Gewalt zu gründen, sondern auch, um auch ein gewisses Maß an innerer Zustimmung und ideologischer Gemeinsamkeit zu stiften. Die Kultvorschriften und das Recht, die Regelung und Kontrolle des öffentlichen Vernunftgebrauchs, wer z.B. überhaupt als Repräsentant und Sprecher befugt

ist, für alle aufzutreten und zu predigen, und schließlich: was in Wort und Schrift geschrieben und gesagt werden darf und was nicht: das alles wird der politischen Kontrolle unterworfen und wirkt eben dadurch, dass andere Orientierungen diskreditiert, verboten und mit einem Tabu belegt werden. Erst nach dieser angestrengten Vereinheitlichung in Worten, Werken und Gedanken konnte dann in Europa nach der Christianisierung ein Prozess liberaler Differenzierung einsetzen, an dessen Ende jeder sich sein Publikum suchen und jede Gruppe sich ihre Autoren und Sprecher wählen darf. Doch auch wenn es so aussieht, als ob heute jeder nach seiner Fasson selig werden und seine Worte wählen kann: es gibt nach wie vor Grenzen für die Äußerung individueller Vorlieben und Gedanken, geschriebene und ungeschriebene Regeln nicht nur der *political correctness.* Diese Grenzen und Tabus über dem öffentlichen Vernunftgebrauch verdanken sich den Großformen der Erziehung, die sich nicht einfach auf Familie und Schule zurückführen lassen, sondern eine eigene Betrachtung verlangen.

Im Folgenden erörtern wir drei Formen der Großerziehung. In der herkömmlichen Volks- und der neueren Massenerziehung für bestimmte übergeordnete Zwecke bleibt der Anspruch der politischen Formationen erhalten, Herrschaft und Erziehung zu kombinieren, im Grenzfall so, dass die Volks- und Massenerziehung als kollektive Umerziehung in Angriff genommen wird. Neben diesen beiden Großformen der Volkserziehung steht mit wachsender Bedeutung eine weitere Großform, die wir unter dem Titel der »Erziehung der Medien« fassen. Damit ist hier – abweichend von dem, was heute zumeist unter dem Titel der Medienpädagogik behandelt wird – nicht die Nutzung von besonderen Lehr- und Lernmitteln gemeint, insbesondere der neuen elektronischen Medien, für die Zwecke des Erziehens, sondern die Praxis der Medien als derjenigen Umwelt, in der wir uns heute bewegen, in der wir auf- und in die wir hineinwachsen. Was sie uns zeigen, woran sie unausdrücklich appellieren und wie sie unsere soziale Wahrnehmung anleiten, das ist das hier behandelte Thema der Erziehung der Medien. Dabei wird zu klären sein, in welchem Sinn die Medien eine Macht sind, nämlich primär nicht als Mittel zur Durchsetzung bestimmter Zwecke und durch die Indienstnahme für wirtschaftliche und politische Interessen, sondern als Macht kraft ihres Daseins und der Form, durch die sie über das öffentliche Bewusstsein die Vorstellungen und Präferenzen der Individuen wesentlich mitbestimmen.

1. Volks- und Massenerziehung

Von Volkserziehung ist nur noch selten die Rede. Überhaupt hat der Ausdruck »Volk« nicht nur seine Unschuld, sondern auch seine Funktion als Kampfruf der fortschrittlich-demokratischen Kräfte gegen die hergebrachten Hierarchien verloren. Die Berufung auf das Volk gegen die herrschenden Klassen, der Einsatz für das allgemeine Volkswohl und auch die Selbststilisierung einzelner Pädagogen als Volkserzieher sind durch die Hitlerzeit schwer beschädigt und um ihre einst emanzipatorische Bedeutung betrogen worden. Dennoch wollen wir an dem Ausdruck »Volkserziehung« festhalten; schließlich können die Nazis nicht noch nachträglich dadurch ihre Herrschaft fortsetzen, dass wir uns von ihnen vorschreiben lassen, was mit der von ihnen okkupierten Semantik gemeint ist, auch wenn es möglich wäre, auf die heute übliche Rede von »Ethnien« und »ethnischen« Gegebenheiten auszuweichen.

Dabei lassen wir die Frage auf sich beruhen, was ein Volk zu einem Volk macht, ob es als eine Art großer Familie und Verwandtschaftsverband zu verstehen ist oder wohl zutreffender als geschichtlich und staatlich geformte Schicksals- und Verantwortungsgemeinschaft, und halten uns daran, dass sich nach wie vor die Dänen und die Briten, die Franzosen und eben auch die Deutschen als Volk erleben. Sie haben ihre Hymnen und Fahnen, ihre Gedenktage, Gedenkstätten und Nationalfeiern, ihre Legenden und Heldengeschichten, Volkslieder und Volksvertretungen und für den schlichten Gemütshaushalt auch noch ihre Volksschauspieler – da wenigstens kommt die Rede vom Volk noch unbefangen vor. Das Wir-Gefühl als Gefühl einer schicksalhaften Zusammengehörigkeit, hervorgerufen durch gemeinsam durchgestandene Notlagen, aber auch durch wirkliche oder vermeintliche Siege über kollektive Feinde, macht aus der amtlich beglaubigten und statistisch erfassten Bevölkerung einen Adressaten für Appelle und Belehrungen, gewissermaßen einen Ansprechpartner, auf den sich Handeln in pädagogischer Absicht beziehen kann.

So verstanden ist Volkserziehung keine historische Novität. Darauf sollte schon der Hinweis auf die große Missionsleistung der Christianisierung der außerrömischen Völker des Nordens aufmerksam machen. In gewisser Weise wiederholte sich der Vorgang, der schon für die Bekehrung oder besser: für den Übertritt des Kaisers Konstantin zum Christentum kennzeichnend war. Den Anfang

machen der König oder die Stammesfürsten, die Gefolgsleute und Untertanen, das »Volk«, haben ihnen zu folgen. Man wird vermuten dürfen, dass religiöse und machtpolitische Gründe gleichermaßen für diesen Religionswechsel von oben dabei maßgebend gewesen sind. Auf jeden Fall folgt die wirkliche Verchristlichung des Volkes erst in einem zweiten, langwierigen Akt der Schulung und Einübung ins Christentum, um aus nominellen Mitgliedern wirklich glaubenstreue und überzeugte Christen zu machen. Das gelingt unter dem Schutz staatlicher Macht und getragen von einer kirchlichen Organisation, die über die geschulten Kader und den steten Nachdruck verfügt, den eine auf Generationen angelegte Missionierung verlangt. Mit welchen Methoden das geschah und wie man vorgehen kann, um ein Volk auf eine neue Geisteshaltung und neue Feste, neue Riten und Orientierungen umzustellen, wird noch im nächsten Abschnitt unter dem Titel der Umerziehung zu erörtern sein. Festzuhalten ist hier, dass ein solches Vorhaben nicht ohne eine politisch gesicherte Schutzmacht durchzuhalten ist. Das hat sich noch einmal in der Auseinandersetzung der protestantisch-reformatorischen Avantgarde mit der katholischen Gegenreformation gezeigt. Ob eine Region katholisch oder protestantisch war, entschieden die oberen Herren und Stände, das Volk hatte zu folgen oder auszuwandern. Wer blieb, wurde volkserzieherisch eingemeindet.

Zuerst aber geht es hier um die Frage, wie ein Volk sich als Einheit und kollektive Identität erfahren und erleben kann. Das ist ja nichts Natürliches. Das quasi natürliche Gefühl und Bewusstsein der Zusammengehörigkeit und gemeinsamer Verantwortungen geht kaum über Familie und bestenfalls die Sippe hinaus, wo man sich kennt und aufeinander angewiesen ist. Aber wozu man als Deutscher oder als Christ, als Amerikaner oder Muslim verpflichtet ist und was wir denen schuldig sind oder schuldig zu sein glauben, mit denen wir eigentlich erst mal nichts zu tun haben, das muss einem gesagt und eindrücklich gezeigt werden. Abgabenbescheide und Bußgeldverfahren reichen nicht aus, auch nicht die Angabe der Nationalität im Personalausweis, vermutlich nicht einmal die Wahlbenachrichtigungen oder die Einberufung zur Armee, um für das eigene Volk, die politische Formation, die Glaubensrichtung oder sonst eine kollektive Identität einzutreten, womöglich mit Leib und Leben. Dazu bedarf es einer sichtbaren, ostensiv-öffentlichen Demonstration in Symbolen der Gemeinsamkeit, desgleichen der öffentlichen Rede, die darstellt und bekräftigt, was sich zeigt, und schließlich der Hand-

lungen mit Aufforderungscharakter, auf die sich wiederum die Reaktionen beziehen, die zeigen, wie die Einzelnen dem entsprochen haben, was »alle« von ihnen erwarten.

So hat sich das Volk in Einzelnen zu verkörpern, ihren Helden und deren Nachfolger, in Personen und Repräsentanten, früher den Königen und Fürsten, heute demokratisch herabgestimmt den Präsidenten und formellen Oberhäuptern, von denen wir erwarten, dass sie »über« den Parteien stehen, auch wenn sie aus Parteien kommen. Sie sollen für alle sprechen, und dazu werden sie feierlich eingeschworen, mit der Hand auf den Urtext der Verfassung und vor den Emblemen der Staatsmacht, und sie werden mit einem gewissen Schutz umgeben, auch wenn es heute das *crimen laesae majestatis*, die Majestätsbeleidigung, nicht mehr gibt. Dennoch zeigen sie noch immer in Person, was die kollektive Identität ausmacht, verleihen Orden und Ämter, unterschreiben die Gesetze, ehe sie verkündigt werden, setzen formell die Richter ein und sind dabei, wenn es gilt, die fälligen Gedenkfeiern und Trauerfälle der Nation würdig zu begehen. Nicht was sie unmittelbar bewirken, ist maßgeblich von Bedeutung, sondern dass sie da sind und dass es sie gibt, sozusagen als Bestandsgarantie des Volkes und seiner *corporate identity*. Sie zeigen und vertreten ostensiv, dass ein Volk nicht bloß die Summe der Bevölkerung, ein Staat nicht bloß Regierung, Parlament und Verwaltung ist.

Das Weitere ist die Darstellung der sozialen Einheit in Kundgebungen und Prozessionen, in Reden und Schriften, aber auch in öffentlichen Bauten und im tradierten Liedgut, durch die ein Gefühl der Gemeinsamkeit und gemeinsamer Erinnerungen wiederholend geschaffen, erneuert und bestärkt wird. Dazu schaffen sich die Staaten ihre eigenen Denkmale und Gedenkstätten, stellen ältere Bestände unter Denkmalschutz, um sie, mit Hegel zu sprechen, vor der »Furie des Verschwindens« und dauernden Wandels zu bewahren und so die kollektive Erinnerung zu sichern. Was früher der kirchlich inszenierte Kultus für alle leistete, ist in staatliche Regie übergegangen, wenn auch vielfach in Anlehnung und unter Mitwirkung des Klerus.

Dazu gehört auch die Gegenseite identitätsbewahrender Darstellung, nämlich das Verbot und die Indizierung unerwünschter Gedanken und Bücher, Filme und Bildwerke. Der *index librorum prohibitorum* mag eine Erfindung der römischen Kurie sein und sich bequem als Zielscheibe für den Geist aufklärender Kritik anbieten;

doch seitdem das weltliche Regiment auch in Sachen Bildung und Kultur federführend geworden ist, gibt es auch dort Giftschränke für verbotene intellektuelle und ästhetische Kost, nicht nur in totalitären Regimes. In der schwächeren Form werden Zugangsregelungen getroffen, die wenigstens die Heranwachsenden von wirklich oder vermeintlich üblen Filmen, von *hard core*-Produktionen und Gewaltdarstellungen fernhalten. Das alles in volkserzieherischer Absicht, zur Erhaltung erwünschter und Hemmung unerwünschter Motivationen.

Und natürlich gibt es Direktiven, die sich an alle wenden und zeigen, was für alle gilt: die Verfassung, die Gesetze und darunter das Meer an Anordnungen und Maßgaben, die mit unterschiedlicher Verbindlichkeit das Volk zu einem Volk von Staatsbürgern, Steuerzahlern, Verkehrsteilnehmern und Anspruchberechtigten machen, kollektiv zu Subjekten ihres gemeinsamen Schicksals, individuell zu Rechtsunterworfenen, die im Falle der Abweichung auf die Polizei und den Staatsanwalt zählen dürfen, der sie zur Rechenschaft zwingt, dem Richter zuführt und allen anderen zeigt, was gilt und was nicht. So gesehen gleicht der Staat einer Erziehungsanstalt und das Volk einer Lerngemeinschaft, dem ostensiv und repräsentativ gezeigt wird, was für alle gilt, das direktiv auf Aufgaben und Pflichten eingestellt und dem reaktiv gezeigt wird, was gut für alle ist – dann winken Orden und Ehrenzeichen – und was schlecht und unerträglich, dann drohen entschiedene Nachteile von der öffentlichen Brandmarkung und Ächtung bis zur Wegsperrung auf Zeit oder die Einweisung in eine psychiatrische Anstalt. Die Androhung des gesetzlichen Zwangs ist zweifellos ein mehr oder minder wirksames Mittel öffentlicher Volkserziehung.

Mit den Mitteln moderner Massenkommunikation sind die Möglichkeiten gewachsen, die Volkserziehung von oben zu dirigieren und Stimmungen zu stimulieren, die staatspolitisch erwünscht erscheinen. Dabei spielen auch die unverwüstlichen, verheerenden Feind- und Hassbilder eine Rolle, die nicht nur in Kriegszeiten inszeniert werden, um latente Aggressionspotentiale freizusetzen und auf äußere Konkurrenten und Gegner zu lenken. So gesehen bleibt die Form der Volkserziehung ambivalent: sie kann gleichermaßen in den Dienst von Aufklärung wie in den Dienst der nationalen Hybris und sittlichen Enthemmung gestellt werden.

Etwas anders sieht die Sache bei einzelnen Erziehungskampagnen aus, die sich auf bestimmte, gelegentlich neu auftauchende oder

bisher unbemerkte Problemlagen beziehen. Wie das funktioniert, lässt sich an einem Beispiel aus jüngerer Zeit zeigen. Im Zuge der Bemühungen, die Verkehrssicherheit zu erhöhen und vor allem die Zahl der Toten und Schwerverletzten in erträglichen Grenzen zu halten, ist den Autobenutzern empfohlen worden, sich mit Anschnallgurten auszurüsten und diese auch zu benutzen. Die erste Form, dieses Ziel zu erreichen, bestand wie üblich in dem, was man heute »Information« nennt, eine Mischung aus Unterrichtung, Warnung und Lösungsversprechen. Die Überzeugungen und Gewohnheiten sollen geändert werden, so wie ein Lehrer vor der Klasse sagt: Ihr müsst ruhiger sein, sonst hört ihr nicht, was ich euch sage und lernt nichts. Man hat also an den Autobahnen Bild-und Texttafeln belehrenden Inhalts aufgestellt, außerdem das Fernsehen mobilisiert und Anzeigenkampagnen gestartet. Die Zielgruppe wird didaktisch traktiert: Der Appell an die Einsicht wird unterfüttert mit drastischen Darstellungen des Fehlverhaltens. Aber Appelle zwingen nicht; und der Erfolg war entsprechend. Nur etwa 15% der Autofahrer ließen sich überzeugen, nicht genug, um die Todesrate bei Unfällen, die Zahl der Schwerletzten und die Krankenkosten relevant zu senken.

Also folgte Stufe zwei der Kampagne: Wenn das Appellieren nicht hilft, dann vielleicht ein Gesetz. Man soll sich anschnallen, das Gesetz verpflichtet. Bleibt die Frage, was passiert, wenn dem Gesetz, wie geschehen, keine Sanktionen bei Nichtbeachtung zugeordnet werden? Wenn es mehr den Charakter eines dringlichen Rat als einer zwingenden Vorschrift hat? Tatsächlich hat dann auch die Bereitschaft zugenommen, sich anzuschnallen, aber immer noch nicht in einem zufrieden stellenden Ausmaß, so dass die Norm mit der Androhung eines Bußgeldes bewehrt worden ist, mit dem schönen Ergebnis, dass sich jetzt ca. 95% der Autofahrer tatsächlich anschnallen. Die Strafnorm wirkt ersichtlich im Sinne der Generalprävention erzieherisch.

Ähnlich verhält es sich mit der Geschwindigkeitsbeschränkung auf Autobahnen. Gegenwärtig begnügt sich der Gesetzgeber noch damit, eine Richtgeschwindigkeit zu empfehlen. Will er seine zivilisierenden Anstrengungen verstärken, wird er gleichfalls nicht umhin können, die Kontrollen zu verschärfen und das schwer belehrbare Volk bei Nichtbeachtung mit den fälligen Nachteilen zu bedienen. Erst der Übergang von Ratschlägen zu Normen mit Sanktionsbewehrung verspricht, einigermaßen sicherzustellen, dass sie in der gehörigen Breite befolgt werden. Das bedeutet nicht, dass es

in anderen Fällen auch gute Gründe gibt, es bei Ratschlägen, Warnungen und Empfehlungen zu belassen und der Freiheit der Einzelnen anheim zu stellen, wie sie sich verhalten. So noch immer in Hinsicht auf das Rauchen, das zwar gründlich verleidet und vielfach auch exterritorialisiert wird, so dass sich die Raucher in einsame Gegenden verziehen müssen, um sich eine Zigarette anzuzünden oder sich in den Genuss einer Tabakpfeife zu bringen. Hier gehören Verteuerung und Werbeverbote, inständige Ermahnungen und blanke Todesdrohungen zum pädagogischen Repertoire, bis eines Tages – wie man hoffen oder befürchten mag – der Tabak dann doch noch in die Reihe der verbotenen Drogen mit den entsprechenden Straffolgen eingeordnet wird.

Instruktiv ist auch der Fall der pädagogischen Handhabung der Aids-Seuche. Wie aus dem Nichts aufgetaucht hat sie unvermeidlich auch volkserzieherische Aktivitäten über den Rahmen medizinischer Information hinaus erforderlich gemacht, und zwar weltweit. Das Stichwort für das volkspädagogische Handeln lautet »Aufklärung«, mit einem deutlichen Akzent auf sexueller Aufklärung angesichts des Umstands, dass ein bevorzugter Übertragungsweg der Erkrankung im Geschlechtsverkehr besteht. Eine heikle Sache, wenigstens in Gesellschaften, die für die Vorgänge beim Geschlechtsakt keine öffentlich akzeptierte und verwendbare Sprache haben und schon deshalb nicht unbefangen von Koitus und Kondom sprechen können. So zum Beispiel in einigen afrikanischen Ländern. Das Sprach-Tabu blockiert die Darstellung der Sachzusammenhänge und muss oder müsste als erstes aufgelöst werden. Anders in den meisten westlichen Ländern, in denen indes eine andere, wenn auch minder schwere Blockade zu beobachten war: die unbefangene Diskussion gleichgeschlechtlicher Beziehungen. Doch es hilft nichts: die Gefährdungslage macht es notwendig, diese Sperren aufzulösen, zum Beispiel dadurch, dass prominente Namen sich zur Verfügung stellen, Schauspieler und Fernsehstars, die sich *outen* und so der Akzeptanz eines unangenehmen und peinlichen Themas in der Öffentlichkeit den Weg bahnen. Das ist das Eine, gewissermaßen als Einstieg in die zentrale pädagogische Handlung: Es wird alarmierend informiert und zugleich gezeigt, wie man der Gefahr beikommen kann. Das verlangt eine Doppelstrategie von Angsterzeugung und Angstreduktion, das erste, um auf das Problem dramatisch aufmerksam zu machen, aber doch so, dass nicht die wilde Hoffnungslosigkeit ausbricht und das zweite

wirksam werden kann: die Aufforderung zu Maßnahmen der Verhütung, z.B. durch Kondome beim Geschlechtsverkehr. Diese Kombination von Angsterzeugung und Angstreduktion ist nicht ohne Beispiel. Sie gleicht der alten Technik religiös fundierter Volks- und Massenerziehung: Erst wird das Sündenbewusstsein geweckt und die Angst vor dem göttlichen Gericht geschürt, um damit zweitens die Disposition zu schaffen, auf das Erlösungsangebot und Heilsversprechen positiv zu reagieren. Wer kauft schon einen Ablassbrief, wenn er von Höllenstrafen nichts weiß oder nichts auf Bußpredigten gibt.

Verkehrs- und Gesundheitserziehung, aber auch Umwelterziehung und die Erziehung der Verbraucher: das sind einige der heute gängigen Formen der Massenerziehung, meist unter dem Titel der Beratung oder bloßer Information, mit denen versucht wird, lebenswichtige Kenntnisse zu vermitteln und Einstellungen zu revidieren, die für das kollektive Dasein von Bedeutung sind. Dabei sind die Übergänge zu wirtschaftlichen und verbandspolitischen Interessen nicht scharf zu ziehen. Eine gesteigerte Aufmerksamkeit für die eigenen Cholesterinwerte liegt im Interesse der Pharma- und Nahrungsmittelindustrie, so dass es zusätzlich einer Beratung über die Beratungspraxis bedarf, die uns darüber belehrt, wer das ist, welche Firma oder Berufsgruppe, die uns da belehren.

So viel zu volkserzieherischen Aktivitäten von »oben«. Doch das Phänomen der Volks- und Massenerziehung wäre unvollständig erfasst, wenn nicht auch die andere Seite berücksichtigt wird, die Seite derjenigen, die von unten her den Versuch machen, neue Verhaltensweisen und Mentalitäten zur Geltung zu bringen. In seiner großen, in epischer Breite durchgeführten Studie zur »Entstehung der englischen Arbeiterklasse« hat Edward P. Thompson gezeigt, wie sich im Übergang vom 18. zum 19. Jahrhundert die kleinen Leute, die Dienstgehilfen und Handlanger, die Kleinhändler und Fabrikarbeiter zusammengefunden, organisiert und als »Klasse« definiert haben. Nicht allein die objektive Lage, sondern die Artikulation dieser Lage, erst in Lesegesellschaften und individuellen Prozessen der Selbstausbildung, dann in öffentlichen Demonstrationen und gezielten Konflikten mit dem Establishment, erzeugt ein Bewusstsein der Zusammengehörigkeit und dann auch der Macht gegenüber der »herrschenden Klasse«, die schließlich auch faktisch die Verhältnisse zu bessern vermochten (Thompson 1987). Was uns hier unter dem Aspekt der Erziehung interessiert, sind die Techniken der

Unterrichtung und Provokation, durch die das Elend der unteren Schichten eine Sprache erhält, überhaupt erst sichtbar und zum öffentlichen Skandal wird. Insofern ist Klassenbewusstein nicht an sich vorhanden, es bedarf der inszenierten Darstellung und der Einübung in Praktiken demonstrativen Verhaltens, um die eigenen Reihen zu formieren und erst das Gewissen und dann auch das Handeln der Adressaten des sozialen Protests zu aktivieren.

Inzwischen gehören diese Techniken der öffentlichen Skandalisierung zum politischen Alltag. Mahatma Gandhi hat in Indien vorgemacht, wie die latente Gewalt der Kolonialherren bloßgestellt, der Welt sichtbar und ihren eigenen Nutznießern unerträglich gemacht werden kann; die amerikanische Bürgerrechtsbewegung wurde unter anderem zu einem beherrschenden Thema, als eine Schwarze in einem öffentlichen Bus demonstrativ auf einem für Weiße reservierten Sitz Platz nahm; die Studentenproteste fanden Aufmerksamkeit, als sich die Betroffenen auf die Straßenbahnschienen setzen und den Verkehr lahm legten, um gegen erhöhte Fahrpreise zu protestieren; Umweltfragen rücken ins öffentliche Bewusstsein, wenn sich die Anhänger von Bürgerinitiativen an Eisenbahnschienen ketten. Sit-ins, der demonstrative Bruch mit den üblichen akademischen Bräuchen, die Verweigerung der rituellen Formen des Umgangs in Seminaren und vor Gericht, schließlich die »Streiks« und Massenversammlungen als Beweis für die eigene Stärke und vor allem dann die Schaffung von Märtyrern des gerechten Protests: das alles bildet den Rahmen für die Selbstpräsentation und die Inszenierung von Unwiderstehlichkeit. Die Beteiligten lernen, dass sie eine Macht sind und die aufmerksam gewordene, teils erschreckte, teils widerwillig wohlwollende Öffentlichkeit sieht sich genötigt, darauf zu reagieren, sei es, dass die jeweiligen Anliegen diskutiert und mit Verständnis für die Sache, bei gleichzeitiger, pflichtschuldiger Missbilligung der Form, Besserung in Aussicht gestellt wird, sei es, dass die Polizei oder gleich das Militär vorgeschickt wird, um den Protest niederzumachen. Was als symbolische Aktion beginnt, endet als reale Macht und Reformimpuls oder als Gegenmacht und manifeste Gewalt.

Die entscheidende Voraussetzung für die Wirksamkeit demonstrativen Verhaltens ist durch die Medien gegeben: erst die Zeitungen, dann Funk und Fernsehen. Sie bilden den Resonanzboden für diese neuen Formen der Volks- und Massenerziehung. Darauf kommen wir im letzten Abschnitt zurück, gehen aber vorher noch

auf die Umerziehung ein, an der sich noch einmal gesondert zeigen lässt, wie pädagogisches Handeln im Großen aussieht.

2. Umerziehung

Was Umerziehung bedeutet, haben wir in Deutschland in neuerer Zeit gleich zweimal kennen gelernt; einmal ausdrücklich unter diesem Titel nach dem 2. Weltkrieg, dann noch einmal, aus einsichtigen Gründen gemäßigter und weniger rigide nach der so genannten »Wende«. Bei allen Unterschieden – im ersten Fall kam der Umbruch von außen und als Kriegsfolge, im zweiten von innen und als Kollaps des herrschenden DDR-Systems – lassen sich doch eine Reihe von Gemeinsamkeiten feststellen. In beiden Fällen ging der politisch-soziale Zusammenbruch den Maßnahmen der Umstellung auf neue Orientierungen und Einstellungen voran. Der britische Erziehungsminister R.A. Butler hat den Zusammenhang von Macht und Erziehung 1943 im Unterhaus auch klar und richtig ausgesprochen: »The best way to start the re-education of Germany is to show the enemy what things she cannot do. (…) I would say without hesitation (…) that a complete and unconditional surrender must precede any such attempt« (zit. nach Pakschies 1981, S. 106). Wie tiefgreifend und umfassend dabei die Umerziehung der Deutschen gemeint war, ist von Ernst Deuerlein festgehalten worden: »Umerziehung (…) wird zu Unrecht auf den Bereich der politischen Haltung und das Gebiet der Erziehung eingeengt. Bei beiden Absichten handelt es sich jedoch nur um Teilaspekte der Absicht, die deutsche Mentalität grundsätzlich zu verändern. Die psychotherapeutische Behandlung eines ganzen Volkes war damit angesprochen« (Deuerlein 1965, S. 28).

Ehe wir auf die Didaktik der Umerziehung näher eingehen, scheint es nützlich, sich an anderen, älteren und neueren Beispielen Sinn und Tragweite der Umerziehung zu verdeutlichen. Auch wenn das Wort erst nach dem Kriege aufgekommen ist, so ist *re-education* gleichwohl keine Erfindung und kein Phänomen allein der jüngeren Vergangenheit. Dass sie vermehrt in der Neuzeit auftritt und gegenwärtig unter dem Titel des *nation building* und der Demokratisierung geradezu zu einem Programmpunkt planetarischer Politik geworden ist, verdankt sich der Beschleunigung und Generalisierung der Modernisierung im globalen Maßstab. Die Erziehung hat daran ihren Anteil, und zwar als offensive Durchsetzung der Menschenrechte wie auch defensiv im Widerstand gegen die Verwestlichung, so wie sich die nichtchristliche Tradition gegen die Besetzung des öffentlichen Raums durch die Christen zur Wehr gesetzt hat. Para-

digmatisch ist der Protest des römischen Senators Symmachus, der 390 gegen die Entfernung der Statue der *victoria* an den Kaiser appellierte, vergeblich, wie sich zeigte: Die Autorität des Bischofs Ambrosius erwies sich als stärker und sorgte für den Sieg der Christen in diesem Kampf um die Herrschaft der Symbole (vgl. Klein 1971).

Dieser Kampf zwischen Alt und Neu ist immer auch ein »Kampf der Kulturen« (Huntington 1996) um die Formen öffentlicher Selbstpräsentation: Die Götterbilder mussten dem Kreuz, die Tempel den Kirchen, die alten Feiern den neuen Heiligenfesten weichen. Oft genug in der Weise, dass sich das Neue einfach an die Stelle des Alten setzte: Das Kloster Monte Cassino steht auf einem Apolloheiligtum; das Geburtsfest Jesu wurde vom 6. Januar auf den Tag des *sol invictus* verlegt; aus den Gottheiten für Wind und Wetter, Ernte und Kindersegen wurden die Schutzheiligen, gleichsam als Abgeordnete der heiligen Trinität. Umwidmung und Bildersturm gehen Hand in Hand. Den 596 nach England ausgesandten Missionaren empfiehlt Papst Gregor, die Messe den Neugläubigen da zu lesen, wo sie auch vorher schon zu Kult und Andacht zusammenkamen. Doch wenn es nicht anders geht und der Schutz der politischen Gewalt da ist, setzt der brutal-demonstrative Tabubruch das notwendige Zeichen: Bonifatius lässt 723 unter dem Schutz fränkischer Bataillone im heiligen Hain von Geismar die Donareiche fällen, und aus dem Holz wird die neue Kirche errichtet.

Die Eingriffe reichen bis in den Bereich individueller Identitätspräsentation, erkennbar in der Absicht, dem Herkommen und den alten Bräuchen die soziale Resonanz zu entziehen und zur Aufnahme des Neuen zu nötigen. Zar Peter der Große befiehlt den Bojaren, sich den Bart abzuschneiden; wer sich dem nicht fügt, gibt ein Zeichen des Protestes gegen das Programm der Modernisierung und Verwestlichung. Nicht anders hat Kemal Atatürk dafür gesorgt, dass den Männern der Fez untersagt wurde. Mit den alten Symbolen soll auch der alte Geist verschwinden, so wie umgekehrt der Tschador zum Protestzeichen gegen die Verwestlichung und für die Restauration des muslimischen Rechts geworden ist. Am aktuellen Streit um das Kopftuch in den europäischen Gesellschaften lässt sich ablesen, mit welcher Bedeutung solche Symbole aufgeladen sein und zu welchen Konflikten Vorschrift oder Verbot führen können. Es geht beim Streit um die Zeichen immer auch um neue Aufforderungen und den demonstrativen Widerstand gegen die Zu-

mutung, anders zu werden, als es Sitte und Herkommen bisher vorgeschrieben haben. Doch neben der manifesten Opposition gibt es auch Formen geschmeidiger Anpassung in einer Art Doppelleben: Zur Arbeit und zum Dienst im westlichen Anzug und mit Krawatte, zu Hause dagegen immer noch Kimono und Teezeremonie.

Wie nun nach 1945 diese Umprägung der deutschen Mentalität inszeniert wurde und welche Handlungen in pädagogischer Absicht dazu gehörten, sei kurz aufgezählt: Die alten Autoritäten mit ihren Befugnissen, Herrschaftsmitteln und Hoheitszeichen wurden verboten und verschwanden von der öffentlichen Bühne; das Schrifttum der Nazis wurde konfisziert und vernichtet, soweit es erreichbar war; der Nachdruck von »Mein Kampf« und Rosenbergs »Mythus des 20. Jahrhunderts« wurde verboten; das politische Führungspersonal wurde entmachtet, degradiert und durch neue Namen ersetzt. Und weiter: Sowohl nach 1945 wie nach 1990 wurden die Repräsentanten des alten Systems vor Gericht gestellt und zur Rechenschaft gezogen; die Akten und Dokumente des abgelösten Regimes wurden in Verwahrung genommen und für die künftige Auswertung archiviert. Die Schulen haben neue Lehrpläne und Bücher erhalten, die Hochschulen wurden einem Verfahren der Abwicklung und *épuration* unterworfen, wie die französische Besatzungsmacht das nannte. Zugleich wurde der Markt der Publikationen einer strengen Aufsicht unterworfen: Verlage, Zeitungen, Druckwerke bedurften einer Lizenz, um erscheinen zu können.

Was die Maßnahmen in volkserzieherischer Absicht für die Einzelnen bedeuteten und bedeuten, lässt sich mit besonderer Schärfe an dem Verfahren ersehen, mit einem Fragebogen alle erwachsenen Deutschen zu erfassen, um sie nach den Graden ihrer Verstrickung und Beteiligung am Hitlerregime zu klassifizieren und wie im Jüngsten Gericht entweder zu bestrafen oder zu degradieren und von öffentlichen Funktionen auszuschließen oder als »unbelastet« in eine neue Freiheit zu entlassen und in vielen Fällen dann gleich in Leitungsfunktionen von Gnaden der Besatzungsmächte einzusetzen. Wer immer in irgendeiner Weise mit dem alten System liiert gewesen war, sah seine Karriere und überhaupt seine Lebensgeschichten grundlegend delegitimiert. Nicht nur die Parteiabzeichen und Auszeichnungen wandern in den Keller oder auf den Trödelmarkt, auch die bekannten Geschichten, weder die eigene noch die allgemeine, können öffentlich in selbstgewisser Unbefangenheit präsentiert werden, ohne gegen die neue *political correctness* zu

verstoßen. Die alten Kader können sich bestenfalls noch im Untergrund organisieren, so die NS-Anhänger nach 1945, oder sie verbinden das Bekenntnis zur neuen Ordnung mit einer modifizierten Fortschreibung ihrer früheren Programme. Aufs Ganze gesehen gehen Destruktion und Rekonstruktion unter neuen Bedingungen Hand in Hand; für den Einzelnen, der sich nicht mehr umzustellen vermag, heißt das aber im Zweifel: abgeschoben, vergessen oder schlimmstenfalls beseitigt zu werden.

Nach dem Sinn solcher Umstellungen soll hier nicht gefragt werden, auch nicht darnach, ob dem Prozess der Modernisierung und Demokratisierung, der Durchsetzung universaler Normen und globaler Verhaltensstandards eine evolutionäre Logik geschichtlicher Notwendigkeit zukommt – das ist Sache einer abwägend-bewertenden Geschichtsdarstellung. Uns geht es hier darum, die Umerziehung als eine Methode zu erfassen, um einen Religions-, Regime- oder Machtwechsel gewissermaßen ideologisch und motivational zu unterfangen. Das gilt gerade unter modernen Verhältnissen in verstärktem Maße, wenn und soweit Herrschaft sich wesentlich auf die Zustimmung und Folgebereitschaft eines Volkes stützt oder stützen sollte. Das Demokratiegebot impliziert, dass dem Machtwechsel auch eine pädagogische Anstrengung folgt, um für die ideologische Hintergrundsfüllung des neuen Regiments zu sorgen. Umerziehung wird zum pädagogischen Korrelat politisch-sozialer Neuanfänge. Um es didaktisch-schulisch zu sagen: Ein ganzes Volk gerät auf die Schulbank und muss sich gefallen lassen, noch einmal erzogen zu werden.

In welche Schwierigkeiten und Selbstwidersprüche sich das ehrgeizige Projekt der Umerziehung bringt, das das besiegte Land nicht nur wie eine Kolonie regieren und verwalten, sondern seine Bevölkerung von Grund auf ändern und dazu befähigen will, sich selbst zu regieren, dafür liefert die kurze Geschichte der Umerziehung nach 1945 ein instruktives Beispiel. Das Stichwort dazu lautet: Entnazifizierung. In der Annahme, auf eine nazistisch geprägte und unverändert militaristische Nation zu treffen, und unter der Voraussetzung, dass bei den Deutschen ohnehin, wie Erich Weniger 1959/60 mit der Bitterkeit des selbstbetroffenen Zuschauers zum Programm der Umerziehung bemerkt hat, mit einer durch Geschichte und Erziehung »ererbten Unfähigkeit der Deutschen zum Sich-Einfügen in die Gemeinschaft der Völker« zu rechnen sei (Weniger 1990, S. 24), wurden die Adressaten einer Erziehung zu Freiheit und De-

mokratie zunächst einmal zu stigmatisierten Objekten einer pädagogischen Okkupation. Erst Entmündigung zum Zwecke einer Art von Generalreinigung von der Seuche des Nazismus und überhaupt von der deutschen Erbschaft unterwürfigen Obrigkeitsgehorsams im Dienste bedenkenloser Obrigkeiten, dann Schritt für Schritt die Zuteilung von Selbstbestimmungsrechten, um sich als mündige Bürger und rechte Demokraten zu bewähren.

Emanzipation und Entmündigung in einem Zuge: Dieses Arrangement hat eine »Zweideutigkeit in den Maßnahmen der Siegermächte hervorgerufen, die der Erziehungsarbeit nicht eben förderlich war und die Erzieher bedrücken und belasten musste, die Doppelheit nämlich von Bestrafen und Erziehen, von Machtanspruch und Überredung« (a.a.O., S. 26). Das Dilemma dieser Doppelstrategie lässt sich auch so fassen: Sie konnte nur einigermaßen gelingen und hat wohl auch trotz mancher Skepsis so funktioniert, dass die Adressaten der Entnazifizierung noch einmal und zum letzten Mal wie gelehrige Schüler mit eben der Folgebereitschaft auf die Botschaften der Umerziehung reagierten, von der sie sich doch verabschieden sollten, so wie sie vorher in weiten Teilen mehr oder minder erfolgreich nazifiziert worden waren. Viele waren jetzt »gute« oder gar »überzeugte« Demokraten, gewissermaßen Mitläufer der neuen Ordnung, wie sie vorher das Hitlerregime hingenommen oder faktisch mitgetragen hatten. Das kam der Stabilisierung der Verhältnisse entgegen, aber es nährte zugleich den Verdacht, mit der Umkehr und dem Sinneswandel sei es nicht weit her und es bedürfe sozusagen einer zweiten, diesmal selbst inszenierten Reinigung und kritischen Selbstprüfung, um die »Vergangenheit zu bewältigen«.

Pädagogisch gesehen lässt sich zumindest für die deutschen Verhältnisse eine gewisse Dramaturgie der Umerziehung erkennen. Am Anfang steht die Reaktion auf das, was bisher gelernt und ausgeübt worden ist, zweifellos begünstigt durch den Schock des Zusammenbruchs durch den Krieg und nach dem Krieg; darauf folgt eine Phase direktiver Vorgaben und Belehrungen darüber, wie eine demokratische Gesellschaft zu organisieren ist, um schließlich in die Phase der Einübung neuer Praktiken und der Gewöhnung an das zu münden, was zuerst als Forderung von oben präsentiert wurde. Die Erziehung durch andere mit einer Freiheit unter Aufsicht hat sich mit der Zeit und dem Heranwachsen neuer Generationen in den Prozess der Akkulturation in eigener Regie verwandelt. Er besteht in einer

selektiven Angleichung an andere Modelle des Verhaltens und sozialer Organisation und sorgt, um eine Wendung Max Webers über die »Veralltäglichung eines Charismas« aufzunehmen und abzuwandeln, für die Normalisierung der Ausnahmesituation des Anfangs.

Ob diese Dramaturgie auch für die heute weltweit zu beobachtenden Prozesse der Modernisierung, insbesondere auch für das Programm des *nation building* anwendbar ist, mag dahingestellt bleiben. Was summarisch »Globalisierung« genannt wird und faktisch auf eine Verwestlichung der Länder und Völker hinausläuft, die in den Weltmarkt eintreten und so Teil der sich formierenden Weltgesellschaft werden, impliziert pädagogisch Akte der Umerziehung, zum Beispiel mit der Forderung nach der Geltung universaler Menschenrechte und mit zunehmenden Sanktionen gegen deren Verletzungen, begleitet und gestützt von einer sich selbst tragenden Akkulturation. Nicht zweifelhaft dürfte sein, dass Umerziehung und Akkulturation zumeist auch Abwehrreaktionen hervorruft. Sie zeigen sich in den Antworten eines vielfarbigen Fundamentalismus auf die mit der Erziehung verbundenen Kränkungen. Dazu noch einmal Erich Weniger, der die Umerziehung schlicht für gescheitert erklärte, unter anderem schon mit dem offenbar pädagogisch gemeinten Argument, »Umerziehung (setze) voraus, dass jemand schon erzogen ist, schon etwas Fertiges in sich ist. Dann aber ist er nicht mehr durch Erziehung umzuformen, sondern nur durch Überzeugen, Appell an die Einsicht und Bekehrung« (a.a.O., S. 62). Dem steht entgegen, was wir unter dem Begriff der Nacherziehung ausgeführt haben: Erziehung bezieht sich je länger desto mehr auf vorangehende Erziehung. Sie hat nicht die von Weniger angenommene Einheitlichkeit, und sie produziert auch nichts Fertiges. Das ist das Eine; das Andere ist: das Überzeugen und der Appell an die Einsicht sind elementare Formen pädagogischen Handelns.

Viel aufschlussreicher dürfte indes das weitergehende Argument Wenigers gegen die praktizierte Umerziehung nach dem Kriege sein: »Umerziehung im Sinne einer Veränderung der Erziehungsziele und der Erziehungsmittel kann nur innerhalb eines Volkes selber, aus seinen eigenen Voraussetzungen, seinen eigenen Kräften und Mitteln erfolgen, aus den in ihm enthaltenen Möglichkeiten« (ebd.). Das ist nun evident falsch. Die Geschichte der Missionierungen und der kulturellen Unterwerfungen spricht dagegen. Was sich bei Weniger meldet, ist der Widerstand gegen ein Lernen auf höhe-

ren Befehl und durch Fremde, als ob in der Situation nach Kriegsende »innerhalb des Volkes« auch »die eigenen Kräfte und Mittel« gegeben gewesen wären, mit der Erziehung und durch Selbsterziehung einen neuen Anfang zu machen. Es bedurfte schon eines entschiedenen Anstoßes von außen, und im Übrigen zeigten sich dann die auch sonst dem pädagogischen Handeln nicht unbekannten Defizite und Mangelerscheinungen. Tatsächlich verdanken sich die Formen der Umerziehung dem Versuch, die als negativ erlebte oder aufgezwungene Differenz der eigenen Kultur zu einer anderen zu mindern, wenn nicht aufzuheben.

Das zeigt sich nicht nur im großen Maßstab, es wiederholt sich auch dort, wo ein Land sich mit den Ansichten und Lebensgewohnheiten von Einwanderern zu arrangieren hat. Unter dem Stichwort »Integration« unternehmen die Einheimischen den Versuch, die Neuankömmlinge auf ihre eigenen Werte und Normen zu verpflichten, sie damit nicht nur bekannt zu machen, sondern zur Übernahme zu bewegen und sich in die vorfindliche Ordnung einzufügen. Auch hier handelt es sich um Formen der Umerziehung als Reaktion auf eine vorangehende Erziehung, und auch hier melden sich Widerstände und Rückgriffe auf einen Fundamentalismus, der zum Teil schon in ihren Herkunftsländern obsolet geworden ist, um ihre Identität gegen die Zumutungen einer neuen Identitätsdefinition zu bewahren.

Es wäre allerdings vermessen, der Pädagogik bei der Entstehung des neuen Weltbewusstseins die maßgebende Rolle gegenüber Wirtschaft und Politik zuzuschreiben. Ihr kommt eher die Aufgabe der nachholenden Erziehung zu Verhältnissen zu, deren Richtung und Bedeutung sie mit ihren Mitteln gar nicht kontrollieren kann. Welche Herausforderungen und Zumutungen sich dabei in der Zukunft ergeben werden, lässt sich weder absehen noch unter Berufung auf ein allgemeines Humanum vorbeugend vermeiden. In der Tat schwankt das pädagogische Handeln angesichts der Prozesse der Modernisierung zwischen Abwehr und resolutem Aufbruch. Das lässt sich noch einmal und abschließend an dem Phänomen der Medienerziehung studieren.

3. Die Erziehung der Medien

Wer von Medien spricht, meint in der Regel die neuen Medien. Das ist verständlich angesichts der Veränderungen, die durch Film und Rundfunk, Fernsehen und die elektronischen Netzwerke entstanden sind. In kaum hundert Jahren hat sich die kulturelle Umwelt in einer Weise gewandelt, die es nahe legt, von einem radikalen Umbruch zu sprechen, vergleichbar dem Übergang erst zur Schriftlichkeit und später dann zum Buchdruck. Der erste schuf eine neue Form des kulturellen Gedächtnisses, der zweite Übergang der Gutenberg-Revolution öffnete der Lektüre eine vorher ungeahnte Verbreitung, von der auch das pädagogische Handeln nicht unberührt bleiben konnte. Seither gehört die generelle Alphabetisierung wie selbstverständlich zu den programmatischen Zielen jeder Erziehung, so dass es nicht abwegig erscheint, Schule und Lesenlernen in einen engen Zusammenhang zu stellen. Das Buch der Welt wird im repräsentativen Zeigen schulischen Unterrichts entziffert, zuerst noch unter Aufsicht und in wohlbedachter Auswahl, dann selbständig nach Lust und eigenen Interessen.

Doch schon diese beiden Übergänge waren im Übrigen von erheblichen Bedenken, Widerständen und Gegenmaßnahmen begleitet. Die Bedenken gegen die Schriftlichkeit der Kommunikation finden sich paradigmatisch in Platos Dialog »Theaitetos« und von den Maßnahmen gegen eine enthemmte Freiheit des Lesens zeugen der zuerst 1559 von der römischen Kirche aufgestellte Syllabus verbotener Bücher und schließlich die Einrichtung der Indexkongregation bei der päpstlichen Kurie (1571). Die Listen verbotener Bücher, die allein mit besonderer Erlaubnis oder in gereinigter Fassung oder überhaupt nicht gelesen werden durften, sondern dem Feuer überantwortet wurden, sind mit der Zeit immer länger geworden und ergeben eine eigene »Weltliteratur auf dem Index« (Godman 2001). Sie reicht von Erasmus über Voltaire bis zu Alfred Rosenbergs »Mythus des 20. Jahrhunderts«; Schund und große Literatur einträchtig beieinander im Orkus einer volkserzieherisch bemühten Zensur.

Der Versuch, das Publikum vor Irrtum und geistigen Abwegen zu schützen und nicht zuzulassen, dass die frommen Seelen beunruhigt werden, dokumentiert nicht einfach nur den freiheitsfeindlichen Geist herrschender Ideologien, ihre Bedrohung durch die Konkurrenz einer entgrenzten und nicht mehr kontrollierbaren Kommunikation; es kommt darin auch die pädagogische Sorge zur Geltung,

dass die falsche Lektüre die Sitten gefährdet, das Denken auf die schiefe Bahn bringt und überhaupt Schund und Schmutz allgemein feilgeboten werden. Auch wenn sich diese Regelungen und volkserzieherisch gemeinten Vorkehrungen insgesamt im Großen und Ganzen als unwirksam erwiesen haben, so soll nach wie vor wenigstens die nachwachsende Generation vor der Infektion durch literarisches Gefahrengut geschützt werden. Das ist der Sinn der rechtlichen Vorkehrungen gegen »jugendgefährdende Schriften«, der Ausschluss von Kindern von bedenklichen Filmen und die Warnhinweise im Fernsehen, bestimmte Sendungen seien für Jugendliche nicht geeignet. Zu »Schund und Schmutz« ist nun die »Droge im Wohnzimmer« (Winn 1979) hinzugekommen, wenn nicht gleich das apokalyptische Bild einer Kultur beschworen wird, die sich zu »Tode amüsiert« (Postman 1985). Medien, die herkömmlichen wie die neueren und neuesten, werden gleichermaßen als Chance wie als Gefahr wahrgenommen, in jedem Falle als Macht, der auch didaktisch-pädagogisch zu begegnen sei. Die Annahme ist ja auch nicht abwegig, dass der Kontakt mit Gedanken und Geschichten, mit Bildern und medialen Programmen nicht folgenlos bleibt, auch wenn es im Einzelnen schwierig sein mag, die üblen Folgen exzessiver Gewaltdarstellungen und pornographischer *hard-core*-Produktionen, halbdebiler Kitschgeschichten und haarsträubender Landserromane eindeutig nachzuweisen.

Es ist nicht schwer zu sehen, worin die Veränderung besteht, die sich schon mit dem allgemeinen, unkontrollierten Zugang zu Büchern, Broschüren und Druckwerken aller Art ergeben haben. Wer seinen geistigen Haushalt nicht mehr nur mit den Geschichten und Darstellungen bestreitet, die ihm persönlich und aus der nächsten Umgebung bekannt werden, sondern ihn in der Stille und in unbemerkter Abgeschiedenheit befriedigt, nimmt in einer ganz neuen, selbstbestimmten Weise am Multiversum der Kommunikation teil. Auch der Katholik kann protestantische und der Protestant katholische Schriften lesen, um mehr kennen zu lernen, als was der Orts- und Gemeindepfarrer so erzählt. Die Betriebsgeheimnisse der Intellektuellen kommen auf den Markt und verlieren ihren Nimbus, wesentlich befördert dadurch, dass die Gelehrten auf das exklusive Latein verzichten und sich der Sprache bedienen, die alle lesen können. Es entsteht eine andere, gleichsam unsichtbare, doch allgegenwärtig vorausgesetzte Öffentlichkeit, an die sich jeder wenden kann, auch ohne die Zustimmung der örtlichen Autoritäten einzu-

holen. Das alles erzeugt und erlaubt Orientierungen und Kenntnisnahmen, die die eigene Erfahrung weit überschreiten, relativieren und durch Erfahrungen aus zweiter Hand ergänzen.

Noch einmal gesteigert erscheint diese Erweiterung der Kommunikation mit den neuen Medien und ihren noch unausgeschöpften Möglichkeiten. Arnold Gehlen hat im Zusammenhang seiner Diagnose der »Seele im technischen Zeitalter« sehr pointiert auf Parallelen und Differenzen zwischen alter und neuer Medienumwelt hingewiesen. In archaischen wie in modernen Gesellschaften wird das Bedürfnis nach Orientierung in einer je besonderen Weise befriedigt: »Im einen Falle umstellen Mythen den Horizont, im anderen Zeitungen« (Gehlen 1957, S. 44). Auf die Prämissen und Folgerungen Gehlens braucht hier nicht eingegangen zu werden; es genügt, das Phänomen ins Auge zu fassen, auf das Gehlen aufmerksam macht. Es erscheint in zwei Versionen, doch in derselben Funktion: Zuerst unter den Bedingungen vormoderner, jetzt unter den Bedingungen moderner Kommunikation, zu denen inzwischen nicht nur Zeitungen, sondern vor allem das Fernsehen gehört. Es geht beide Male um dasselbe, und es erscheint dennoch nach Form, Inhalt und Wirkung grundverschieden. Plakativ gesprochen: Früher Mythen, heute Zeitung und Fernsehen.

Das Gemeinsame der alten Geschichten und großen Erzählungen einerseits und der täglichen Nachrichten und Informationen andererseits ergibt sich daraus, dass wir früher nicht anders als heute unsere Erfahrungen nicht einfach und direkt aus einer an sich gegebenen »Wirklichkeit« gewinnen, sondern vermittelt über geprägte Deutungen und Formeln, die uns ins Bild setzen und uns sagen, wie wir das zu verstehen haben, was uns begegnet. Die Darstellung der Welt und deshalb auch die Darstellung als »Hauptgeschäft der Erziehung«, wie Herbart gesagt hat, ist symbolisch-zeichenhaft vermittelt. Dies ist es, was den Medien ihre Macht gibt, nicht erst als beliebig einsetzbares und eingesetztes Mittel, sondern einfach dadurch, dass es sie gibt und so gibt, wie sie das Erfahrbare ordnen, deuten und präsentieren. Anders gesagt: Medien sind nicht zuerst nur ein Mittel, um Macht über Gedanken und Gefühle zu gewinnen und um sie als didaktische Instrumente für erzieherische Absichten einzusetzen, Mittel, auf die wir im Zweifel aber auch verzichten können, sondern sie *sind* eine Macht dadurch, dass es sie und wie es sie gibt. Das ist die Einsicht, die Marshall McLuhan mit seinem Diktum auf den Punkt gebracht hat, das Medium selber sei die Bot-

schaft (McLuhan 1964). So wichtig eine spezielle Medienpädagogik unter dem didaktischen Gesichtspunkt der Nutzung und Erweiterung des Repertoires der Lehrmittel auch sein mag und insofern auch die opulente Förderung dieser Art der Medienpädagogik verständlich erscheinen lässt, so wird sie doch in ihrer Tragweite unterboten, wenn wir die Medien nicht zuerst als die Form begreifen, in der wir uns heute kommunikativ bewegen.

Wie das gemeint ist, lässt sich an unserer täglichen Erfahrung demonstrieren. Das allgemeine Wissen mögen die Wissenschaften formulieren, aber das aktuelle Wissen und den jeweils letzten Stand entnehmen wir von Tag zu Tag, manchmal sogar von Stunde zu Stunde den neuen und neuesten Nachrichten, den letzten Meldungen und ihrer medialen Präsentation. Sie zeigen uns, was geschehen ist und zunehmend auch, was gerade jetzt, sozusagen in »Echtzeit«, geschieht. Nicht nur bei fürstlichen Hochzeiten und Song-Festivals, Parlamentsdebatten und Sportveranstaltungen, sondern auch bei Katastrophen wie dem 11. September 2001 oder dem Irak-Krieg sind wir »live« dabei. Nicht nur die Reporter, auch die Zuschauer sind gewissermaßen »eingebettet« und gewinnen den Eindruck authentischer Erfahrung. In seiner »Nachschrift zum ›Namen der Rose‹« (1986) hat der Romancier und Semiotiker Umberto Eco diesen Sachverhalt in paradoxer Pointierung zum Ausdruck gebracht: »Über das Mittelalter habe ich Kenntnisse aus erster Hand, die Gegenwart kenne ich aus dem Fernsehen« (S. 22).

Natürlich sind die eigene Erfahrung und das individuell-unvertretbare Erleben nicht verschwunden; im Gegenteil: das Erleben wird geradezu programmatisch betrieben, als »Event« gesucht und von einer erfindungsreichen Unterhaltungs- und Erlebnisindustrie bedient. Warum? Weil es seine unauffällig selbstverständliche Qualität weithin verloren hat (vgl. Schulze 1993). Denn tatsächlich ist unsere gemeinsame Welt die der Medien. Da spielt das richtige Leben. »Was wir über unsere Gesellschaft, ja über die Welt, in der wir leben, wissen, wissen wir durch die Massenmedien«, so Niklas Luhmann (1996, S. 9). Und weiter in der Fußnote: »Das gilt auch für Soziologen, die ihr Wissen nicht mehr im Herumschlendern und auch nicht mit bloßen Augen und Ohren gewinnen können. Gerade wenn sie die sogenannten empirischen Methoden anwenden, wissen sie immer schon, was sie wissen und was sie nicht wissen – aus den Massenmedien« (ebd.). Entscheidend ist dabei, dass dieses Wissen eben nicht nur Wissen und Kenntnisnahme ist, die uns bloß infor-

miert, aber im Übrigen unbetroffen lässt. Es enthält vielmehr direktive Suggestionen und Impulse, als ob wir Teilnehmer eines Geschehens sind, bei dem wir tatsächlich nicht dabei sind, aber uns doch, wie man sagt, »angesprochen« und zur Reaktion aufgefordert fühlen. Die Bilder hungernder Kinder in Afrika oder der Erdbebenopfer in einer asiatischen Region sorgen dafür, dass früher unvorstellbare Hilfsaktionen ausgelöst und auf den Weg gebracht werden. Es entsteht eine virtuelle Nachbarschaft und Nähe mit der Not der Fernsten, und das verträgt sich durchaus damit, dass die »nächsten« Nachbarn im Wohnblock relativ gleichgültig und fremd bleiben.

Man mag mit Neil Postman das Flüchtige und die auf Unterhaltung angelegte Dauerspannung des Fernsehens als Attentat auf die Besonnenheit und langfristig aufgebaute Motivationen beklagen, es bleibt dennoch festzuhalten, dass eben nicht nur das moralisch zweideutige »Vergnügen an tragischen Gegenständen« (Schiller), an Konflikten und Untergängen, am Leiden und an den Sorgen der anderen im Spiel ist, sondern darüber hinaus eine mittlerweile globale »Teilnehmung dem Wunsche nach« möglich wird. Davon hat Kant als informierter Zeitungsleser und Zuschauer der französischen Revolution gesprochen und damit auf ein Phänomen aufmerksam gemacht, das unter den erweiterten Bedingungen globaler Information nachgerade alltäglich geworden ist. Der Aufstand oder auch nur die Erstürmung eines repräsentativen Gebäudes in irgendeinem Land führen zu Reaktionen und Anschlusshandlungen im eigenen Bereich. In einem Pariser Vorort kommt es zu Straßenkrawallen, in Windeseile breiten sie sich wie eine Pestseuche über ganz Paris und über das ganze Land aus, und die Polizeidirektionen in den Nachbarländern setzen ihre Bereitschaftspolizei in Alarmbereitschaft. Nach dem 11. September 2001 und dem Angriff auf das New Yorker World Trade Center wurden europaweit öffentliche Gebäude unter Polizeischutz gestellt, sei es, um tatsächlich befürchtete Anschläge zu verhindern, sei es auch nur, um die Bevölkerung zu beruhigen. Was zu Goethes Zeiten noch zum gruseligen Behagen friedlicher Bürger gehörte, das unterhaltsame Gespräch an »Sonn- und Feiertagen« über »Krieg und Kriegsgeschrei«, wenn »fern in der Türkei die Völker aufeinander schlagen«, damit ist es vorbei. Was geschieht, ist zwar nach wie vor lokal, aber die Schockwellen gehen um die Erde und sorgen dafür, dass das Geschehen als allgegenwärtig und nah erscheint.

Dass es sich dabei nicht um bloße Imaginationen aufgeregter Beobachter handelt, hat das Jahr »68« gezeigt, ein »Jahr, das die

Welt veränderte« (Kurlansky 2005). Buchstäblich über alle Kontinente zog sich wie eine Pandemie der Ausbruch von Protest gegen die etablierten Autoritäten: in China die roten Garden als »Kulturrevolution«, im kalifornischen Berkeley, in Nanterre, in Berlin und Frankfurt als studentischer Aufstand, in den Südstaaten der USA als Bürgerrechtsbewegung, in der Tschechoslowakei als »Prager Frühling«, vielfach als Protest gegen den Krieg in Vietnam, gegen die Springerpresse, gegen Fahrpreiserhöhungen und den monopolkapitalistischen Raubbau an der Natur und die Ausbeutung der Arbeiterklasse. Die Themen und Anlässe variierten, aber gemeinsam war der Stil neuer Techniken der Demonstration, angelegt auf die Konfrontation mit den Ordnungskräften vor Ort, um die latente Gewalt der gegebenen repressiven Herrschaftsstrukturen manifest werden zu lassen und sie in ihrer Verlogenheit und intellektuellen Schwäche vorzuführen.

Fragt man nach den Gründen für diese Eruption, lassen sich vor Ort und in den verschiedenen Gesellschaften ganz unterschiedliche Ursachen und Zielstellungen für den Aufstand vor allem der Jungen finden; doch sie erklären weder dessen Plötzlichkeit noch dessen Gleichzeitigkeit, geschweige denn die Gleichförmigkeit in der Inszenierung des Protests. In einer sowieso immer unvollendeten Welt gibt es immer Anlässe für Kritik und Reform des Bestehenden, und auch die Entwürfe mehr oder minder radikaler Veränderung waren längst schon da und teilten das übliche Schicksal, zur Kenntnis genommen und als utopische Fantasien beiseite gelegt zu werden. Nur eines war anders, durchaus zur Überraschung der Angreifer wie der Angegriffenen: die massenmediale Resonanz als Verstärker und selbständig treibendes Element, die die spontanen Aktionen in eine »Bewegung« und eigene Macht verwandelten. Geplant und gewollt war das nicht, aber es zeigte sich, und indem es sich zeigte, wurde es aufgegriffen, benutzt und ausdrücklich inszeniert, zuerst von denen, die auf die Straße gingen, die sich zu Sit-Ins vor Gerichten, Parlamenten und in Universitäten versammelten, die Sitzungen sprengten und Gottesdienste, die die Repräsentanten des Systems der Lächerlichkeit aussetzten und sie am Reden hinderten, so dass sie sich auf längere Zeit in den Universitäten, aber auch auf allgemein zugänglichen Versammlungen nicht mehr sehen ließen und sich in die geschützten Räume farbloser Fernsehstudios zurückzogen, um die »Öffentlichkeit« da zu erreichen, wo sie sich heute maßgeblich befindet: vor dem Fernseher.

Inzwischen haben nicht nur die Regierungen und die Parteien, die Verbände und die Großorganisationen, sondern selbst, was die Erziehungseinrichtungen betrifft, die Universitäten und einzelnen Schulen ihre Lektion gelernt. Wer immer da in Führungspositionen tätig ist, sieht sich genötigt, sich durch aktive Öffentlichkeitsarbeit, durch Tage der offenen Tür und mit einem einprägsamen Logo wie eine Firma zu präsentieren, mediengerecht und fernsehtauglich. Die *spin doctors* haben das neue Feld allgegenwärtiger Kommunikation besetzt und sorgen dafür, welche Ansichten, Direktiven und Informationen das Publikum da erreichen, wo sich das öffentliche Bewusstsein bildet, nicht mehr allein oder vornehmlich in den relativ geschlossenen Räumen von Politik und Wissenschaft, Wirtschaft und Recht, Kunst und organisierter Erziehung, sondern maßgeblich auf einem von Fall zu Fall und auf unterhaltsame Variation eingerichteten Markt von Interessen und Meinungen in den Foren der Fernsehanstalten und neuerdings der Internetzirkel.

Was sich daraus auch für das pädagogische Handeln ergibt und ergeben wird, lässt sich nicht absehen. Es ist aber unwahrscheinlich, dass die hier nur skizzierte Verwandlung des öffentlich-gemeinsamen Wissens ohne Folgen dafür bleibt, wie sich den Heranwachsenden die Welt zeigt, wie sie selber sich in den medial geprägten ad-hoc-Orientierungen orientieren, welche Formen der Wahrnehmung sie einüben, an welche Motive sie anschließen und in welchen Formen sie lernen, sich zu artikulieren, welche Fertigkeiten sie erwerben und einüben, um sich in der Gegenwart zu behaupten. Auch steht zu vermuten, dass die entschiedenen Widerstände gegen die Flexibilisierung der Märkte, Meinungen und Verhaltensweisen zunehmen werden. Der »flexible Mensch« (Sennett 1998), umstellfähig, variabel einsetzbar und lernbereit, mag als Gebot der Stunde erscheinen, aber es dürfte nicht abwegig sein, daran zu erinnern, dass wir nicht nur lernen wollen, sondern auch auslernen, um nicht im Stande anhaltender Vorläufigkeit zu bleiben.

Wie sich die Pädagogik in diesem Streit unterschiedlicher Perspektiven und Erwartungen an die Lebensführung positionieren wird, dürfte eine offene Frage sein. Traditionell steht sie, aller Reformrhetorik zum Trotz, auf der Seite der Bewahrung und Systemerhaltung, doch dazu müssen sich auch Erzieherinnen und Erzieher finden, die in diese Aufgabe eintreten und das pädagogische Handeln ausdrücklich wollen. Worin es besteht, das haben wir in dieser Einführung zu zeigen versucht.

VI Support

Die im Text benutzten und erwähnten Schriften sind hier nicht noch einmal aufgeführt worden. Sie finden sich im Literaturverzeichnis (Kap. VII). Insofern dienen die folgenden Hinweise nur der Ergänzung und Vertiefung der behandelten Themen.

Es versteht sich, dass hier keine auf Vollständigkeit oder Repräsentativität angelegte Bibliographie, sondern nur eine Auswahl im Blick auf die in den Kapiteln und Abschnitten behandelten Leitbegriffe vorgelegt wird.

Wer sich umfassend und erschöpfend über das pädagogisch-didaktische Literaturangebot unterrichten möchte, sei auf die folgende Internet-Adresse verwiesen: *www.fachportal-paedagogik.de/fis_bildung.*

Artikel und Hinweise zu Formen des pädagogischen Handelns finden sich ferner in den einschlägigen Lexika und Handbüchern zum Gesamtgebiet und zu Einzelgebieten der Pädagogik:

Enzyklopädie Erziehungswissenschaft, 12 Bde., hrsg. v. D. Lenzen u. K. Mollenhauer, Stuttgart 1983 ff.

Pädagogische Grundbegriffe, 2 Bde., hrsg. v. D. Lenzen, Reinbek 1989

Wörterbuch der Pädagogik, hrsg. v. W. Böhm, Stuttgart 2000, 15. Aufl.

Historisches Wörterbuch der Pädagogik, hrsg. v. D. Benner u. J. Oelkers, Weinheim 2004

Wörterbuch Erwachsenenpädagogik, hrsg. v. R. Arnold u.a., Darm stadt 2001

Lexikon der Sozialpädagogik und Sozialarbeit, hrsg. v. F. Stimmer u.a., München/Wien 1996

Handbuch Sozialarbeit/Sozialpädagogik, hrsg. v. H.-U. Otto u. H. Thiersch, Neuwied/Kriftel 2001, 2. Aufl.

Wörterbuch Schulpädagogik. Ein Nachschlagewerk für Studium und Schulpraxis, hrsg. v. R. W. Keck u.a., 2. völlig überarbeitete Auflage Bad Heilbrunn 2004.

Nach wie vor konstruktiv und der Einsicht zu empfehlen sind von den älteren Lexika:

Enzyklopädisches Handbuch der Pädagogik, 10 Bde., hrsg. v. W. Rein, Langensalza 1903 ff. (2.Aufl.)
Lexikon der Pädagogik, 5 Bde., hrsg. v. E. Roloff u. O. Willmann, Freiburg 1913
Handbuch der Pädagogik, 5 Bde., hrsg. v. H. Nohl u. L. Pallat, Langensalza 1929 ff
J. Dolch: Grundbegriffe der pädagogischen Fachsprache. München 1965, 6. Aufl.

Zur Einleitung (Kap. I):

Begriff und Form der Erziehung

W. Brezinka: Grundbegriffe der Erziehungswissenschaft. Analyse, Kritik, Vorschläge. München/Basel 1974
K. Prange: Form. In: Hist. Wörterbuch, a.a.O., S. 393 ff.

Geschichte

Ph. Ariès: Geschichte der Kindheit. München 1975
Hört ihr die Kinder weinen? Eine psychogenetische Geschichte der Kindheit, hrsg. v. Lloyd de Mause, Frankfurt 1977
E. Loffl-Haag: Hört ihr die Kinder lachen? Zur Kindheit im Spätmittelalter. Pfaffenweiler 1991
B. Schwenk: Geschichte der Bildung und Erziehung von der Antike bis zum Mittelalter, hrsg. aus dem Nachlass v. P. Drewek, Weinheim 1996

Zu Kap. II:

W. Sünkel: Phänomenologie des Unterrichts. Grundriss der theoretischen Didaktik. Weinheim München 1996
F. W. Kron: Grundwissen Didaktik. München/Basel 1994, 2. verb. Aufl.
Th. Fuhr: Zeigen und Erziehung. – Das Zeigen als »zentraler Gegenstand« der allgemeinen Erziehungswissenschaft. In: Zur

Sache der Pädagogik, hrsg. v. Th. Fuhr u. K. Schultheis, Bad Heilbrunn, S. 109 ff.

Üben

H. Speichert: Richtig üben macht den Meister. Das Erfolgsprogramm gegen Lernfehler, Verlernen und Vergessen. Reinbek 1985

Üben und Wiederholen. Sinn schaffen – Können entwickeln, hrsg. v. R. Meier u.a., Seelze 2000

Darstellen

H. Glöckel: Vom Unterricht. Lehrbuch der allgemeinen Didaktik. Bad Heilbrunn 1996, 8. Aufl.

E. Kiel: Erklären als didaktisches Handeln. Würzburg 1999

H. Meyer: Was ist guter Unterricht? Berlin 2004

Auffordern

R. Girmes: (Sich) Aufgaben stellen. Weinheim 2004

Rückmelden

W. Althoff: Fehlerwelten. Vom Fehler machen und Lernen aus Fehlern. Opladen 1999.

K. H. Ingenkamp: Pädagogische Diagnostik. In: Leo Roth, Pädagogik, Handbuch für Studium und Praxis, München 1991

K. H. Ingenkamp.: Erfassen und Rückmelden des Lernerfolgs. In: Enzyklopädie Erziehungswissenschaft, Bd. 4: Methoden und Medien der Erziehung und des Unterrichts, hrsg. v. G. Otto u. W. Schulz, Stuttgart 1985, S. 173 ff.

Exkurs I: Prüfung

W. Sacher: Leistungen entwickeln, überprüfen und beurteilen. Bewährte und neue Wege für die Primar- und Sekundarstufe. 4. überarbeitete u. erweiterte Aufl., Bad Heilbrunn 2004

Die Fragwürdigkeit der Zensurengebung, hrsg. v. K.-H. Ingenkamp, Weinheim 1972

H. Becker: Zensuren – ihre Fragwürdigkeit, Berechtigung und Alternativen. Heidelberg 1991

Zu Kap. III:

Arrangieren

V. Kraft: Erziehung durch die Dinge. Einblick in das »Emilische System« der Erziehung. In: curriculum vitae. Beiträge zu einer biographischen Erziehungstheorie, hrsg. v. D. Spanhel, Essen 1988, S. 48 ff.

A. Niggli: Lernarrangements erfolgreich planen. Didaktische Anregungen zur Gestaltung offener Unterrichtsformen. Aarau 2000

Spielen

H. Retter: Spielzeug. Handbuch zur Geschichte und Pädagogik der Spielmittel. Weinheim/Basel 1979

W. Einsiedler: Das Spiel der Kinder. Zur Pädagogik des Kinderspiels. Bad Heilbrunn 1999, 3. Aufl.

Arbeiten

Ph. Gonon: Arbeitsschule und Qualifikation. Bern 1992

H. J. Apel / M. Knoll: Aus Projekten lernen. Grundlegung und Anregungen. München 2001

Erleben

Th. Fischer/J.W. Ziegenspeck: Handbuch Erlebnispädagogik. Bad Heilbrunn 2000

Strafen

M. Foucault: Überwachen und Strafen. Die Geburt des Gefängnisses. Frankfurt/M. 1992

Jugendstrafvollzug und Bewährung, Analysen zum Vollzugsverlauf und zur Rückfallentwicklung, hrsg. v. H.-J. Kerner u.a., Bonn 1996

Zu Kap. IV:

Anstaltserziehung

Wyss, P.: Grundprobleme der Anstaltserziehung. Eine Auseinandersetzung mit der Kritik an Erziehungsheimen. Bern 1969

H. Scholtz: Nationalsozialistische Ausleseschulen. Internatsschulen als Herrschaftsmittel des Führerstaats. Göttingen 1973
E. Badry: Die Gründer der Landerziehungsheime. In: Klassiker der Pädagogik, Bd. 2, hrsg. v. H. Scheuerl, München 1979, S. 152 ff.
J. Yamana: Die Struktur der »Übersichtlichkeit« des Landerziehungsheims Haubinda. In: Zeitschrift für Pädagogik, Jg. 42, 1996, S. 407 ff.

Schulerziehung

H. Fend: Theorie der Schule. München 1980
M. Rutter u.a.: Fünfzehntausend Stunden. Schulen und ihre Wirkung auf Kinder. Weinheim/Basel 1980
J. Diederich/H.-E. Tenorth: Theorie der Schule. Ein Studienbuch zu Geschichte, Funktionen und Gestaltung. Berlin 1997
F. Baumgart/U. Lange: Theorien der Schule. Erläuterungen –Texte – Arbeitsaufgaben. Bad Heilbrunn 1999
G. Strobel-Eisele: Schule und soziale Evolution. System- und evolutionstheoretische Untersuchungen zur Entstehung und Entwicklung der Schule. Weinheim 1992
L. Duncker u.a.: Schulkindheit. Anthropologie des Lernens im Schulalter. Stuttgart 2004

Nacherziehung

K. Mollenhauer/U. Uhlendorff: Sozialpädagogische Diagnosen I. Über Jugendliche in schwierigen Lebenslagen, Weinheim/München 1995, 2. Aufl.
Dies.: Sozialpädagogische Diagnosen II. Selbstdeutungen verhaltensschwieriger Jugendlicher als empirische Grundlage für Erziehungspläne, Weinheim/München 1995

Exkurs II

Th. Fuhr: Kompetenzen und Ausbildung des Erwachsenenbildners. Eine Studie zur Professionalisierung der Erwachsenenbildung. Bad Heilbrunn 1991
A. Combe/W. Helsper (Hg.): Pädagogische Professionalität. Untersuchungen zum Typus pädagogischen Handelns. Frankfurt 1996

Perspektiven der Lehrerbildung in Deutschland. Abschlussbericht der von der KMK eingesetzten Kommission, hrsg. v. E. Terhart, Weinheim/Basel 2000

Zu Kap. V:

Volks- und Massenerziehung

P. Röhrig/H. Stübig: Volksbildung. In: Handbuch der deutschen Bildungsgeschichte, Bd. III, hrsg. v. K.-E. Jeismann u. P. Lundgreen, München 1987

Erziehungsstaaten. Historisch-vergleichende Analyse ihrer Denktraditionen und nationalen Gestalten, hrsg. v. D. Benner u.a., Weinheim 1998

Gedenkstättenpädagogik. Erfahrungen und Perspektiven, hrsg. v. A. Ehmann u.a., Opladen 1995

Umerziehung

K. Prange: Umerziehung – eine deutsche Lektion. In: Erwachsenenbildung im Kontext, hrsg. v. M. Friedenthal-Haase, Bad Heilbrunn 1991, S. 303 ff.

K.-H. Füssl: Die Umerziehung der Deutschen: Jugend und Schule unter den Siegermächten des zweiten Weltkriegs 1945–1955. Paderborn 1994

Erziehung und Medien

S. Nolda: Pädagogik und Medien. Eine Einführung. Stuttgart 2002

J. Kade: Pädagogik der Medien. In: Wörterbuch Erwachsenenbildung, a.a.O., S. 201 ff.

St. Sting: Schrift, Bildung und Selbst. Eine pädagogische Geschichte der Schriftlichkeit. Weinheim 1998

VII Literatur

Assmann, J.: Das kulturelle Gedächtnis, Schrift, Erinnerung und politische Identität in frühen Hochkulturen. München 1992

Becker, H.: Außenseiter. Zur Soziologie abweichenden Verhaltens. Frankfurt 1973

Benner, D.: Allgemeine Pädagogik. Eine systematisch-problemgeschichtliche Einführung in die Grundstruktur pädagogischen Denkens und Handelns. München 2001 (4. Auflage)

Bettelheim, B.: Kinder brauchen Märchen. Stuttgart 1977

Ders.: Kinder brauchen Bücher. Lesenlernen durch Faszination. München 1985

Bischof-Köhler, D.: Von Natur aus anders. Die Psychologie der Geschlechtsunterschiede. Stuttgart, Berlin, Köln 2002

Blankertz, H.: Theorien und Modelle der Didaktik. München 1973, 7. Aufl.

Blumenberg, H.: Die Lesbarkeit der Welt. Frankfurt/M. 1981

Böhm, W.: Geschichte der Pädagogik. Von Platon bis zur Gegenwart. München 2004

Bollnow, O. F.: Existenzphilosophie und Pädagogik. Versuch über unstetige Formen der Erziehung. Stuttgart usw. 1959 u.ö.

Ders.: Vom Geist des Übens. Eine Rückbesinnung auf elementare didaktische Erfahrungen (zuerst 1978). Stäfa 1991 (3. Auflage)

Bräuer, G.: Erinnerung. In: Enzyklopädie Erziehungswissenschaft Bd. 4: Methoden und Medien der Erziehung und des Unterrichts, hrsg. v. Gunter Otto und Wolfgang Schulz, Stuttgart, Dresden 1995, S. 433 ff.

Brügelmann, H.: »Output« statt »Input?« Kritische Anmerkungen zur aktuellen Leistungsdebatte. In: Leistungen der Kinder wahrnehmen – würdigen – fördern, hrsg. v. H. Bartnitzky u. A. Speck-Hamdan, Frankfurt 2004, S. 9 ff.

Bruer, J. T.: Der Mythos der ersten drei Jahre. Warum wir lebenslang lernen. Weinheim/Basel 2000

Bühler, Ch.: Kindheit und Jugend. Leipzig 1928

Cronin, C. L.: Dominance relations and females. In: Dominance relations: An ethological view on human conflict and social interaction, hrsg. v. D. R. Ormak/F. F. Strayer / D.G. Freedman. New York 1980

Deuerlein, E.: Das Problem der »Behandlung Deutschlands«. Umrisse eines Schlagworts des Epochenjahres 1945. In: Aus Politik und Zeitgeschichte, B 18/65, Bonn 1965

Deutsche Gesellschaft f. Erziehungswissenschaft (Vorstand): Kerncurriculum für das Hauptfachstudium Erziehungswissenschaft. In: Erziehungswissenschaft, Jg. 15, Heft 29, 2004, S. 84 ff.

Diesterweg, A.: Wegweiser zur Bildung für deutsche Lehrer (1835), hrsg. v. J. Scheveling, Paderborn 1958
Dolch, J.: Lehrplan des Abendlandes. Ratingen 1971, 3. Aufl.
Dreeben, R.: Was wir in der Schule lernen. Frankfurt 1980
Dweck, C. S./Light, B. G.: Learned helplessness and intellectual achievement. In: Human Helplessness. Theory and Applications, hrsg. v. J. Garber/M. E. P. Seligman. New York 1980.
Eco, U.: Nachschrift zum »Namen der Rose«. München 1986
Elias, N.: Über den Prozeß der Zivilisation, 2 Bde., Bern 1969
Empfehlungen der Studienreformkommission Pädagogik/Sozialpädagogik/Sozialarbeit, Bd. 1: Ausbildungsbereich. Bonn 1984
Fleischmann, L.: Dies ist nicht mein Land. Eine Jüdin verlässt die Bundesrepublik. Hamburg 1980
Freud, S.: Gesammelte Werke. London 1952 ff.
Galuske, M.: Methoden der Sozialen Arbeit. Eine Einführung. Weinheim/München 2002, 4. Aufl.
Gehlen, A.: Die Seele im technischen Zeitalter. Sozialpsychologische Probleme in der industriellen Gesellschaft. Hamburg 1957
Geißler, E. E.: Erziehungsmittel. Bad Heilbrunn 1967
Giesecke, H.: Pädagogik als Beruf. Grundformen pädagogischen Handelns. Weinheim/München 1987
Glasersfeld, E. v.: Wissen, Sprache und Wirklichkeit. Arbeit zum radikalen Konstruktivismus. Braunschweig, Wiesbaden 1987
Godman, P.: Weltliteratur auf dem Index. Die geheimen Gutachten des Vatikans. Berlin/München 2001
Goethe, J. W. v.: Werke (Hamburger Ausgabe). Hamburg 1950 ff.
Goffman, E.: Asyle. Über die Situation psychiatrischer Patienten und anderer Insassen. Frankfurt 1973
Groos, K.: Die Spiele der Menschen (1899). Hildesheim/New York 1973
Guyer, W.: Wie wir lernen. Versuch einer Grundlegung. Zürich/Stuttgart 1960, 3. Aufl.
Habermas, J.: Theorie und Praxis. Sozialphilosophische Studien. Frankfurt 1963.
Hahn, K.: Erziehung zur Verantwortung. Stuttgart 1958
Hartmann, K./Herriger, N.: Verwahrlosung. In: Enzyklopädie Erziehungswissenschaft, hrsg. v. D. Lenzen, Stuttgart 1983, Bd. 8., S. 631 ff.
Heid, H.: Situation als Konstrukt. Zur Kritik objektivistischer Situationsdefinitionen. In: Schweizerische Zeitschrift für Bildungswissenschaften 23, 2001, S. 513 ff.
Herbart, J. F.: Sämtliche Werke, hrsg. v. K. Kehrbach u. O. Flügel, ND Aalen 1989 ff.
Humboldt, W. v.: Werke in fünf Bänden, hrsg. v. A. Flitner u. K. Giel, Darmstadt 1964

Huizinga, J.: Homo ludens. Vom Ursprung der Kultur im Spiel. Hamburg 1956
Huntington, S. P.: Der Kampf der Kulturen. Die Neugestaltung der Weltpolitik im 21. Jahrhundert, München/Wien1996
Ingenkamp, K.: Erfassung und Rückmeldung des Lernerfolgs. In: Enzyklopädie Erziehungswissenschaft, Bd. 4, 1985, S. 173 ff.
Kade, J.: Vermittelbar : nicht-vermittelbar : Vermitteln : Aneignen. Im Prozeß der Systembildung des Pädagogischen. In: Bildung und Weiterbildung im Erziehungssystem, hrsg. v. D. Lenzen u. N. Luhmann, Frankfurt 1997, S. 30 ff.
Kant, I.: Werke in sechs Bänden, hrsg. v. W. Weischedel, Darmstadt 1964 ff.
Keller, H.: Mein Weg aus dem Dunkel. Blind und gehörlos – das Leben einer Frau, die ihre Behinderung besiegte. Bern/München/Wien 1993
Kerschensteiner, G.: Texte zum pädagogischen Begriff der Arbeit und zur Arbeitsschule. In: Ausgewählte pädagogische Schriften, Bd. 2, hrsg. v. G. Wehle, Paderborn 1968
Klafki, W.: Studien zur Bildungstheorie und Didaktik. Weinheim, Berlin, Basel 1963 u.ö.
Klein, R.: Symmachus. Eine tragische Gestalt des ausgehenden Heidentums. Darmstadt 1971
Koring, B.: Grundprobleme pädagogischer Berufstätigkeit. Eine Einführung für Studierende. Bad Heilbrunn 1992
Kounin, J. S.: Techniken der Klassenführung. Stuttgart 1976
Kraft, V.: Rousseaus Emile. Bad Heilbrunn 1993
Ders: Pestalozzi oder das pädagogische Selbst. Eine Studie zur Psychoanalyse pädagogischen Denkens. Bad Heilbrunn 1996
Kurlansky, M.: 1968. Das Jahr, das die Welt veränderte. Köln 2005
Leeb, J.: »Wir waren Hitlers Eliteschüler«. Ehemalige Zöglinge der NS-Ausleseschulen brechen ihr Schweigen. Hamburg 1998
Lenzen, D./Luhmann, N. (Hg.): Bildung und Weiterbildung im Erziehungssystem. Frankfurt 1997
Leonard, G. B.: Erziehung durch Faszination. Lehren und Lernen für die Welt von morgen. München 1971
Liegle, L.: Sollte es einen »Elternführerschein« geben, um mehr »Sicherheit« im Familien»verkehr« zu gewährleisten? In: Neue Sammlung, 43, 2003, S. 135 ff.
Lietz, H.: Lebenserinnerungen. Von Leben und Arbeit eines deutschen Erziehers. Langensalza 1922, 3. Aufl.
Loch, W.: Artikel »Sprache«. In: Handbuch pädagogischer Grundbegriffe, Bd. 2 München 1970, S. 480 ff.
Ders.: Für Lehrer erforderliche Fähigkeiten. In: Lehrer und Schüler – alte und neue Aufgaben, hrsg. v. W. Loch u. J. Muth, Essen 1990, S. 101 ff.
Loyola, I.v.: Geistliche Übungen, hrsg. v. A. Haas, Freiburg 1967

Lübbe, H.: Was heißt: »Das kann man nur historisch erklären?« In: Geschichte – Ereignis und Erzählung, hrsg. v. R. Koselleck u. W.-D.Stempel, München 1973, S. 542ff.
Lüpke, F.: Pädagogische Provinzen für verwahrloste Kinder und Jugendliche, hrsg. v. Böhm, W. u.a., Bd. 30, Würzburg 2004
Luhmann, N.: Reflexive Mechanismen. In: Soziologische Aufklärung Bd. 1, Opladen 1974, S. 92ff.
Ders.: Die Realität der Massenmedien. Opladen 1996, 2. Aufl.
Luhmann, N./Schorr, K. E.: Reflexionsprobleme im Erziehungssystem. Stuttgart 1979
Lyotard, J.-F.: La condition postmoderne, Paris 1979
Ders.: Postmoderne für Kinder: Briefe aus den Jahren 1982–1985. Wien 1987
Makarenko, A. S.: Ein pädagogisches Poem. Der Weg ins Leben. Berlin 1962
McLuhan, M.: Understanding Media: The Extensions of Man. New York 1964
Merkens, H.: Zur Lage der Erziehungswissenschaft. In: Erziehungswissenschaft, Jg. 15, Heft 29, 2004, S. 11 ff.
Mertes, K.: Verantwortung lernen. Schule im Geist der Exerzitien. Würzburg 2004
Miller, D. L.: George Herbert Mead. Self, Language and the World, Chicago/ London 1973
Mollenhauer, K.: Das pädagogische Phänomen »Beratung«. In: K. Mollenhauer/C. W. Müller: »Führung« und »Beratung« in pädagogischer Sicht. Heidelberg 1965
Ders.: Vergessene Zusammenhänge. Über Kultur und Erziehung. München 1983
Montessori, M.: Selbsttätige Erziehung im frühen Kindesalter. Stuttgart 1913
Nestle, W.: Vom Mythos zum Logos (1940). Stuttgart 1975, 2. Aufl.
Netzer, H.: Erziehungslehre. Bad Heilbrunn 1968, 9. überarb. u. erw. Aufl.
Nohl, H.: Die pädagogische Bewegung in Deutschland und ihre Theorie. Frankfurt 1982, 9. Aufl.
Pakschies, G.: Re-education und die Vorbereitung der britischen Bildungspolitik in Deutschland während des Zweiten Weltkrieges. In: Umerziehung und Wiederaufbau. Die Bildungspolitik der Besatzungsmächte in Deutschland und Österreich, hrsg. v. M. Heinemann, Stuttgart 1981
Parsons, T.: Die Schulklasse als soziales System. Einige ihrer Funktionen in der amerikanischen Gesellschaft. In: Sozialstruktur und Persönlichkeit, Frankfurt 1968, S. 99 ff.
Paulsen, F.: Geschichte des gelehrten Unterrichts (1885) 2. Bde., Berlin 1918/ 1919
Petzelt, A.: Grundzüge systematischer Pädagogik. Freiburg 1963
Piaget, J.: Nachahmung, Spiel und Traum. Die Entwicklung der Symbolfunktion beim Kinde. Stuttgart 1969
Pinloche, A.: Geschichte des Philanthropinismus. Leipzig 1914

Postman, N.: Wir amüsieren uns zu Tode. Urteilsbildung im Zeitalter der Unterhaltungsindustrie. Frankfurt 1985

Prange, K.: Lebensgeschichte und pädagogische Reflexion (1987). In: Pädagogische Erfahrung. Weinheim 1989, S. 203 ff.

Ders.: Das große Kind. Zur Problematik des Kindbildes in der Erziehung (1988). In: Plädoyer für Erziehung. Baltmannsweiler 2000

Ders.: ›Alltag‹ und ›Lebenswelt‹ im pädagogischen Diskurs. Zur aporetischen Struktur der lebensweltorientierten Pädagogik. In: Zeitschr. f. Sozialpädagogik, 1, 2003, S. 238 ff.

Ders.: Schlüsselqualifikation Lesen. Die Entstehung der Schule aus der Philologie. In: Schulpädagogische Denkformen, hrsg. v. M. Fromm u. P. Menck, Weinheim 2003, S. 191 ff.

Ders.: Die Zeigestruktur der Erziehung. Grundriss der Operativen Pädagogik. Paderborn 2005

Rahmenordnung für die Diplomprüfung im Studiengang Erziehungswissenschaft, hrsg. v. d. Ständigen Konferenz d. Kultusminister, Bonn 1989

Read, H.: Erziehung durch Kunst. München/Zürich 1962

Rießland, M.: Nacherziehung und Subjektbildung in »besonderen Bildungsgängen«. Pädagogisch-theoretische Überlegungen zu einer Bildungspraxis mit benachteiligten jungen Menschen. Baltmannsweiler 2003

Roeßler, W.: Die Entstehung des modernen Bildungswesens. Stuttgart 1961

Rogers, C.: Entwicklung der Persönlichkeit. Psychotherapie aus der Sicht eines Therapeuten. Stuttgart 1983, 4. Aufl.

Rombach, H.: Das Wesen der Strafe. Philosophische Untersuchungen in pädagogischer Hinsicht. In: Pädagogik der Strafe, hrsg. v. Willmann-Institut, Freiburg/Basel/Wien 1967, S. 3 ff.

Rothacker, E.: Philosophische Anthropologie. Bonn 1964 u.ö.

Rousseau, J. J.: Emile oder Über die Erziehung (zuerst 1762). München 1989, 9. Aufl.

Ruble, D. N./Martin, C. L.: Gender development. In: Handbook of Child Psychology, hrsg. v. W. Damon/N. Eisenberg, Bd. 3, 1998

Russell, B.: Warum ich kein Christ bin. Reinbek 1982

Schami, R.: Erzähler der Nacht. Weinheim. Basel 1992, 9. Aufl.

Schapp, W.: In Geschichten verstrickt. Zum Sein von Mensch und Ding. Wiesbaden 1976

Scheibner, O.: Zwanzig Jahre Arbeitsschule in Idee und Gestaltung. Leipzig 1928

Scheunpflug, A.: Evolutionäre Didaktik. Unterricht aus system- und evolutionstheoretischer Perspektive. Weinheim 2001

Schleiermacher, F. D.: Pädagogische Vorlesungen. In: Pädagogische Schriften, Bd. 1, Düsseldorf/München 1957

Schmitz, H.: Der unerschöpfliche Gegenstand. Grundzüge der Philosophie. Bonn 1990

Schulze, G.: Die Erlebnisgesellschaft. Kultursoziologie der Gegenwart. Frankfurt/New York 1993

Sennett, R.: Der flexible Mensch. Die Kultur des neuen Kapitalismus. Darmstadt 1998

Simmel, G.: Schulpädagogik. Vorlesungen 1915/16. Konstanz 1999

Snell, B.: Die Entdeckung des Geistes. Göttingen 2000, 8. Aufl.

Standards für die Lehrerbildung: Bildungswissenschaften, hrsg. v. Sekretariat der Ständigen Konferenz der Kultusminister. In: ZfPäd., Jg. 51, 2005, S. 280 ff.

Steiner, G.: Der Meister und seine Schüler. München/Wien 2004

Stern, W.: Die Psychologie der frühen Kindheit, 6. Aufl. Leipzig 1930.

Strobel-Eisele, G.: Unterricht als pädagogische Konstruktion. Die Logik des Darstellens als Kern von Schule. Weinheim, Basel, Berlin 2003

Dies.: Bildung, Qualifikation und Selektion als Bestimmungsgrößen einer pädagogischen Theorie der Schule. In: Neue Sammlung, Jg. 44, 2004, S. 65 ff.

Strukturplan für das Bildungswesen, hrsg. v. Deutschen Bildungsrat, Stuttgart 1970

Tenorth, H.-E.: »Alle alles zu lehren«. Möglichkeiten und Perspektiven allgemeiner Bildung. Darmstadt 1994

Ders.: Grenzen der Indoktrination. In: Ambivalenzen der Pädagogik. Zur Bildungsgeschichte der Aufklärung und des 20. Jahrhunderts, hrsg. v. P. Drewek u.a., Weinheim 1995, S. 335ff.

Thompson, E. P.: Die Entstehung der englischen Arbeiterklasse, 2 Bde., Frankfurt/M. 1987

Treml, A. K.: Einführung in die Allgemeine Pädagogik. Stuttgart 1987

Ders.: Evolutionäre Pädagogik. Eine Einführung. Stuttgart 2004

Trost, F.: Die Erziehungsmittel. Weinheim, Berlin 1967, 2. Aufl. (1. Aufl. 1966)

Tschizewski, D.: Russland zwischen Ost und West. Russische Geistesgeschichte, Bd. II, Reinbek 1961

Uhl, S.: Zur Wirksamkeit neuer Lehr- und Lernverfahren. In: Lehren und Lernen, H. 12, 1996. S. 14 ff.

Weber, M.: Gesammelte Aufsätze zur Religionssoziologie, Bd. 1, Tübingen 1988

Weinert, F. E. (Hg.): Leistungsmessungen in Schulen. Weinheim/Basel 2001

Weinert, F. E./Helmke, A.: Learning from wise mother nature or big brother instruction: the wrong choice as seen from an educational perspective. Educational Psychologist 30, 1995, S. 135 ff.

Weise, M.: Pädagogische Übung. Begriff Formen Grenzen. Dresden 1932.

Wellenreuther, M.: Lehren und Lernen – aber wie? Empirisch-experimentelle Forschungen zum Lehren und Lernen im Unterricht. Grundlagen der Schulpädagogik, Bd. 50, Baltmannsweiler 2004

Weniger, E.: Die Epoche der Umerziehung (1959/60). In: Ausgewählte Schriften, Bd. 4, Weinheim/Basel 1990, S. 24 ff.

Ders.: Didaktik als Bildungslehre, Teil I: Theorie der Bildungsinhalte und des Lehrplans (1930). Weinheim 1952

Willmann, O.: Didaktik als Bildungslehre (1889). Freiburg, Wien 1957

Winn, M.: Die Droge im Wohnzimmer. Reinbek 1979

Wörterbuch der Soziologie, hrsg. v. G. Hartfiel, Stuttgart 1972

Zukunft der Bildung – Schule der Zukunft, hrsg. v. der Bildungskommission NRW, Neuwied usw. 1995

Zulliger, H.: Heilende Kräfte im kindlichen Spiel. Stuttgart 1964, 4. Aufl.

Ders.: Helfen statt Strafen: auch bei jugendlichen Dieben. Stuttgart 1976, 3. Aufl.

Grundriss der Pädagogik/ Erziehungswissenschaft

Band 32

Herausgegeben von
Werner Helsper, Jochen Kade,
Christian Lüders und Frank-Olaf Radtke

Bereits erschienen:

Band 2
J. Abel/R. Möller/K.P. Treumann
Einführung in die Empirische Pädagogik

Band 3
I. Diehm/F.-O. Radtke
Erziehung und Migration

Band 11
J. Kade/D. Nittel/W. Seitter
Einführung in die Erwachsenenbildung/ Weiterbildung

Band 13
Ulrich Heimlich
Integrative Pädagogik

Band 15
Sigrid Nolda
Pädagogik und Medien

Band 16
Georg Peez
Einführung in die Kunstpädagogik

Band 17
Franz Hamburger
Einführung in die Sozialpädagogik

Band 19
Friedrich Schweitzer
Pädagogik und Religion

Band 20
Walter Herzog
Pädagogik und Psychologie

Band 21
Jörg Zirfas
Pädagogik und Anthropologie

Band 28
Harm Kuper
Evaluation im Bildungssystem

Band 30
Barbara Rendtorff
Erziehung und Geschlecht

Kohlhammer
Urban
-Taschenbücher

Band 692